L'invention du Congo contemporain

Traditions, mémoires, modernités
Tome I

Isidore NDAYWEL E NZIEM

L'INVENTION DU CONGO CONTEMPORAIN

Traditions, mémoires, modernités

Tome I

Préface de Martin Kalulambi Pongo

L'Harmattan

5-7, rue de l'École-Polytechnique ; 75005 Paris
http://www.harmattan.fr
diffusion.harmattan@wanadoo.fr
ISBN : 978-2-343-09498-4
EAN : 9782343094984

A Bimanyu Déogratias, Pilipili Kagabo Gérard, Tshimanga wa Tshibangu Zacharie, Mfiri Mapesa, Tshibangu Kabet Musas, Bashizi Cirhagarhula, Ruriho Munanira, Makwanza Batumanisa Crispin et Tana di Masakidi Ndongala ...

…des promesses de l'histoire congolaise d'heureuse mémoire !

« ... Nous voulons que nos sociétés s'élèvent à un degré supérieur de développement, mais d'elles-mêmes, par croissance interne, par nécessité intérieure, par progrès organique, sans que rien d'extérieur vienne gauchir cette croissance, l'altérer ou la compromettre.

Dans ces situations, on comprend que nous ne puissions donner à personne délégation pour penser pour nous ; délégation pour chercher pour nous ; que nous ne puissions désormais accepter que qui que ce soit, fût-il le meilleur de nos amis, se porte fort pour nous ».

(Aimé Césaire, Lettre à Maurice Thorez)

Préface

La scène se déroule au campus universitaire de Lubumbashi. Un certain mardi du mois d'octobre 1973 en début d'après midi. Presqu'une quarantaine d'étudiants de première candidature attendent dans le grand amphithéâtre de la Faculté des Lettres, un jeune professeur « zaïrois », nouvellement engagé, qui allait enseigner le cours d'« Ethnohistoire ». Rumeur dans la salle : « Il vient de Paris ; il a décroché son doctorat en histoire à la Sorbonne [Université de Paris I] ».

Peu après, se pointe à l'estrade le professeur Ndaywel-e-Nziem, à peine 29 ans bien sonnés, habillé en *abacos* léger, manches courtes. Pendant deux heures, il donne son cours qui nous satisfait. Nous le surnommerons le « Sorbonard », du moins dans mon cercle de condisciples, pour le distinguer de ses deux autres collègues congolais − Mbombo Tshinkamba (venu de Reims/France) et Maleso Ngyuwu Zi Makanda (revenu de Pologne) − qui, comme lui, avaient atterri au Département d'histoire jusque-là tenu par un corps professoral étranger (Belges, Français, Polonais). Nous étions loin de nous imaginer ce qu'allait devenir la carrière universitaire de ce jeune historien qui, aujourd'hui, est devenu l'une des grandes voix de l'Histoire congolaise.

Trente ans plus tard, du 2 au 4 avril 2003, je croise le professeur Isidore Ndaywel-e-Nziem à Mexico au 2e Colloque international des *Trois espaces linguistiques* (*Hispanophonie, Lusophonie, Francophonie*) sur « Coopération, diversité et paix », organisé par l'Organisation Internationale de la Francophonie avec l'OEI (Organisation des Etats Ibéro-américaines), la CPLP (Communauté des Pays de Langue Portugaise), la Ligue Arabe, le Conseil de l'Europe et l'Union Latine. Sur la terrasse de notre Hôtel, nous échangeons sur nos trajectoires : il est Directeur à l'Agence Intergouvernementale de la Francophonie à Paris et moi je suis professeur à l'Université Nationale de Colombie à Bogota. Comme je venais de lire un de ses derniers textes « Du Zaïre au Congo : la Vierge du désarmement et la guerre de libération », je ne pus m'empêcher de le taquiner. Mon Vieux ! J'ai lu ton dernier papier. Comment tu fais pour troquer ta veste de Directeur à l'AIF pour celle d'historien en service ? Rire ! Sa réponse me coupe le souffle : « Martin ! Martin ! Le Congo a besoin de se tourner vers son passé pour projeter l'avenir. Les nouvelles générations congolaises ne veulent plus grandir dans l'opacité des ténèbres ! ». Cette réponse prêtait à sourire, mais en même temps, à réfléchir si l'on considère qu'à la question de savoir *comment*, il substitue celle, autrement plus difficile, de savoir *pourquoi*.

Entre ces deux rencontres, j'ai eu d'autres occasions de rencontrer le professeur Isidore Ndaywel en Europe et en Amérique du Nord. Je ne signale ici que celle de 1994, à l'Université Laval de Québec où il a été reçu comme Professeur visiteur au département d'histoire et comme Chercheur en résidence au Centre d'études sur les langues, les arts et les traditions (CELAT). Séjour plein de quatre mois, dois-je affirmer, parce qu'il est reparti à Kinshasa en laissant derrière lui un manuscrit d'article aujourd'hui publié « De l'utilisation de la mémoire de la violence comme instrument de violence : du Congo des rébellions au Zaïre des pillages », et en emportant avec lui un autre manuscrit, enrichi sur place et presqu'achevé de son *Histoire générale du Congo de l'héritage ancien à la République démocratique* (1997). Grâce à cette brique de plus de 900 pages, rééditée deux fois en 2009 et 2011, dont le résumé a été traduit en espagnol, en swahili et en lingala, et la version abrégée et simplifiée, transformée aujourd'hui en *Brève histoire du Congo, des origines à la république démocratique* (Kinshasa, Éditions Saint Paul, 2015), le professeur Ndaywel a réussi à se faire connaître comme la référence incontournable de l'Histoire congolaise.

Brèves soient-elles, ces anecdotes me semblent une bonne entrée pour présenter ce nième livre du professeur Ndaywel que vous avez en mains, fruit d'un travail de recherche soutenu sur une longue période, mais aussi d'une fidélité rigoureuse à la science historique congolaise. Les textes réunis dans cet ouvrage ont été écrits au cours de vingt dernières années et n'ont nullement été pensés pour constituer un ensemble cohérent orienté dans la construction d'une problématique. Ils étaient différents dans leurs objets, dans leur langage et dans leurs résultats. Aujourd'hui revus, modifiés et augmentés, ils sont formatés en 20 chapitres de cet ouvrage qui concentre son attention sur le « temps court », soit le temps de l'évènement postcolonial, tout en le replaçant dans le contexte du « temps long », celui au travers duquel se sont construites et structurées les prédispositions idéologiques et les comportements sociopolitiques. Sans aller jusqu'à esquisser des comparaisons hasardeuses entre trajectoires historiques différentes, cet ouvrage explique des évènements singuliers, des représentations identitaires et symboliques, et n'en finit plus de tout problématiser en termes d'« invention », sous l'éclairage, certes, conceptuel et théorique pertinent pour notre horizon historiographique.

Le lecteur y trouvera toute une série d'instruments de lecture qui reconstituent quelques faits et évènements de l'histoire postcoloniale congolaise. Il se (re)plongera dans la longue histoire des violences, les déclinaisons du nationalisme et des irredentismes, l'instrumentalisation de l'ethnicité/ethnicisation de la politique ou encore les alternances politiques et leurs avatars, la mémoire de la violence, l'instrumentalisation de la question de la nationalité, la grogne ethniciste au Kivu, la construction de l'idée nationale « par le haut » (L'État et une minorité agissante) et « par le bas », c'est-à-dire à partir des espoirs, des besoins, des nostalgies et des intérêts des gens ordinaires. Ces thèmes redessinent certaines séquences de l'histoire congolaise comme des réponses sociales et politiques des Congolais (et particulièrement des acteurs politiques) face aux défis de ce temps postcolonial. Ils se lisent comme des variables déterminantes de la manière dont ceux-ci, en tant qu'*opérateurs historiques*, construisent leurs refuges, expriment leurs peurs, marquent leur accord ou désaccord. La lecture religieuse de la transition qui s'inscrit dans une interrogation de l'emprise des idées et des croyances, sert aussi le propos d'une recherche d'explications, tant pour les phénomènes sociaux directement observables que pour l'évolution des croyances et des convictions. On peut hausser les épaules devant cette lecture religieuse, particularisée par des « apparitions » et par les désirs d'histoire générés par les acteurs sociaux. La rêverie historienne y verrait-elle un sujet en déshérence dans lequel pourrait s'approvisionner le chercheur en manque d'inspiration ? Je veux espérer qu'il s'agit d'une curiosité raisonnée sur des objets ignorés et d'un outil pour déplacer les questionnements et comprendre la vie des simples gens, c'est-à-dire l'histoire de l'infra-ordinaire.

On peut lire l'ouvrage du professeur Ndaywel de deux manières : comme un essai politique offrant une critique démystificatrice des formes contemporaines de gestion politique depuis l'indépendance, ou bien comme une étude d'histoire des procédures de réinvention du Congo dans sa « modernité » postcoloniale. L'érudition académique du livre ne dépouille pas celui-ci de sa facture didactique dans la mesure où elle parvient à resituer le passé tout en donnant la clé du présent. Les aspects symboliques et culturels jouent un rôle beaucoup plus discret que les aspects de la vie politique qui se prêtent au calcul, aux échanges mesurés ou au discernement de symétries comportementales. Sites d'affrontement entre l'État et la société, le passé et la mémoire conservent un pouvoir de construction de la réalité, du pouvoir et de la légitimité. Ils accaparent les débats des conflits et des enjeux internes et actuels, et donc des processus d'engendrement du sens, au cœur de l'époque qui est la nôtre. Or parmi les grandes questions qu'affronte la société congolaise d'aujourd'hui figure celle de savoir comment améliorer l'art de gouverner et reconfigurer le rapport de l'individu à l'État. Au regard des lectures historiques que fournit ce livre et face aux enjeux actuels, cette question n'appelle pas moins un renouvellement d'envergure de la gestion du pouvoir, de l'art de gouverner, dans des conditions de l'« être-ensemble » comme la nécessité, pour les Congolais, de se re-situer dans leur histoire propre.

Clarifier le format souhaitable des explications, voilà bien ce qui unifie les différentes analyses regroupées dans cet ouvrage. Celui-ci se laisse recommander tout à la fois par le regard rétrospectif particulièrement précieux sur quelques séquences de l'histoire postcoloniale congolaise. Qu'il s'agisse des cycles de violence politique et ethnique, des réflexions sur les identités régionales et communautaires, et sur l'univers de l'identité citoyenne, ou encore de la gestion du politique et de critique de l'authenticité « zaïroise », le lecteur ne pourra qu'être frappé par l'ampleur des perspectives et la richesse de l'argumentation. Les séquences de l'histoire congolaise révélées dans ce livre dont on ne peut nier la facture didactique, enseignent à qui sait les interroger ce qu'il convient de faire, les pièges où ne pas tomber. Elles sont, en particulier, l'école de l'homme politique qui est assuré d'y rencontrer, s'il le veut bien, le modèle à suivre ou encore l'exemple à éviter, la faute à ne pas commettre, etc., pour fonder un ordre sociopolitique viable et vivable. Elles sont, pour tous les Congolais, un répertoire, autant inépuisable, qu'ils ne consulteront jamais en pure perte. À s'inspirer des quelques faits dont ce répertoire est riche ou, au moins à en peser les conséquences, il ne peut y avoir que profit ; mais à la seule condition qu'on retienne qu'un fait ne se répète jamais tel quel. L'histoire est, tout au contraire, changement incessant, parce que les conditions matérielles, morales, culturelles, politiques, etc., de la vie humaine sont dans un perpétuel devenir.

En écrivant cette préface, je n'entendais pas faire une histoire exhaustive de la pensée du professeur Ndaywel pour la simple raison qu'elle serait impossible à réaliser. J'ai plutôt cherché à retracer au moins les chemins et les différentes facettes de cette discussion d'article à article, mais surtout à dévoiler le probable cadre dans lequel les différentes problématiques chères au professeur Ndaywel peuvent s'insérer et se rejoindre. On l'aura compris, les quelques éléments donnés ici ne sont que le fruit d'une lecture subjective, et donc sélective. Ils ne se veulent pas indicatifs d'une quelconque suggestion quant à un ordre de lecture préconisé.

Il appartiendra donc au lecteur et à la lectrice de se situer en fonction des différents axes de réflexion et de créer leur propre logique de lecture.

Martin KALULAMBI PONGO

Professeur ordinaire

Kongo tadi e mbasi
ko !

Le Congo est une
pierre qu'on ne peut briser !

(Adage kongo)

Introduction

D'année en année, depuis une quarantaine d'années, la recherche, l'enseignement et les débats ont confirmé en moi une conviction. Le Congo est l'une des principales fabriques de l'histoire africaine. Une histoire qui, par moments, stagne et bégaye, mais qui connaît aussi ses moments d'excitation, d'accélération et d'exaltation. Douloureuse ou exaltante, cette histoire a la particularité de tutoyer directement celle d'autres régions d'Afrique et, du reste du monde : l'Europe, l'Asie ou l'Amérique. En elle-même, elle est finalement un important chapitre de l'histoire universelle.

Pourtant, globalement, elle est, pour une large part, méconnue parce qu'elle n'occupe qu'une place marginale dans le champ des connaissances mondiales. Sur la lancée des « sciences coloniales[1] » qu'on ne peut se permettre d'ignorer, les *sciences congolaises* ont le devoir de s'inventer, de se développer et de faire face à tant de défis du présent[2]. Il est grand temps qu'elles s'arment d'audace pour s'élaborer à partir de tant de données disponibles et diversifiées, du passé comme du présent, des centres urbains comme des régions et du monde rural, dans les domaines de la politique et de l'économie mais aussi de la culture et du social. Cet ouvrage, qui est simplement une lecture des faits de la République Démocratique du Congo, se veut une sorte d'interpellation de cette nécessité.

L'idée de publier ce volume m'est venue dans des circonstances particulières. De retour à Kinshasa à la fin des années 10, après une bonne

---

1 Poncelet, M., *Invention des sciences coloniales belges*, Paris, Karthala, 2008.

2. La décolonisation des sciences humaines de l'Afrique postcoloniale est un impératif, comme l'affirme V.Y. Mudimbe (*The invention of Africa : Gnosis, Philosophy and the Order of knowledge*, Bloomington (USA)- Londres, Indiana University Press – James Currey, 1988).

décennie à l'étranger et sans doute une plus grande maîtrise du métier d'historien, j'ai éprouvé le besoin de partager avec mes étudiants et les jeunes chercheurs une part des expériences vécues ailleurs. Pour ce faire, je me devais de mettre à leurs dispositions quelques-uns de mes travaux qui n'étaient pas à portée de main pour des raisons diverses. Ce décalage entre « aujourd'hui » et « hier » a été aussi une opportunité de revisiter les professions de foi sur lesquels nous avions bâti naguère nos connaissances et nos programmes d'enseignement.

D'abord, pour faire la science, il n'est pas indispensable d'être balloté par toutes les tendances historiographiques *up-to-date* qui naissent et se développent dans le monde. Sans les ignorer, il est plus important d'être davantage attentif aux sollicitations ambiantes, en étant conscient que le document de proximité sera toujours moins attractif et d'apparence plus banal que celui du lointain, et que les thématiques qu'impose le quotidien, donnent l'impression d'être moins importantes que celles commandées par des projets de recherche d'ailleurs. Rien n'est plus vrai que l'affirmation de Lumumba : « *l'Afrique écrira sa propre histoire*… ! » A condition que cet exercice ne se croit pas exempté des exigences critiques ; car cette histoire-là représente la part de contribution de l'Afrique à l'histoire universelle. La promotion des *études congolaises* est donc une exigence et l'objet d'un combat.

Je me suis rendu compte, aussi, que certaines vérités que nous professions naguère, que nous avions même inscrites dans nos programmes, ne constituaient en rien des évidences ; certaines étaient vouées à faire l'objet exclusif des enseignements sans pour autant être d'application dans le concret; d'autres étaient simplement du domaine du « commerce des idées usagées »[3], ayant définitivement fait leur temps. Ainsi, la réalité de la multiplicité des sources historiques est enseignée sans que ne soient indiqués son bon usage et son usage possible, les études disponibles étant réalisées essentiellement sur base des sources écrites, sonores, orales et quelque fois visuelles. Il faut se rendre à l'évidence. Dans nos sociétés d'Afrique subsaharienne, qui possède si peu de vestiges du passé, c'est la « vie quotidienne » qui constitue le principal dépôt d'archives. Le dépôt *officiel* des archives. Le grand livre ouvert qui renseigne sur le passé et qui éclaire

---

[3] Jewsiewicki, B. « L'histoire de l'Afrique ou le commerce des idées usagées », *Revue canadienne des Etudes Africaines*, vol. 13, 1979, pp. 69-87.

l'avenir. Il est important d'identifier le fil d'Ariane dans ce labyrinthe à l'aide de la critique historique[4].

De même, la compartimentation des spécialisations chronologiques, par la distinction stricte entre l'histoire ancienne (précoloniale), moderne (coloniale) et indépendante (ou postcoloniale), mériterait aussi d'être revue et complétée par la prise en compte des spécialisations territoriales : pays, région, continent. Ces dernières présentent l'avantage d'être moins théoriques et plus pratiques, et d'abriter en leur sein les différentiations thématiques et chronologiques.

Le Congo constitue, en soi, une spécialité, comme l'Angola, l'Afrique du sud ou le Brésil. Il l'est aussi, au même titre que la spécialisation du monde arabe, de l'Amérique latine ou du Sud-Est asiatique. Parce qu'elle se prête plus aisément à la consommation de l'acteur historique, la spécialisation territoriale s'offre comme une composante grandeur nature de l'histoire globale.[5]

Faut-il cesser de déplorer désormais le fait que l'histoire précoloniale soit orpheline de spécialistes, que l'histoire coloniale se soit taillée la part du lion et que l'histoire postcoloniale soit délaissée aux seuls politologues, économistes et sociologues ? Cet effort doit se poursuivre, en notant que cette critique est restée un cliché qui ne prend pas suffisamment en compte les évolutions récentes de nos propres pratiques, particulièrement pour ce qui concerne l'histoire postcoloniale. Nombre d'historiens, comme Léon de Saint Moulin[6], Jacob Sabakinu[7] ou Noël Obotela[8] travaillent de

---

4 L'initiative de Yogolelo Tambwe ya Kasimba (*De la critique historique*, Lubumbashi, éditions du Lusu, 2 014) de dépoussiérer le classique instrument de travail de l'historien, n'est donc pas vain.

5 Cf., Maurel, C., *Manuel d'histoire globale*, Paris, Armand Colin, 2014 ; Testot, L., éd., *Histoire globale : un nouveau regard sur le monde*, Paris, éd. Sciences humaines, 2008.

6 Ses travaux récents sur l'histoire des villes (notamment, de Saint Moulin,L., *Villes et organisation de l'espace en RDC*, Tervuren-Paris, MRAC-l'Harmattan,2010 ; *Kinshasa : enracinements historiques et horizons culturels*, Tervuren-Paris, MRAC-l'Harmattan, 2012) font la démonstration de la nécessité d'adopter l'approche passé/présent pour cerner à suffisance certaines problématiques.

7 Sabakinu Kivilu,J., éd. *Elites et Démocratie en République démocratique du Congo*, Kinshasa, Presses Universitaires de Kinshasa, 2000 ; Sabakilu Kivilu, J., « Pauvreté et misère : éléments pour une économie politique des pillages à Kinshasa », *Revue Canadienne des Etudes Africaines*, 33, 2-3, 1999, pp. 448-482 ; « les populations refugiées dans l'ouest de la République démocratique du Congo », Guichaoua, A. éd., *Exilés, réfugiés, déplacés en Afrique centrale orientale*, Paris, Karthala, 2004, pp. 567-632.

manière permanente sur des périodes récentes. Dans mon *histoire du Congo*, le postcolonial occupe une place bien plus importante que les deux autres périodes précédentes réunies. Des historiens du Congo, comme Bogumil Jewsiewicki et Donatien Dibwe, hier branchés sur les seuls faits coloniaux, se sont spécialisés dans la suite sur la peinture, la mémoire et l'oralité contemporaine. La période ancienne n'est pas totalement négligée, à voir le nombre d'études sur les institutions anciennes, clan et ethnie, dont il sera question dans ce volume.

La spécialisation d'étudier l'histoire globale, du moins pour le cas de l'Afrique ou d'une de ses régions comme celle des Grands Lacs[9], semble plus aisée pour ceux qui ont pour base la maîtrise de l'histoire ancienne. Ils abordent le présent « avec trois yeux » ; pendant qu'ils captent les faits du quotidien, ils feuillètent aussi les pages précoloniales et postcoloniales. La plupart des pères de l'histoire africaine ont été, au départ, des spécialistes d'histoire ancienne, comme Cheikh Anta Diop, Engelbert Mveng, Joseph Ki-Zerbo, voire même Théophile Obenga[10].

Arrêtons-nous sur le cas : Cheikh Anta Diop. On aurait pu croire qu'il était totalement enfui dans les données égyptologiques ; il est celui-là même qui s'est réclamé de la « renaissance » africaine et qui a écrit « *les fondements d'un futur Etat fédéral d'Afrique noire* ». Lors des travaux, en 1986, du *symposium international sur l'Afrique et son avenir*, dont j'ai été l'un des organisateurs, nous nous étions retrouvés, Cheikh Anta Diop, Ki-Zerbo et moi-même, à un déjeuner que nous a offert le ministre Gérard Kamanda wa Kamanda[11]. C'est Ki-Zerbo qui souleva la question : « Cheikh Anta, tu es la référence intellectuelle du continent, celui qui a l'influence la

---

8 Obotela Rachidi, N., *République Démocratique du Congo : un Etat sans papiers dans le village planétaire*, Kinshasa, CEP, 2002 ; *Le « Débat national congolais : un accouchement au forceps*, Kinshasa, CEP, 2003. Il tient la rubrique « Afrique-Actualités » dans la revue *Congo-Afrique*.

9. « Les Grands Lacs » africains constituent une totalité si l'on se réfère aux travaux de Jean-Pierre Chrétien. Cf., *L'Afrique des Grands Lacs : deux mille ans d'histoire,* Paris, Champshistoire, 2009 ; *L'invention de l'Afrique des Grands Lacs*, Paris, Karthala, 2010.

10 Cf. Cheikh Anta Diop, *Nations nègres et culture*, Paris, Présence Africaine, 1954 ; *Civilisation ou barbarie : anthropologie sans complaisance*, Présence Africaine, 1981 ; Mveng, E., *Les sources grecques de l'histoire negro-africaine depuis Homère jusqu'à Strabon*, Paris, Présence Africaine, 1972; Obenga, T.,*Afrique dans l'antiquité classique. Egypte pharaonique-Afrique noire,* Paris, Présence Africaine, 1973.

11 Ministre des Affaires étrangères, ancien Secrétaire Général-Adjoint de l'OUA, Kamanda wa Kamanda fut l'un des intervenants à ce grand forum du centenaire de la Conférence de Berlin

plus déterminante sur notre jeunesse, pourquoi tiens-tu à faire de la politique et prendre le risque de ne plus faire l'unanimité ? » Réponse du savant sénégalais : « La politique est pour moi un sacerdoce ! Senghor m'a proposé à plusieurs reprises d'être ministre. Je lui ai toujours dit que cela ne m'intéressait pas. Ce que je veux, c'est devenir Chef d'Etat et, entamer enfin la construction de l'Afrique sur base de nos antiquités égyptiennes. Nous avons perdu beaucoup trop de temps ! » Son projet était donc d'une brulante actualité.

Etre historien, c'est donc prendre une part active, aujourd'hui, à la construction du monde de demain. L'espace congolais est un espace suffisamment diversifié et complexe, pour mériter l'investissement des carrières historiques entières. Naturellement, cet exercice est plus évident lorsqu on priorise la vision pluraliste qu'offre l'histoire culturelle, par rapport à des spécialisations plus sectorielles. *L'histoire culturelle* a l'avantage d'avoir l'ambition d'intégrer dans son approche toutes les données disponibles sur un sujet donné, qu'elles soient économiques, politiques, technologiques ou sociales. Pascal Orly, en introduction à son *histoire culturelle*, n'a pas eu tort d'affirmer : « l'histoire culturelle est en vogue. On parle de mode, certains la jugent 'envahissante', d'autres s'inquiètent d'un véritable impérialisme (...) Il n'est pas niable que cette qualification *(histoire culturelle, cultural history*) est de plus en plus souvent mise en avant, par les chercheurs comme par les éditeurs[12]. »

L'invention du Congo a pour moi une autre acception. Celle de lire autrement cette évolution et, loin de s'en contenter, de prendre une part active dans le réarmement moral de cette population pour construire une société où il fait bon vivre. C'est une de mes étudiantes qui me l'a apprise. A l'issue d'un cours d'histoire du Congo, prenant la parole pour me remercier, elle avait conclu : « *l'histoire que vous nous avez apprise est pleine de crises, de rebellions, de sécessions et de guerres. Tout cela est passé. Désormais nous allons écrire ensemble une* autre *histoire du Congo qui devra être belle et radieuse* ! [13]»

---

12 Ory P., *l'histoire culturelle*, Paris, PUF, 2è édition, 2007, p. 3.

13 J'ai retenu cette remarque et en ai rendu compte. Cf. Ndaywel è Nziem, I.,"Des hommes et des femmes pour écrire une nouvelle histoire", M. Ngundu éd., *Toujours en mission*, Kinshasa, Baobab, 1998, p. 146-150. Texte reproduit aussi dans *Afrique-Espoir*, n° 3, octobre-novembre 1998, p. 24-26.

Cet appel, apparemment naïf, est finalement une nécessité, un programme et un défi. Le vrai défi de toutes les sciences, particulièrement les sciences sociales. Dans un avenir proche, la RDC aura dépassé le chiffre de cent millions d'habitants. Il devient indispensable, toutes affaires cessantes, de tirer un trait sur les jérémiades, les débats stériles, les discours narcissiques, pour construire le nouveau Congo. Dans l'avenir, les habitants seront surtout des jeunes, installés pour la plupart dans des centres urbains, particulièrement la ville-province de Kinshasa. D'ici là, le savoir-être congolais aura gagné en consistance. Secrété surtout à Kinshasa où toutes les cultures congolaises se rencontrent, se mélangent, se fécondent mutuellement et produisent ensemble une culture composite, cette *culture congolaise* continuera à se redistribuer dans les autres villes du pays et dans les campagnes. Il est urgent que la RDC cesse de se donner en spectacle par son déficit démocratique, la faillite de sa gouvernance et, son incapacité à assurer la sécurité de ses habitants[14]pour réaliser une véritable révolution copernicienne s'impose. Elle doit commencer par la reconquête de l'assurance en soi, la reconquête de la foi dans sa propre capacité à relever ses propres défis de croissance.

Cinq décennies après l'indépendance, on doit au préalable s'interroger, pourquoi les Congolais en sont arrivés à douter d'eux-mêmes ? Le regard des autres a-t-elle fini par devenir le leur propre ? Il faut reconnaître que l'attitude politiquement correcte à l'égard du Congo/Kinshasa revient presque toujours à porter sur lui un regard hypercritique, et mettre en cause ce qui passerait pour des performances ou des qualités. Etudiant à la fin des années 60, j'ai vécu l'époque où l'on était questionné à Paris - *Vous êtes de quel Congo : le bon ou le mauvais* ?- en supposant naturellement qu'on ne pouvait être originaire que du *bon* Congo français.

La méconnaissance de ce grand pays est née avec le caractère insulaire et inédit de la colonisation qu'il a subie, la Belgique n'ayant pas possédé d'autres colonies. Le fait qu'elle ait géré, en mandat des Nations-Unies, le Rwanda et le Burundi, n'a pas facilité les choses. Cette situation est source d'une autre confusion par l'amalgame qui est fait de ces trois pays. On oublie le trio Rwanda-Burundi-Tanzanie qui constitue l'Ancienne

---

14 Nzongola-Ntalaja, G., *Faillite de la gouvernance et crise de la construction nationale au Congo-Kinshasa*, Kinshasa-Montréal-Washington, ICREDES, 2015.

Afrique allemande au profit du trio RDC-Rwanda-Burundi, l'ancienne Afrique belge. Ensemble, ils constitueraient la région des Grands Lacs, la région où se commettraient les plus grands crimes de la terre, la région du monde où le racisme battrait son plein, où le poison se distribuerait aisément. C'est la région des massacres à grande échelle, celle des viols crapuleux et systématiques des femmes, celle aussi des violences insoutenables à l'endroit des enfants. Bukavu n'a-t-elle pas été proclamée honteusement la « capitale mondiale du viol » ?

La capitale du viol ? Bukavu ? Personne ne s'interroge pourquoi ce triste record n'avait pas été atteint au temps des rébellions des années 60, au temps de la conquête de cette ville par le général Mulamba en 1964, au temps de l'occupation de cette ville par Jean Schramme et le colonel Munga, en 1967 ? On dirait qu'il existerait une sorte d'immunité universelle, octroyée d'emblée à quiconque ferait une déclaration désobligeante sur la RDC, quand bien même elle serait fausse ou non vérifiée.

Sur cet éternel royaume des méprises, les exemples sont légion. Personnellement, je me rappelle d'un des cas les plus flagrants que j'ai vécu. Vers la fin des années 80, il m'a été donné d'inviter à Kinshasa l'historien franco-guinéen Ibrahima Baba Kake[15], connu comme hypercritique à l'égard du Zaïre de Mobutu. C'était la première fois qu'il y mettait pied, à la condition que je l'accueille personnellement au bas de la passerelle de l'avion, pour éviter des mauvaises surprises. A sa demande, je lui fis visiter la ville, y compris le grand marché et le beach Ngobila. Je n'ai pris la pleine mesure de sa volte-face qu'à son retour à Paris, lorsqu'il publia dans *Jeune Afrique* ses impressions. Il fallait une bonne dose de courage et une pincée de folie pour oser, à l'époque, reprendre, sur le compte du Congo-Zaïre, la prédiction d'Alain Peyrefitte sur la Chine. L'écrivain et homme politique français avait écrit naguère : *Quand la Chine s'éveillera* ! A son tour, Kaké écrira : « *Quand le Zaïre s'éveillera…* ![16] ». Relisons cet écrit, malgré son anachronisme. Histoire de constater et peut-être de se convaincre de l'existence des « armes miraculeuses » à notre portée :

---

15 Kaké, I.B., *Combats pour l'histoire africaine*, Paris, Présence Africaine, 1982. Historien, professeur agrégé, animateur sur RFI de l'émission « Mémoires d'un continent », avant Elikia M'Bokolo, il est l'auteur également de plusieurs ouvrages sur de grandes figures africaines et d'une étude sur Les Noirs de la diaspora, qui fait autorité.

16 *Jeune Afrique* n°1454, 16 novembre 1988, pp. 96-97.

« Il est des réputations, bonnes ou mauvaises, qui ont la vie dure. Le Zaïre n'a pas bonne réputation à l'extérieur. Son chef est souvent perçu comme un tyran, avec un peuple muselé et misérable, une administration corrompue. C'est, nanti de ces images, que j'ai effectué il y a peu mon premier voyage à Kinshasa. Pour l'historien que je suis, la méconnaissance de ce grand pays était une grave lacune qu'il me fallait absolument combler. Je dois l'avouer, ma réticence d'aller à la découverte du Zaïre était motivée par les images pas trop négatives qu'une certaine presse nous en renvoie périodiquement. Aussi m'attendais-je à y rencontrer un peuple esclave, apeuré, sans esprit d'initiative. Quelle ne fut ma surprise de rencontrer un des peuples les plus dynamiques et inventifs de notre continent.

Depuis un quart de siècle, je sillonne l'Afrique francophone à la recherche de son histoire ancienne et récente. Le Congo frappe par le sens de la discipline ; la Côte d'Ivoire fascine par un certain développement ; le Sénégal par son ouverture, la convivialité de ses habitants ; le Burkina par sa simplicité ; le Mali par sa dignité ; le Niger par son austérité ; le Togo étonne par le sérieux et la propreté de ses habitants ; le Gabon retient l'attention par sa modernisation ; le Cameroun par sa complexité et le dynamisme de ses hommes d'affaires ; la Guinée bouleverse par la capacité d'endurance de sa population ; la Mauritanie par la fierté du Maure. Le Zaïre est la synthèse de tout cela.

Certains observateurs étrangers en quête de sensationnel mettent toujours en exergue des aspects négatifs des pays africains (guerre tribales, famines, coups d'Etat, endettements, etc.) Rares sont ceux qui se donnent la peine de montrer les progrès enregistrés par nos populations. C'est l'objectif que je me suis fixé en débarquant à Kinshasa. J'ai voulu d'abord vérifier l'exactitude de certaines informations distillées par une presse avide d'images fortes. Je me suis donc rendu au Beach dès le lendemain de mon arrivée. C'est le nom du port où se fait le passage entre Kinshasa et Brazzaville. Il n'y a pas ici plus de malfrats que dans tous les autres ports du monde, de Marseille à Alger ou New York. J'ai même constaté un certain ordre. Du port, je suis allé aux endroits sensibles, les marchés, pour évaluer le prix des produits de première nécessité (...) Le soir, je me suis promené dans les différents quartiers de la ville. J'ai dîné dans des gargotes, écouté les conversations ; je suis entretenu avec des cadres dont certains ne portent pas forcément le régime dans leur cœur. Mais tous reconnaissent que le président Mobutu a forgé une vraie nation.

J'ai pu constater moi-même les progrès immenses réalisés par cette ancienne colonie belge dans la formation des hommes. Une formation intellectuelle impressionnante, à en juger par le nombre d'établissements d'enseignement supérieur. En 1960, au moment de l'indépendance, il n'y avait que trois universitaires dans l'ancien Congo belge. Aujourd'hui, les grands universitaires se comptent par milliers. Le Zaïre dispose de cadres de haut niveau, et dans tous les secteurs. Mais les Zaïrois sont avant tout un peuple de créateurs, un peuple de poètes. Une visite à l'académie des Beaux-Arts convaincra n'importe quel sceptique. Les peintures et sculptures exposées ici sont dignes des plus grands artistes de l'Antiquité gréco-romaine ou de la Renaissance italienne. Aucun Africain ne peut terminer la visite de ce lieu sans se sentir envahi par une fierté légitime.

Le Zaïre a donné à l'Afrique sa danse moderne. Tabu Ley, appelé aussi le Seigneur Rochereau ; Kabasele ; Franco ; Tchala Muana sont célèbres ou l'ont été. L'art plastique zaïrois, source, dit-on, de Picasso pour Les Demoiselle d'Avignon, a inspiré bien d'autres maîtres occidentaux. Nulle part ailleurs qu'au Zaïre l'art de travailler le cuivre, l'ivoire, le raphia n'a été porté à un si haut degré de perfection (...) L'authenticité telle qu'elle est présentée à l'extérieur est une bouffonnerie symbolisée par l'abacost et les prénoms aux consonances parfois surprenantes. J'ai perçu quant à moi un autre aspect de l'authenticité : l'habillement de la femme zaïroise, devenu l'un des plus seyants de notre continent. Bien des grandes dames qui dépensent des sommes considérables chez les grands couturiers parisiens devraient s'inspirer des élégantes de Kinshasa. La femme zaïroise a donné au pagne ses lettres de noblesse. Voilà au moins un aspect de l'authenticité qui mérite un grand bravo. Autre aspect encourageant : l'unité nationale. Elle me semble ici plus avancée que partout ailleurs en Afrique. Malgré leur diversité ethnique et culturelle, les Zaïrois se sentent avant tout zaïrois.

A propos des sanglants affrontements entre Hutu et Tutsi au Burundi, Auguste Miremont a écrit, fort justement, dans « Forger une nation » (Fraternité Matin du 27 août) : « Vingt-huit ans – pour la plupart de nos pays – après l'euphorie des indépendances africaines, peu d'Etats sont, semble-t-il, parvenus à créer des embryons de nations. En effet, on vit ensemble, on travaille ensemble, on participe ensemble à la fabrication d'un label commun – l'Etat -, mais c'est tout. Les communautés ethniques se juxtaposent ou coexistent sans réelle interpénétration, sans volonté sérieuse de brassage. » Observant que rares sont les pays où se sont tues les rivalités séculaires, Miremont note que la méfiance subsiste, tenace, vivace, et que la moindre étincelle peut réveiller cette méfiance, attiser les haines ancestrales. Le Zaïre des années soixante a connu cette situation ; il l'a surmontée aujourd'hui grâce à l'action de mobilisation civique et de conscientisation de son leader. Nul ne peut nier que celui-ci a eu la main dure en certaines circonstances, mais le résultat est là : la nation zaïroise n'est plus en gestation, elle existe. L'histoire l'enregistrera dans le bilan de Mobutu.

Lorsqu'on cessera de calomnier le Zaïre, lorsque ses responsables adopteront une meilleure stratégie pour mieux présenter ses véritables atouts, ce pays surprendra le monde. Je fais le pari qu'il sera une des grandes nations mondiales du IIIe millénaire. Il m'est souvent arrivé d'interpeller les clercs africains. Nous avons des responsabilités vis-à-vis de nos peuples. Il ne s'agit pas de lancer des slogans creux ni d'être des patriotes de circonstance, comme le disait si justement le regretté Cheikh Anta Diop. Nous ne devons être ni masochistes ni manichéens ; nous devons prendre part au débat d'idées concernant l'avenir de notre continent. Pour ce faire, nul besoin d'emprunter les schémas d'analyse des occidentaux. On ne peut sécréter une pensée originale que si l'on part du concret, du vrai.

Pourquoi laisser aux seuls européens et Américains le soin d'informer sur notre continent ? Leur vision en apparence objective est en réalité sous-tendue par un préjugé tenace : l'incapacité congénitale du Noir à créer ou à organiser un espace. Lorsque nos dirigeants réalisent des progrès dans tel ou tel domaine, il faut le souligner pour les encourager à aller de l'avant. C'est le cas du Zaïre. Peu de clercs africains ont une autonomie intellectuelle. Ils prêchent toujours sous le contrôle de leurs maîtres à penser d'outre-mer. C'est qui a fait dire à Jean Paul Sartre que l'intellectuel africain a été truqué et introduit dans sa société. Il réagit en fonction de critères qui ne lui sont pas propres. Des formules du genre « la sagesse est habillée en haillons », lancée par Ziegler (dans La Victoire des vaincus, Paris, Seuil, 1988), sont récupérées sans discernement. Sans aller jusqu'à affirmer avec certains que le Zaïre doit jouer le rôle de la Prusse au moment de l'union allemande, je dirai qu'au moins sur un plan, la construction d'une véritable nation, l'ancienne colonie belge doit servir d'exemple.

Au total, le Zaïre, pays du chaos ; le Zaïre, pays du sida ; le Zaïre, pays sous la férule d'un dictateur sanglant, sont des clichés qui ne se vérifient pas sur le terrain. Le régime politique tel qu'il fonctionne à Kinshasa n'est en rien différent de ceux des autres pays africains. Il est même beaucoup moins autoritaire que certains. Le hasard a voulu que j'assiste à une conférence du Gabonais Isaac Nguema, président de la commission africaine des droits de l'homme et des peuples, conférence organisée à l'initiative des l'Association des jeunes avocats zaïrois. Aucune question n'a été occultée au cours des débats. Spectacle impensable dans de nombreux pays qui se réclament du libéralisme.

Les Africains gagneraient beaucoup à mieux connaitre le Zaïre. Ils réviseraient nombre de leurs jugements, comme je l'ai fait moi-même. Une espèce de conspiration ourdie par un lobby sans visage semble vouloir enfermer le Zaïre dans son ghetto. Tout se passe comme si, chaque fois qu'un pays africain veut avoir son autonomie de pensée et d'action, cela le désignait à la vindicte des nations nanties. C'est après ma visite au Zaïre que j'ai compris la volonté de son leader de bâtir une ligue des Etats noirs. Quand on dispose d'aussi importantes ressources naturelles, humaines et économiques, on peut que vouloir s'exprimer sur plan international. De Garvey à Nkrumah, en passant par le triumvirat parisien des années vingt (Tovalou Quenum, Lamine Senghor et Garan Kouyaté), tous les leaders ou hommes politiques africains ont formulé un vœu que Mobutu reprend à son compte. Les clercs africains doivent reprendre ce débat en le dépassionnant. Au rendez-vous « du donner et du recevoir » de l'an 2000, l'Afrique doit présenter sa quote-part au grand banquet des nations. Faut-il y venir dans des habits d'emprunt ? Telle est la question.

Le Zaïre, quant à lui, se prépare à ce rendez-vous dans l'indifférence générale. Aujourd'hui, le pays est, au point de vu économique, dans une mauvaise passe – comme les pays du tiers monde harcelés financièrement par le FMI. Il a des moyens d'en sortir. Avec un peu de volonté, il surmontera ses difficultés qui sont plus conjoncturelles que structurelles. Alors le Zaïre s'éveillera. Et quand il s'éveillera, il étonnera le monde ».

Je suis tenté de croire que la véritable motivation de l'anathème de la RDC serait liée à la réminiscence de son histoire lointaine et à ses sources léopoldiennes. L'œuvre soi-disant humanitaire du roi-souverain n'avait pas tardé d'être tournée en dérision, comme on le sait, à la fois par la découverte progressive de ses véritables motivations mais surtout par des crimes contre les droits humains qui y avaient élu domicile. Déjà la différence entre Henry

Morton Stanley, l'homme de main de Léopold II, dont la violence passe pour légendaire et, Pierre Savorgnan de Brazza, l'explorateur au service de la France, dont l'approche était plus humaine, marque le clivage entre les deux rives du Congo. Pour preuve, à Kinshasa, le mémorial de Stanley a été déboulonné mais à Brazzaville, la sépulture de Brazza a été amenée avec pompe pour être enterrée dans le mémorial en son honneur. Le sens humanitaire de Savorgnan de Brazza a été confirmé par la diffusion par Catherine Coquery-Vidrovich d'un rapport qu'il avait fait, à l'époque, pour dénoncer les méfaits des compagnies concessionnaires mais qui avait été tenu secret par l'establishment français[17]. Sur Léopold II, des Belges eux-mêmes dissimulent à peine leur gêne face à l'histoire de sa gestion du Congo[18]. Son neveu qui lui a succédé, Albert I, s'est efforcé, en son temps, de se démarquer de lui et sa mémoire avait été mise sous le boisseau au moins pendant deux décennies.

On doit donc constater que les Congolais ont été doublement victimes de la période léopoldienne, d'abord comme victimes des exactions commises, ensuite, comme ressortissants d'un pays si discrédité dans la durée. Le lecteur de *Au cœur des ténèbres* de Joseph Conrad est porté à croire que c'est le Congo et ses populations qui seraient « ténébreux », alors qu'il n'en est rien. Il s'agit plutôt des « comportements ténébreux » que les Européens ont apportés dans cette région paisible d'Afrique qui font d'elle, le « pays des ténèbres ». C'est Stanley qui avait inauguré cette confusion, en parlant du « *continent mystérieux* » qu'il avait traversé, alors que c'est lui qui était « l'être mystérieux » qui venait de s'exhiber dans le paysage tranquille de l'Afrique. Et, le Congo belge a continué à porter le manteau de la honte historique d'être l'héritier du Congo léopoldien.

C'est dans ce contexte que le Congo indépendant a fait son entrée dans la vie internationale. La « crise congolaise » semblait avoir été dans l'ordre des choses car elle était conforme à ce qu'on pensait du Congo et de ses « maîtres ». Ce regard condescendant, les Puissances du monde, ont continué à le porter sur notre pays et sur ses dirigeants. Patrice-Emery Lumumba, dont on dit tant de biens aujourd'hui, y compris de la part des bourreaux d'hier, a vécu un véritable chemin de croix au cours des trois mois

---

17 *Le rapport Brazza. Mission Pierre Savorgnan de Brazza : Commission Lanessen (préface de Catherine Coquery-Vidrovitch)*, Neuvy-en-Champagne, éd. Le passager clandestin, 2014.

18 Dujardin, V. et al. Eds. *Léopold II entre génie et gêne. Politique étrangère et colonisation*, Bruxelles, Racine, 2009.

de son gouvernement éphémère. Personne en occident ne voulait reconnaître la pertinence de la cause qu'il défendait.

Objet de la risée générale, la RDC l'est aussi de la part de ses propres citoyens. Le mimétisme étant dans l'aire du temps, le Congolais se complait volontiers dans la critique de son pays, de son peuple, de ses institutions et de ses dirigeants. La norme politiquement correcte, imposée du dehors et fortement intériorisée, ne convaint-il pas le Congolais qu'il serait exclusivement l'homme de la fête, de la danse, de la bière et du sexe ? Il ne sort de cette image que pour sombrer dans le mysticisme le plus naïf d'où la prolifération des Eglises dites de réveil[19]. Sortir de cette perception est un aveu d'ignorance. Ce refus de positiver sur son propre pays a pour conséquence de conforter son pessimisme et sa croyance au fatalisme.

En réalité, le discours d'auto-flagellation tire sa source de l'assurance de vivre un état de malédiction congénitale, comme on le dira plus loin au chapitre VI. Cette conviction est d'autant plus vivante qu'elle est visiblement la conséquence d'une double histoire, longue et courte. L'histoire longue nous renvoie à l'enseignement biblique d'origine coloniale, suivant lequel les Noirs seraient les descendants de *Cham,* fils maudit de Noé. Tant que cette malédiction ne sera pas levée, ils ne pourraient pas, en tant que peuple, avoir accès au bonheur et à la postérité. A l'enseignement provenant du fond des âges sur les descendants de Cham, se greffe un autre véhiculé de nos jours par les Eglises évangéliques locales et, qui est une sorte de modernisation de ce mythe ancien. Cet enseignement se fonde sur le postulat que la richesse est signe de bénédiction et la pauvreté celui de la malédiction, comme si Job biblique aurait été, lui aussi, maudit. Si l'Afrique subsaharienne est sous-développée, professe-t-on, c'est à cause de la malédiction qui pèse sur elle du fait de l'alliance des ancêtres avec le diable. Ils auraient sacrifiés les générations montantes en les offrant au diable comme monnaie d'échange. Par conséquent, pour être sauvé et prétendre à la bénédiction divine et donc, à la richesse, il serait impérieux et urgent de « briser les liens » avec les ancêtres. Donc, de notre passé précolonial, il n'y aurait aucun élément digne d'être célébré. Cet héritage subit ainsi un second discrédit, après l'anathème du paganisme de la période coloniale.

---

19 Van Reybrouck, D., *Congo une histoire*, Paris, Actes Sud, 2012. Voir le chapitre 13 (la bière et la prière), pp.497-534.

Inventer le Congo suppose en préalable de guérir de ces maladies psychiques et se réarmer de la force de « bâtir les pyramides ». Il faut renouer avec le bon sens et admettre qu'il n'y a aucune raison que le Congolais détienne le monopole de l'inconscience, de l'imprévoyance ou de la bêtise. Mieux encore, il faut reconquérir la *fierté d'être congolais*[20], apprendre à regarder le Congo autrement, pour se le réapproprier, en évitant naturellement de basculer dans le narcissisme et la surestimation. Pour ce faire, la connaissance réelle du Congo est une exigence qui s'impose à tous, et la voie de sortie la plus sûre pour ses habitants.

X X

X

Ce volume est subdivisé en quatre parties : la première, *Héritages et mémoires*, est consacrée à l'historiographie, à l'usage des sources orales et auxiliaires : langues et institutions anciennes. La deuxième, *Mutations et quêtes de modernité*, regroupe les textes portant sur la rencontre avec l'Europe et sur l'effort de l'appropriation de la « modernité » qui s'est introduite à la faveur de cette rencontre. La troisième, *Pages d'histoire du Temps Présent,* évoque les problématiques post- indépendance : l'alternance démocratique, Mobutu, et le surgissement des Grands Lacs dans les actualités nationales les plus tragiques. Quant à la dernière partie, *Identités et Symboles*, elle concerne les questions de l'unité nationale et de la pratique des identités en son sein.

Je souhaite ici exprimer chaleureusement ma reconnaissance à mon collègue et mon ancien étudiant, Martin Kalulambi Pongo, pour avoir bien voulu préfacer cet ouvrage et pour avoir bien voulu relire l'ensemble de ces textes, symbolisant par ce geste le passage de relai entre ma génération et la sienne. A cet instant où j'accède à l'éméritat, j'ai une pensée pieuse pour tous les « compagnons de route » disparus à qui je veux rendre hommage. Il m'est agréable, à l'occasion, de saluer, tous mes anciens étudiants, devenus d'éminents collègues dans les universités congolaises et étrangères. Je n'ose les citer au risque d'en oublier ; mais je sais qu'ils se retrouveront aisément dans ces textes.

Je remercie aussi tous les « héros dans l'ombre » qui ont assuré la tâche ingrate de saisie des textes, notamment : Josué Mutamba, Dédé

[20] Cf. Kaumba Lufunda Samajiku, *Fier d'être congolais*, Kinshasa, édition Noraf, 2015 ; *Unis par le sort*, éd. Noraf, 2013.

Ntangu, Catherine Bolao et Laurence Ndaywel. Je ne peux omettre tous ceux qui m'ont toujours soutenu dans l'aventure éditoriale et qui m'ont entouré de tant de chaleur au cours de cet exercice. Je pense particulièrement à mon épouse, Marie Tipoy Fiking ; aux « grands bras» qui n'ont cessé de m'entourer, notamment ceux de Christian et Roger Ndaywel, et d'Adeline et Michel Museme. Naturellement, je ne peux oublier les « volontaires » habituelles pour la corvée de service du café : Marlène, Christelle et Valérie Ndaywel.

Que tous trouvent ici l'expression de ma reconnaissance.

Isidore NDAYWEL E NZIEM

« N'ayez pas honte de ce que vous êtes aujourd'hui : les exigences de l'histoire sont beaucoup plus lourdes pour vous, pour nous, pour l'Afrique. Comme il est impossible à tout être humain de se construire une identité à partir du corps d'un autre, il est difficile, pour les pays d'Afrique de se construire dans le prolongement de l'histoire occidentale, en adoptant sa vision du monde, ses idéologies, ses valeurs, ses structures politiques et administratives (…) Vous tenez en vos mains toutes les raisons d'espérer parmi lesquelles l'extraordinaire pouvoir de résilience de notre peuple. »

(Martin Ekwa bis Isal, *La RDC contée autrement. Jalons pour l'avenir (Entretiens avec Clémentine Faïk-Nzuji*), Kinshasa, éd. Loyola, 2012, p. 159)

Première Partie

HERITAGES ET MEMOIRES

Chapitre I

Production du savoir historique sur le Congo

Commençons par faire le point des connaissances historiques du Congo. La démarche ne peut être que relative. Prétendre à l'exhaustivité supposerait avoir accès à la diversité d'informations existantes[1]. Comme discipline « carrefour », au confluent de toutes les sciences sociales, la science d'Hérodote couvre, en effet, l'ensemble des domaines qui touchent à l'homme et à ses créations matérielles, institutionnelles, artistiques et éthiques : de ce fait, elle embrasse donc tout ce qui se rapporte à la politique, à l'économie, au social et à la culture, en notant, pour le cas du Congo, que la production savante, issue des universités et centres de recherche, est complétée par une importance littérature : témoignages, récits et fictions historiques, accumulés au cours des années. La période de production de ces connaissances commence au XVe siècle, croît particulièrement à partir du XIXe siècle et se poursuit inlassablement sur les horizons différents et dans une multitude de langues.

Puisqu'il faut nécessairement se limiter, dans cet exercice, fixons notre « terminus » initial à 1960, décision qui n'est pas aussi arbitraire qu'elle en donne l'air : la pratique véritable de l'histoire, en Afrique subsaharienne, ne date pas d'avant les indépendances africaines.

L'histoire en Afrique : la longue marche

C'est au début des années 1960 que l'histoire africaine a réellement acquis son droit de cité dans les universités en Europe. A Paris s'est créée la

---

1 Trefon, T. et Petit P., éds., *Expériences de recherche en RDC : méthodes et contextes*, (*Civilisations*, LIV, 1-2), Bruxelles, 2006, pp. 237- 254. Texte revu et augmenté.

revue les *Cahiers d'études africaines* de l'Ecole des Hautes Etudes en Sciences Sociales, pendant qu'à Londres, démarrait le très célèbre *Journal of African History de la SOAS (School of Oriental and African Studies)*. La connaissance des peuples d'Afrique, jusque là délaissée aux seuls ethnographes, commençait à être prise en charge par les historiens de métier[2].

En Afrique, le ton avait été donné en 1961, à Dakar, lors du quatrième séminaire de l'*International African Institute*, dont le thème – *l'historien en Afrique tropicale* – constituait tout un programme. Les actes de ce séminaire s'ouvraient sur ce constat révélateur : « l'accession à l'indépendance de la majeure partie des Etats africains a mis l'Histoire, science considérée jusqu'ici sur ce continent comme accessoire, au premier plan de l'actualité. Chaque Etat se penche sur son passé pour faire revivre les fastes des anciens empires, rechercher ses origines, situer son histoire par rapport à celle des autres parties du monde et connaître la genèse et les lignes d'évolution de ses structures politiques, sociales, économiques et autres[3]».

Le grand chantier était donc ouvert. Comme l'Europe du 19è siècle, l'Afrique indépendante faisait la découverte de l'histoire, qui n'est pas un miroir narcissique, ni une histoire-revanche, pas même une histoire-prétexte pour s'abstraire des tâches du moment, mais une histoire qui se voulait matrice de la conscience désaliénée et authentique et réhabilitation de la dignité perdue à l'ère coloniale.

Pour répondre à ces nouvelles aspirations nées du contexte des indépendances, l'Unesco, à la demande expresse des Etats africains, autorisa, dès 1964, le lancement d'un programme ambitieux d'élaboration d'une histoire générale de l'Afrique. L'entreprise fut confiée à des spécialistes,

---

2 L'étude d'Emmanuelle Sibeud (*Une science impériale pour l'Afrique ? la construction des savoirs africanistes en France 1878-1930*, Paris, EHESS, 2002) rend compte de cette période pour l'ancienne Afrique française. Sur l'Afrique belge, se rapporter à l'ouvrage de Marc Poncelet, *L'invention des études coloniales : une histoire du XXè siècle*, Paris, Karthala, 2010. Voir aussi Ntumba Lukunga H.M., « De l'africanisme à l'africanitude. Des termes d'un contentieux épistémologique pour les sciences sociales et humaines au Congo », Kankwenda Mbaya J., éd., *Les intellectuels congolais face à leurs responsabilités devant la nation (Mélanges offerts à A.R. Ilunga Kabongo)*, Kinshasa-Montréal, ICREDES, 2007, p. 115-134.

3 Vansina, J., Mauny, R., Thomas, L.V. eds., *The Historian in Tropical Africa*, Oxford-Londres-Ibadan-Accra, Oxford University Press, 1964.

africains[4] et non africains, rassemblés au sein d'un comité scientifique international. Ce projet sans précédant, qui a mobilisé près de 300 auteurs, n'est arrivé à terme qu'en 1999, avec la livraison d'une collection de huit volumes, de plus de 800 pages chacun, couvrant environ trois millions d'années d'histoire des peuples et civilisations de l'Afrique[5]. Ce « classique » panafricain d'histoire n'a d'équivalent que la *Cambrigde History of Africa,* réalisée elle aussi par une pluralité d'auteurs (au total 92). Sous la direction d'Andrew Roberts et sur une période de onze ans (1875-1986). Ici aussi, on notera qu'il s'agit, une fois de plus, d'une réalisation de l'âge postcolonial.

S'il a fallu attendre si longtemps avant le démarrage d'une véritable histoire de l'Afrique, c'est qu'il y avait des problèmes, à la fois d'ordre politique et d'ordre technique. Sur le plan politique, on sortait des siècles de préjugés, tintés de racisme et de mauvaise fois, résultant de la convergence des courants de pensée issus de la Renaissance, du siècle des Lumières et de la révolution scientifique et industrielle. L'Afrique, estimait-on, était habitée par des sociétés « figées » et « bloquées » dans leur évolution. Sans écriture, ces peuples étaient « sans histoire », plus correctement en marge de l'histoire ou porteuse d'une histoire qui n'avait aucune importance pour l'avancement de l'humanité. Dans sa *philosophie de l'Histoire*, Hegel lui-même n'a-t-il pas fait des affirmations du genre : « L'Afrique n'est pas un continent historique ; elle ne montre ni changement ni développement » ; les peuples noirs « sont incapables de se développer et de recevoir une éducation » ; « tels nous les voyons aujourd'hui, tels ils ont toujours été[6] ».

L'absence ou plus correctement la rareté des sources écrites, constituait un autre handicap pour cette discipline trop frileuse, qui de surcroît s'était fait prisonnière du terrain européen d'où elle est venue. L'Europe, à cause de son accès précoce à la production de l'écrit, avait

---

4 Trois Congolais ont participé à cette rédaction : Mgr. Tharcisse Tshibangu Tshishiku, Elikia Mbokolo et Isidore Ndaywel è Nziem.

5 Vol. I : *Méthodologie et préhistoire africaine* (direction : J. Ki-Zerbo) ; vol. II : *Afrique ancienne* (direction : G.Mokhtar) ; vol. III : *L'Afrique du VII*[e] *au XI*[e] *siècle* (direction : M. El Fasi, I. Hrbek) ; vol. IV : *L'Afrique du XII*[e] *au XVI*[e] *siècle* (direction : D. T. Niane) ; vol. V *: L'Afrique du XVI*[e] *au XVIII*[e] *siècle* (direction : B. A. Ogot) ; vol. VI : *Le XIX*[e] *siècle jusque vers les années 1880* (direction :J.F. Ade Ajayi) ; vol. VII *: L'Afrique sous domination coloniale, 1880-1935* (direction : A. Adu Boahen) ; vol. VIII : *L'Afrique depuis 1935* (direction : A. A ; Mazrui, C. Wondji). L'édition principale existe en trois langues (anglais, français, arabe). L'édition abrégée, qui existe en français et en anglais, connaît trois traductions en langues africaines (*hausa, swahili et fulfude*)

6 Fage, J.D., « L'évolution de l'historiographie de l'Afrique », Ki-Zerbo, J. éd., *Histoire générale de l'Afrique : I. Méthodologie et préhistoire africaine*, Paris, Unesco/NEA, 1980, p. 51.

amené la science historique à conditionner sa pratique à l'existence de l'écriture, comme si le parchemin constituait la seule matière où l'homme pouvait laisser des empreintes de son évolution. Et, pour assombrir davantage ce tableau, cette mutilation coupable du champ heuristique en a entraîné une autre, tout autant regrettable, sur le champ thématique. Le non événementiel, parce que non dépendant de la chronique, était considéré comme impropre à la consommation historique, comme si la longue durée effaçait tout intérêt de lecture de l'évolution.

Cet ensemble d'exigence accablait l'Afrique. Habitée par des peuples prétendument inférieurs, dénués de tout système graphique, elle n'avait aucune chance de séduire les historiens. D'où, pendant longtemps, la seule histoire africaine, à la portée de l'historien classique, qui était reconnue au continent, était celle « des Européens en Afrique ». Il s'agissait de l'histoire africaine « du dehors ». Une portion de l'histoire africaine qui, bien qu'incomplète, n'est pas sans intérêt dans l'effort global de reconstitution du passé du continent. Ces premiers « voyageurs », arabes et européens, venus en Afrique, ne nous ont-ils pas laissé des descriptions sur les «peuplades » rencontrées ? Ces témoignages sont d'un intérêt capital pour les reconstitutions historiques des cinq derniers siècles de l'histoire africaine.

Avec la fin de la colonisation, à la conjoncture politique nouvelle, s'est ajoutée une conjoncture historiographique toute particulière. En effet les retombées des écoles historiques nouvelles, comme l'*École des Annales*, avaient fini par tordre le cou à l'impérialisme de l'histoire événementielle, cette histoire « traités-batailles », tant discréditée parce que trop prisonnière des dates. Cette situation nouvelle, qui a accompagné l'irruption de la discipline historique sur le champ africain, l'a fait bénéficier, dès le départ, d'autres champs d'intérêt historiographiques.

L'histoire africaine a donc démarré dans cette conjoncture favorable, où la chronique politique laissait une certaine place à l'histoire économique, sociale et culturelle. De même, on s'efforçait de restituer à la démarche historique d'autres catégories de sources, particulièrement les sources orales et les sources anthropologiques.[7] Techniquement, l'histoire africaine pouvait

---

[7] La démarche a souffert, au départ, d'une certaine marginalisation, par l'émergence du concept d'« ethnohistoire » (Descamps, H., « L'ethnohistoire : but et méthodes », *Revue Historique*, 236, 1966, pp.305-316), vite discréditée dans sa prétention à s'ériger en un nouveau domaine du savoir réservé à l'Afrique (Mauny , R., « Perspectives et limites de l'ethno histoire en Afrique », *Bulletin de l'IFAN*, 24,

enfin être étudiée, même si l'on notera pendant longtemps des réticences dans la prise en compte du droit de cité du « texte oral » comme source de l'histoire. Pourtant il était et demeure incontournable, comme l'une des rares sources produites par les Africains eux-mêmes.

Le Congo dans l'historiographie africaine

Dans cette évolution, quelle a été la place du Congo et de son histoire ? Pendant la première moitié du 20e siècle, l'espace congolais a été le champ privilégié de la pratique anthropologique et ethnolinguistique. La Convention de 1906 entre l'Etat indépendant du Congo et le Saint-Siège recommandait aux missionnaires de procéder à des activités de recherches géographiques, anthropologiques et linguistiques auprès des populations de leurs « circonscriptions ecclésiastiques ». Quant à l'administration coloniale, elle faisait obligation aux agents coloniaux, elle aussi, de mener de nombreuses enquêtes, toutes porteuses, fort heureusement, d'informations historiques. Il s'agissait notamment des enquêtes sur les vacances de terres ; des enquêtes démographiques et agricoles ; des enquêtes sur la constitution des chefferies, cet échelon administratif qui fut généralisé à partir de 1906 et surtout, de 1910. Il fallait aussi et surtout mener des enquêtes ethnographiques, dont la collection constitue sans doute la plus ancienne puisqu'elle remonte à la période léopoldienne. Tervuren avait établi dès 1897 un questionnaire ethnographique à l'usage des fonctionnaires coloniaux[8].

Malgré l'accumulation de ces informations historiques, la pratique de l'histoire africaniste avant 1960, dans l'espace Belgique-Congo, ne constituait pas un effort de synthèse critique de ces données ; son intérêt se limitait désespérément, comme ailleurs, aux mésaventures des Européens dans l'Afrique belge. De plus, cette historiographie coloniale, menée par des missionnaires et des coloniaux, était pratiquée en dehors du monde universitaire, dans des institutions consacrées à l'outre-mer, comme le *Musée du Congo belge* à Tervuren à partir de 1897 (actuellement MRAC, Musée Royale de l'Afrique Centrale), l'*Ecole coloniale d'Anvers* fondée en 1920 (devenue université coloniale à partir de 1923) et l'*Institut Royal*

1962, pp. 620-627). Force a été de conclure que cette « discipline » ne constituait rien d'autre que de l'histoire (Brunschwig, H., « Un faux problème : l'ethnohistoire », *Annales*, 20, 2, 1965, pp. 291-300).

8 Vellut, J.L., *Guide de l'étudiant en histoire du Zaïre*, Lubumbashi, 1974, p. 143

Colonial Belge (IRCB) (actuellement, ARSOM, Académie Royale des Sciences d'Outre-Mer). Car, l'intérêt spécifiquement universitaire pour des questions africanistes ne date pas d'avant le début des années 1950, avec la création en 1951 à l'Université de Louvain d'une section consacrée à l'anthropologie culturelle et l'étude des sociétés africaines : l'*Institut africaniste de Louvain*.

Au Congo colonial, la recherche africaniste institutionnelle a démarré au lendemain de la deuxième guerre mondiale, en 1948, avec la création de l'IRSAC (Institut pour la recherche scientifique en Afrique centrale). Toutefois, malgré l'implantation des premières universités francophones africaines au Congo belge (l'Université Lovanium de Léopoldville en 1954, l'Université officielle du Congo belge et Rwanda-Urundi à Elisabethville en 1956), celles-ci ne se préoccupèrent guère de la formation sur place des historiens, avant 1960. L'UOC fut la première à organiser en 1962-1963 les premières « candidatures » en philosophie et lettres, groupe histoire, sans doute sur l'initiative du recteur D'Hondt qui était historien. L'Université Lovanium n'emboîta le pas qu'en 1966-1967, malgré l'existence, dans son corps enseignant, dès le début de la décennie, de plusieurs préhistoriens et historiens, comme Hermann Van Moorsel, Maurice Plevoets, François Bontinck, Hubert Silvestre et Jan Vansina. En revanche, elle prit la première l'initiative d'ouvrir en 1968 le premier cycle de licence. Les deux premiers diplômes de licence (maîtrise) n'ont été décernés qu'en 1970, dix ans après l'indépendance[9].

Dans les faits, la formation systématique d'historiens ne s'est généralisée que dans le cadre de l'Université nationale du Zaïre, qui a rassemblé à Lubumbashi les trois anciens départements d'histoire qui existaient à Kinshasa, à Kisangani et à Lubumbashi. Cette formation au compte-gouttes bénéficia, fort heureusement, du renfort de quelques autres « nationaux » formés ailleurs qu'au Congo, en Belgique, comme Lumenga-Neso, mais surtout en France, comme Tshimanga wa Tshibangu, Tshisungu Lubambu, Elikia M'bokolo, Mutamba Makombo[10] et moi-même, ce qui démultiplia le nombre d'historiens congolais.

---

9 Ndaywel è Nziem, I., « La formation des historiens à la faculté des lettres », *Histoire et Devenir*, Lubumbashi, CERDAC, 1, 2, 1956, 42 p. ; « Enseignement d'histoire en Afrique : formation et recherches », *Africa*, 33, 2, 1978, p. 249-258 ;

10 Se reporter à certaines de leurs contributions, notamment celles de Tshimanga wa Tshibangu, Z., *Histoire du Zaïre*, Bukavu, Ceruki, 1976.; Mbokolo, E., *L'Afrique noire au XXè siècle : le continent convoité*, Paris, Seuil, 1985 ; *Afrique noire : histoire et civilisations*, Paris, Hatier-AUF, 2004. ; Mutamba Makombo,

Au début des années 1970, on peut estimer que l'activité d'histoire congolaise relevait de quelques foyers. En dehors du territoire national, on pouvait en dénombrer au moins deux, celui situé à l'Université libre de Bruxelles, autour de Jean Stengers et de Pierre Salmon. S'y développa une série de recherches sur le Congo à partir des archives belges. Aux USA, à Madison, autour de Jan Vansina de l'Université de Wisconsin, une importante activité de recherche et d'enseignement sur l'histoire précoloniale se mit également à se déployer. Une bonne poignée de spécialistes américains allaient être formés dans cette mouvance.

Au Congo, cela s'est réalisé, comme on l'a déjà dit, à Lubumbashi où s'étaient concentrés la plupart de spécialistes vivant sur place : Jean-Luc Vellut (histoire sociale), Bogumil Jewsiewicki (histoire économique), Léon de Saint Moulin (histoire démographique et histoire des villes), Gaétan Feltz (histoire de l'évangélisation), moi-même (histoire culturelle). L'équipe bénéficia, dès le début des années 1970, du renfort de quelques spécialistes provenant d'ailleurs, comme Benoît Verhaegen (histoire immédiate), Joseph Cornet et François Neyt (histoire de l'art), François Bontinck (histoire de la mission au Congo), sans oublier Alexis Kagamé (histoire du Rwanda et des Grands Lacs), Daniel Cahen et Pierre de Maret (histoire archéologique).

Ce foyer, au départ prometteur, par son dynamisme et son enthousiasme reflété entre autres par la création d'un centre de recherche le CERDAC, *Centre d'études et de recherches documentaires sur l'Afrique centrale*[11], et d'une *Société des historiens congolais*[12] , et par le soutien de la fondation Rockfeller qui accordait des bourses de recherche sur terrain, a connu des difficultés croissantes liées au contexte politique, à la crise des universités congolaises et à la suspension des programmes de coopération. A tout prendre, cette crise de croissance, à la base de l'asphyxie du dynamisme local, s'est avérée un mal nécessaire. Ce fut le prix à payer pour rendre possible l'émergence ou le développement d'autres foyers.

Jean-Luc Vellut, de retour en Belgique, eu l'opportunité d'assurer le redémarrage de l'activité africaniste à Louvain-la-Neuve, notamment par la création et l'animation de la revue *Enquêtes et documents d'histoire*

J.M., *Du Congo belge au Congo indépendant 1940-1960. Emergence des « évolués et genèse du nationalisme,* Kinshasa, IFEP, 1998.

11 Le CERDAC édite la revue *Likundoli,* dotée de trois séries : *Enquêtes d'histoire, Archives et documents, Histoire et devenir.*

12 *La Société des historiens zaïrois,* créée en 1974, est devenue *la Société des historiens congolais.*

africaine ; Bogumil Jewsiewicki, pour sa part, assura une nouvelle implantation au sein de l'Université Laval de Québec et organisa dans ce cadre des formations doctorales de plusieurs historiens congolais, rwandais et burundais. Quant à Elikia M'Bokolo, établi à Paris et titularisé à l'Ecole des Hautes Etudes en Sciences Sociales, il prit en charge, au sein de cette grande école comme sur les antennes de *Radio France Internationale*, le rayonnement de l'historiographie congolaise et africaine, tout en assurant la formation des quelques spécialistes du cru.

Au Congo même, la réforme universitaire de 1985 autorisant à nouveau l'ouverture de la faculté des lettres à Kinshasa, rendit possible le dédoublement du département d'histoire. Entre 1978 et 1986, une douzaine de thèses de doctorat (Ndua Solol Kanamumb 1978, Tshibangu Kabet 1980, Tshund'Olela Epanya 1980, Mumbanza mwa Bawele 1981, Sabakinu Kivilu 1981, Bashizi Cirhagarhula 1982, Muya bia Lushiku 1982, Mashaury Kuletambite 1983, Makwanza Batumanisa 1984, Lwamba Bilonda 1986, Mugaruka bin Mubibi 1986 et Sikitele Gize 1986) furent produites. Sur cette lancée, il y en a eu bien d'autres dans le répertoire des cent premières thèses reçues de la faculté des lettres et sciences humaines de Lubumbashi[13]. Des historiens congolais enseignent de nos jours l'histoire non seulement au

---

13 Il s'agit de: Ndua Solol K., *Histoire ancienne des populations luba et lunda du plateau du Haut-Lualaba des origines au début du XXè siècle* (1978) ; Tshibangu Kabet, *L'impact socio-économique de la crise économique mondiale des années 1929-1935 sur l'ancien Haut-Katanga industriel* (1980) ; Tshund'Olela E., *Politique coloniale : Economie capitaliste et sous-développement au Congo belge : cas du Kasaï 1920-1959* (1980) ; Mumbanza mwa Bawele, *L'histoire des peuples riverains de l'entre Zaïre-Ubangi : Evolution sociale et économique c.1780-1930* (1981) ; Sabakinu Kivilu, *Histoire de la population et des conditions de vie dans la ville de Matadi de 1891 à 1960* (1981) ; Bashizi C ., *Paysannerie et salariat agricole rural au Bushi, ancien territoire de Kabare, province du Kivu, 1920-1960* (1982) ; ; Muya bia Lushiku, *Les Baluba du Sud-Kasaï et la crise congolaise 1959-1966* (1982) ; Mashaury K., *Dynamique de l'action missionnaire catholique chez les Yira occidentaux 1900-1959* (1983) ; Makwanza B., *Histoire de l'évangélisation de l'ancien royaume du Congo 1500-1835 ; Approche critique d'une expérience missionnaire* (1984) ; Lwamba Bilonda, *Histoire du mouvement ouvrier au Congo belge 1914-1960 : cas du Katanga*(1986) ; Mugaruka bin M., *Histoire clanique et évolution des Etats dans la région sud-ouest du lac Kivu : des origines à 1960* (1986) ; Sikitele Gize, *Histoire de la révolte pende de 1931, 3 vol.* (1986) ; Ruriro Munanira, *La politique foncière coloniale et ses incidences socio-économiques dans le domaine du CSK au Katanga 1900-1959* (1988) ; Kayamba Badye, Capitalisme *et destruction des sociétés lignagères dans l'ancien territoire de Sakania au Zaïre (1870-1940). Communautés rurales, main d'œuvre et « accumulation primitive » du mode de production coloniale* (1989) ; Mukadi Luaba, *Histoire des religions chez les Baluba Lubilanji (1600-1979). Analyse des réactions des Baluba Lubilanji face aux religions étrangères* (1990) ; Nkuku Khonde, *Histoire du paludisme au Congo belge. Santé, environnement et impact socio-démographique (1900-1960)* (1996) ; Yogolelo Tambwe ya Kasimba, *L'administration coloniale du Bulega (1902-1948) ou la destruction-restructuration d'un espace socio-politique ancien* (1997) ; Kisonga Kasyulwe, *Les réactions des Batabwa aux occupations arables et européennes (1883-1945*)(2001) ; Ntumba Ngandu, *Exploitation artisanale, semi-industrielle et industrielle du diamant de joaillerie à Tshikapa : incidences socio-économiques (1960-2000)* (2004) ; Kumarer Nyeth, *Evolution des institutions culturelles leele et wongo (XVIIè-XXè siècles) : contribution à l'histoire du Bas-Kasaï* (2004) ; Kisimba Kimba, *La politique extérieure de la RDC et son impact socio-politique dans la sous-région des Grands Lacs 1973-2003* (2005). (Mukuna Tshimpela, *Les Cent premières thèses reçues à la faculté des Lettres et Sciences Humaines de l'université de Lubumbashi 1956-2005*, Lubumbashi, 2005).

Congo, mais aussi en Europe, en Amérique du nord, voire en Amérique latine.

Production historique au Congo

Sur les cinquante dernières années, de 1960 à 2010, quels seraient les éléments de bilan de la pratique du métier d'historien au Congo et sur le Congo ? Bien que tard venu dans la pratique de cette discipline, le terrain congolais s'est empressé de combler ce retard et d'assurer une présence remarquée dans le domaine de l'historiographie, de l'exploitation de la tradition orale et des sources d'archives ; il s'est également distingué, en histoire africaine, dans la conduite de certaines recherches thématiques.

Au niveau des essais méthodologiques, dès 1960, le terrain congolais s'est prêté à des expérimentations prometteuses. Puisqu'il n'y avait ici pas un semblant d'écriture au cours de la période précoloniale, la nécessité d'établir l'histoire ancienne des peuples du Congo a acculé très tôt le chercheur à expérimenter le recours à des sources « inhabituelles ». Ce risque, l'historien belgo-américain, Jan Vansina, l'a pris dès l'aube des années 1960, en préconisant un mode de lecture historique des sources orales et en établissant une typologie détaillée de ses différentes catégories, suivant leur but, leur signification, leur forme, leur mode de transmission. La « défense et illustration » de cette possible application de la critique historique aux « textes oraux » l'a amené à une première reconstitution de l'histoire du royaume Kuba. Dans la suite, installé finalement aux USA, Vansina revisita à plusieurs reprises ce terrain inédit, affinant sa méthodologie de traitement critique de la tradition orale et de l'analyse des documents linguistiques et anthropologiques, faisant de l'histoire orale le paradigme des études historiques sur la période précoloniale, avec application sur le cas des États de la savane méridionale, particulièrement les royaumes Tio et Kuba[14]. La même application a été expérimentée sur les peuples de la forêt[15]. Une historiographie particulière est née de cette

---

14 Vansina, J., *The Tio Kingdom of the middle Congo, 1880-1892*, Londres, Oxford University Press, 1973; *The Children of Woot: Essays in Kuba History*, Madison, University of Wisconsin Press, 1978.

15 Vansina, J., *Paths in the Rainforests. Toward a History of Political Tradition in Equatorial Africa*, Madison, University of Wisconsin Press, 1990. La traduction française est disponible (*Sur les sentiers du passé en forêt. Les cheminements de la tradition politique ancienne de l'Afrique équatoriale*, Louvain-La-Neuve, 1991, Enquête et Documents d'histoire Africaine, n°9).

expérience : elle demeure incontournable dans l'étude de l'histoire ancienne des peuples d'Afrique.

A la même époque, une autre expérience historiographique est née à partir des travaux du CRISP, plus exactement de la section africaine de ce centre de recherche belge. La production, au lendemain des événements du 4 janvier 1959, des volumes de *Congo 1959*, puis de *Congo 1960*, inaugura[16] au sein du CRISP le début d'une nouvelle tradition d'études d'histoire du temps présent (ou d'histoire immédiate), avant même que ce concept n'apparaisse dans les sciences sociales[17]. Grâce à la ténacité des pionniers du CRISP, comme Jean Van Lierde, Jules Gerard-Libois et Benoît Verhaegen, furent publiés une multiplicité de volumes *Congo*, qui rendent compte des évolutions politiques du Congo de 1959 en 1967. Enrichie de quelques études spécifiques notamment sur les « rébellions » du Congo, cette collection est unique en son genre en histoire de la première décennie de la décolonisation africaine[18].

Le sens de la créativité méthodologique ne s'est pas arrêté à ce niveau. Les travaux avant-gardistes de Bogumil Jewsiewicki[19], comme mode de lecture historique possible de la peinture naïve et populaire de *Chéri Samba*, de *Moke* ou de *Tshibumba*, s'affirment, aujourd'hui, comme le début d'une pratique historiographique nouvelle, généralisable dans la lecture de l'histoire « d'en bas », celle façonnée par le milieu populaire, et qui se veut distincte de l'histoire « d'en haut ».

L'exploitation des archives. Une autre piste, parmi les plus importantes, est celle qui s'oriente vers l'exploitation des documents d'archives, que ces dernières soient privées ou officielles. Il s'agit d'un vaste chantier, encore et toujours en friche, dans ses embranchements divers. L'un

---

16 Gerard-Libois, J., « Le Crisp, le Zaïre et l'histoire immédiate », Omasombo Tshonda, J., éd., *Le Zaïre à l'épreuve de l'histoire immédiate*, Paris, Karthala, 1993, p. 243-346.

17 Verhaegen, B., *Introduction à l'histoire immédiate. Essai de méthodologie qualitative*, Gembloux, Duculot, 1974 ; de Villers, G., « Les études africaines en Belgique : évolution et perspectives », *Bulletin des séances de l'ARSOM,* 44, 3, 1998, p. 329-349.

18 *Congo 1959* (dir. J. Gerard-Libois), *Congo 1960*, 2 vol. (dir. J. Gerard-Libois et B. Verhaegen) , *Congo 1961* (dir. B. Verhaegen), *Congo 1962* (dir. J. Gerard-Libois et B. Verhaegen), *Congo 1963* (dir. J. Beys, P. H. Gendebien et B. Verhaegen), *Congo 1964* (dir. J. Gerard-Libois et J. Van Lierde), *Congo 1965* (dir. J. Gerard-Libois et J. Van Lierde), *Congo* 1966 (dir. J. Gerard-Libois), Congo 1967 (dir. J. Gerard-Libois, B. Verhaegen, J. Vansina et H. Weiss).

19 Jewsiewicki, B., *Art et politique en Afrique noire*, Québec, Safi, 1989 ; *Art pictural zaïrois*, Québec, CELAT, 1992 ; *Cheri Samba : l'hybridité d'un art*, Quebec, 1995 ; *Mami Wata, la peinture populaire au Congo*, Paris, Gallimard, 2002.

des courants s'est spécialisé dans la restitution à l'historiographie congolaise des faits d'histoire des premiers contacts avec l'extérieur. Il importe en effet, de ne pas oublier qu'au 15è siècle, pendant que les Portugais « découvraient » l'embouchure du fleuve Congo, les Congolais, à leur tour, découvraient les premiers « hommes blancs » et ont développé avec eux, particulièrement avec les Portugais, des rapports qui se sont étalés sur trois siècles, alors que l'expérience actuelle de notre cheminement avec la Belgique, de la formation de l'EIC à nos jours, ne couvre pas encore deux siècles. Cette page spécifique de l'histoire des premiers siècles « d'ouverture du monde » des peuples du Congo, négligée par l'histoire coloniale, risque fort bien de sombrer dans l'oubli, puisqu'elle n'est revisitée que comme simple appendice de l'histoire missionnaire, alors que celle-ci était porteuse d'informations inédites sur la « vie quotidienne » en Afrique centrale, de la fin du 16è et 18è siècles.

Il y a donc là une matière historique qui devrait être assumée, au moins dans sa triple dimension, celle des institutions préexistantes, des premiers contacts avec les cosmogonies venues du dehors et celle du développement de la traite négrière, si peu étudiée dans sa partie congolaise[20]. C'est donc une contribution majeure que de rendre disponibles, grâce à la traduction et à l'établissement de l'édition critique, des textes anciens, pratiquement inaccessibles aux africains eux-mêmes. Sur la lancée des travaux du Chanoine Louis Jadin[21], Willy Bal réalisa la traduction française du texte de Filippo Pigafetta (1591) ainsi que son édition critique[22]. En lui emboîtant le pas, François Bontinck a excellé dans le domaine avec la traduction des « relations » des capucins, Giovanni Francesca Romano (1648) et Luca da Caltanisetta (1690-1701), ainsi que celle de *Historia du reino du Congo*, du jésuite Mateus Cardoso, et de son *catéchisme kikongo* (1624), le plus vieux texte de langue bantoue à notre portée[23]. Il assura aussi la traduction du journal de Tippo Tip[24].

---

20 Depuis D. Rinchon (*La traite et l'esclavage des Congolais par des Européens. Histoire de déportation de 13 millions 250 000 Noirs en Amérique*, Bruxelles, Wetteren, 1929), la traite des Congolais n'a à nouveau été abordée que dans ses contradictions avec la christianisation par Kabolo Iko Kabwita (*Le royaume du Kongo et la mission catholique 1750-1838*, Paris, Karthala, 2004).

21 Jadin, L. et Dicarto, M., *Correspondance du roi Alfonso I du Congo (1506-1548)*, Bruxelles, ARSOM, 1974.

22 Pigafetta, F. et Lopez, D., *Le royaume du Congo et les contrées environnantes (1591)*, traduit de l'italien et annoté par Willy Bal, Louvain, Nauwelaerts, 1965.

23 Bontinck, F., *La fondation de la mission des capucins au royaume du Congo (1648)* par Jean-François de Rome, Louvain, Nauwelaerts, 1964 ; *Diaire congolais (1690-1701)* de Fra Luca da Caltanisetta,

Toujours dans le cadre des archives, l'autre embranchement, suivi notamment par Jean Stengers, porta sur l'histoire coloniale[25]. L'avantage d'avoir recours à cette « source » est qu'à partir des documents externes, cette histoire nous éclaire sur les origines de l'État congolais contemporain : particulièrement sur les méandres de l'histoire léopoldienne et ceux de la gestion coloniale. On doit surtout à Stengers d'avoir initié et réalisé l'importante collection des recueils d'études de l'Académie Royale des Sciences d'Outre-Mer[26] sur les temps forts de la période coloniale, de la conférence géographique de Bruxelles de 1876 à l'indépendance.

Une autre orientation, à partir de la documentation coloniale, est celle qui, combinée avec les témoignages des acteurs de l'époque, porte sur *l'histoire des mentalités*, particulièrement sur l'émergence des premières élites, que la démarche soit prise globalement[27] ou dans le cadre d'une trajectoire familiale précise[28], dans un effort de prise en compte des regards croisés. Cette histoire des mentalités est appréhendée aussi à partir de la presse missionnaire locale[29] ou même dans le dépouillement du corpus littéraire colonial, qui comprend les écrits des colonisés comme ceux des coloniaux. Mukala Kadima-Nzuji, Marc Quaghebeur et Pierre Halen se sont spécialisés dans ce genre de démarche littéraire, productrice de matériaux pour l'histoire sociale et culturelle[30].

Proche de l'histoire des mentalités, *l'histoire politique*, comme on devait s'y attendre, occupe une place de choix dans le corpus congolais. A

Louvain, Nauwelaerts, 1970 ; « Histoire du royaume du Congo c. 1624 (traduction de F. Bontinck en collaboration avec J. Castro Segovia), *Etudes d'Histoire Africaine*, 4, 1972, 45p. ; Bontinck, F. et Ndembe, D., *Le catéchisme kikongo de 1624*, Bruxelles, ARSOM, 1978).

24 Bontinck, F., *L'autobiographie de Hamed ben Muhammed el Murjebi Tippo Tip*, Bruxelles, ARSOM, 1974.

25 Stengers, J., *Combien le Congo a-t-il coûté à la Belgique ?*, Bruxelles, ARSC, 1957 ; *Le Congo. Mythes et réalités*, Louvain-la-Neuve, Duculot, 1989.

26 ARSOM, *La Conférence de géographie de 1876*, Bruxelles, 1976 ; *Le Congo belge durant la seconde guerre mondiales*, id., 1983 ; *Le centenaire de l'Etat Indépendant du Congo*, id., 1988 ; *Congo 1955-1960*, id., 1992.

27 Mutamba Makombo, J.M., *Du Congo belge au Congo indépendant 1940-1960. Emergence des « Evolués » et genèse du nationalisme*, Kinshasa, IFEP, 1998, Tshimanga, C., *Jeunesse, formations et société au Congo/Kinshasa 1890-1960*, Paris, l'Harmattan, 2001

28 Faik-Nzuji, C., *Tu le leur diras. Le récit véridique d'une famille congolaise plongée au cœur de l'histoire de son pays (Congo 1890-2000)*, Bruxelles, Alice éditions, 2005

29 Kalulambi Pongo, M., *Etre luba au XXè siècle*, Paris, Karthala, 1997

30 Mukala Kadima Nzuji, *La littérature zaïroise de langue française 1945-1965*, Paris, Karthala, 1984 ; Halen, P., *Le petit Belge avait vu grand. Une littérature coloniale*, Bruxelles, Labor, 1993 ; Quaghebeur, M., éd., *Papier blanc, encre noire. Cent ans de culture francophone en Afrique centrale (Zaïre, Rwanda, Burundi)*, Bruxelles, Labor, 1991.

l'accumulation des travaux sur l'histoire politique coloniale[31] et ceux, plus nombreux, sur la décolonisation, se sont ajoutés des essais de parcours biographiques des principaux leaders de l'âge postcolonial - Lumumba, Kasa-Vubu, Mulele, Tshombe, Mobutu et Kabila[32] -, ainsi que l'analyse de l'événementiel politique, particulièrement des grandes « crises » des décennies de la décolonisation (1960-70) et de la « transition » (1990-2000). De la sorte, à la série *Congo* du CRISP consacrée à la première période, a succédé une autre collection, les *Cahiers africains,* animée par Gauthier de Villers[33]. On peut regretter qu'à partir de cette multitude de monographies, il n'y ait pas eu davantage des études plus approfondies sur l'évolution politique, du genre de celles de J. Vanderlinden[34] ou de C Young et T. Turner[35].

L'histoire de la population, de l'aube de la colonisation à nos jours, constitue l'une des filières dans laquelle la jeune historiographie congolaise possède quelques palmes, entre autres grâce aux travaux réalisés ou dirigés par Léon de Saint Moulin à la fois sur la cartographie congolaise, l'histoire administrative du Congo et l'évolution conséquente de la population[36]. Le

---

31 L'histoire des résistances à l'occupation coloniale, inaugurée par Bimanyu, le tout premier licencié en histoire de Lovanium, est restée orpheline avec sa disparition. Son mémoire de licence intitulé *A propos des premiers mouvements de résistance : cas de la révolte de l'expédition Dhanis, 14 févier-19 mars 1897* (Lovanium, 1970) n'a pas suscité un grand engouement.

32 Lire, entre autres, Willame, J.C., *Patrice Lumumba. La crise congolaise revisitée*, Paris, Karthala, 1990 ; Omasambo, J., et Verhaegen, B., *Patrice Lumumba. Jeunesse et apprentissage politique 1925-1956,* Tervuren-Paris, Institut africain-l'Harmattan, 1998 ; *Patrice Lumumba, acteur politique. De la prison aux portes du pouvoir juillet 1956-février 1960*, id., 2005. ; Gillis, C.A., *Kasa-Vubu au cœur du drame congolais*, Bruxelles, Europe-Afrique, 1964 ; M'poyo Kasa-Vubu, J., *Joseph Kasa-Vubu mon père : de la naissance d'une conscience nationale à l'indépendance,* Bruxelles, 1985.; Martens, L., *Pierre Mulele ou la seconde mort de Lumumba*, Bruxelles, EPO, 1985 ; N'Dom, C., P. *Mulele assassiné. La révolution congolaise étranglée*, Louvain, CEP, 1984. ; Tshombe, M., *Quinze mois de gouvernement du Congo*, Paris, la Table Ronde, 1966. ; Monheim, F., *Mobutu l'homme seul*, Bruxelles, Editions Actuelles, 1962 ; id, *Mobutu, le point de départ,* Bruxelles, Didier-Hatier, 1985 ; N'Gbanda Nzambo-Ko Atumba, *Les derniers jours du maréchal Mobutu*, Paris, Gideppe, 1998. ; Kennes, E., (en collaboration avec Munkana Nge), *Essai biographique sur Laurent-Désiré Kabila,* Tervuren-Paris, Institut-Africain-l'Harmattan, 2003.

33 *Cahiers africains* n° 27-28-29 (1997) (de Villers, G. et Omasombo, J., La transition manquée 1990-1997) ; *Cahiers africains* n° 35-36 (1998) (de Villers, G. et Willame, J.C., *République Démocratique du Congo ; Chronique politique d'un l'entre-deux-guerres*) ; *Cahiers africains* n° 47-48 (2000) (de Villers, G., *République démocratique du Congo. du Congo, guerre et politique. Les trente derniers mois de L. D. Kabila août 1998-janvier 2001*) ; *République démocratique du Congo. De la guerre aux élections. L'ascension de Joseph Kabila et la naissance de la Troisième République janvier 2001-août 2008* (2009).

34 Vanderlinden, J., éd., *Du Congo au Zaïre, 1960-1980*, Bruxelles, CRISP, 1980.

35 Young, C. et Turner, T., *The Rise and Decline of Zairian state*, Madison, The University of Wisconsin Press, 1985.

36 De Saint Moulin, L., *Atlas des collectivités du Zaïre*, Kinshasa, 1976 ; *Perspectives démographiques régionales 1975-1985*, Kinshasa 1978 ; « Histoire de l'organisation administrative du Zaïre », *Zaïre-Afrique*, 224, 1988, p.203-230.

Congo doit en effet à cet historien-démographe l'établissement des projections sur la croissance de la population et la confection d'un certain nombre d'atlas, notamment le récent atlas administratif qui sert d'outil de base de l'organisation des élections en 2006[37]. A l'histoire de la population se greffe celle des villes pour laquelle il existe une collection précieuse de mémoires et thèses de doctorat réalisés au Congo sur les plus grandes agglomérations du pays. Les études de démographie historique sont complétées par des approches sociologiques, comme l'illustrent les récents ouvrages de Filip De Boeck et Marie-Françoise Plissart[38] et de Theodore Trefon[39] sur la ville de Kinshasa, les travaux plus anciens de Verhaegen[40] sur la ville de Kisangani ou ceux, plus récents, sur Lubumbashi[41]. L'histoire de l'architecture coloniale constitue un autre chantier ouvert par Johan Lagae[42] de l'université de Gand qui a amorcé, par son étude, une autre perspective de recherche sur les villes congolaises.

Passons à un autre registre, celui de *l'histoire précoloniale* du Congo. Elle n'en est encore qu'à ses balbutiements. Elle aurait pu mieux se porter si Vansina avait pu continuer à effectuer des enseignements au Congo ou même en Belgique. Dégoûté par les événements du 4 juin 1971, où une manifestation estudiantine fut suivie d'une répression violente et de la nationalisation de l'université, il décida, ainsi qu'il l'explique dans ses mémoires, de ne plus mettre pied au Zaïre[43]. L'ethnicité congolaise demeura une matière intéressant surtout des politologues, comme Crawford Young,

---

37 Id. (avec la collaboration de Kalombo Tshibanda), *Atlas de l'organisation administrative de la République démocratique du Congo,* Kinshasa, CEPAS, 2005.

38 De Boeck, F. et Plissart, M.F., *Kinshasa. Tales of the* Invisible *City,* Gand, Ludion, 2005.

39 Trefon, T., éd., *Ordre et désordre à Kinshasa : réponses populaires à la faillite de l'Etat*, Tervuren-Paris, Institut Africain-l'Harmattan, 2004.

40 Verhaegen, B., *Kisangani 1876-1987. Histoire d'une ville*, Kinshasa, PUZ, 1975 *; Femmes de Kisangani. Combats pour la survie,* Paris, l'Harmattan, 1990.

41 Dibwe dia Mwembu, D., *Bana Shaba abandonnés par leur père : structures d'autorité et histoire sociale de la famille ouvrière au Katanga*, Paris, l'Harmattan, 2001 ; Sizaire, V. éd., *Mémoires de Lubumbashi : images, objets, paroles, Ukumbusho,* l'Harmattan, 2001 et id., *Femmes, modes, musique. Mémoires de Lubumbashi*, l'Harmattan, 2002 ; Petit, P., *Ménages de Lubumbashi entre précarité et recomposition,* l'Harmattan, 2003 et id., Byakula. *Approche socio-anthropologique de l'alimentation à Lubumbashi*, l'Harmattan, 2004 ; Dibwe et Ngandu, *Vivre ensemble au Katanga*, l'Harmattan, 2005 ; de Lame et Dibwe, éds., *Tout passe. Instantanés populaires et traces du passé à Lubumbashi*, Tervuren-Paris, 2005.

42 Lagae, J., *Kongo zoals het is. Drie architectuurverhalen uit de Belbische kolonisatiegeschiedenis, 1920-1960,* Gand, 2002, these doctorat.

43 Vansina, J., *Living with Africa*, Madison, The University of Wisconsin Press, 1995, p. 154.

Samba Kaputo et Mulambu Mvuluya[44] et, ne fut prise en charge que de manière marginale par les historiens. Dans cet immense champ de recherche, ne se sont signalées que quelques études, sous forme de dissertations doctorales dont certaines sont inédites. Les plus importantes sont américaines. Il s'agit notamment des travaux de Ndua Solol (1978), de Miller (1971) et de Hoover (1978) sur l'empire lunda[45] ; ceux de D. Newbury (1979), de C. Newbury (1988), de Bashizi (1982), de Mugaruka (1986) et de Bishikwabo (1982) sur l'histoire ancienne du Kivu[46] ; ceux de Mumbanza (1981), Van Leynseele (1979), Ngbapwa (1992), Keim (1979) et Harms (1978) sur l'Equateur et la province orientale[47] ; ceux de Yogolelo (1997) et de N'sanda (2003) sur le Maniema[48] ; ceux de Pruitt (1973) et Yoder (1977) sur le Kasaï[49] enfin, celui de Reefe (1975) sur le nord-Katanga[50].

A cause des exigences de ce genre d'étude, qui suppose la maîtrise de plusieurs sciences auxiliaires, le Congo ancien, cet important domaine touchant à l'histoire des commencements, fondement du Congo moderne et contemporain, risque de continuer à faire figure de parent pauvre. Cette

---

44 Young, C., *Politics in the Congo*, Princeton, Princeton University Press, 1965; *Introduction à la politique congolaise*, Kinshasa-Lubumbashi-Kisangani, Editions Universitaires du Congo, 1968 ; Samba Kaputo, *Phénomène d'ethnicité et conflits ethno-politiques en Afrique noire postcoloniale*, Kinshasa, PUZ, 1982. ; Mulambu Mvuluya, *Migrations et structure des regroupements dans la zone de Miabi. Mythes et réalités*, Kinshasa, 1991.

45 Ndua Solol, op. cit. ; Miller, J.C., *Kings and Kinsmen: the Imbangala impact of the Mbundu of Angola*, University of Wisconsin, 1971 ; Hoover, J.J., *The seduction of Ruwej: Reconstructing Ruund History*, Yale University, 1978.

46 Newbury, D., *Kings and clans on Idjwi Island (ZaIre)*, University of Wisconsin, 1979 ; Newbury, C., *The Cohesion of Oppression. Clientship and Ethnicity in Rwanda, 1860-1960*, New York, Columbia University Press, 1988 ; Bashizi,C., op. cit. ; Mugaruka, op. cit.; Bishikwabo, C., *Histoire des Etats Shi en Afrique des Grands Lacs: Kaziba au Zaïre (c. 1850-1940)*, Louvain-la-Neuve, Thèse de doctorat, 1982.

47 Mumbanza mwa Bawele, J.,op. cit. ; Van Leynseele, P., *Les Libinza de la Ngiri. L'anthropologie d'un peuple des marais du confluent du confluent du Congo-Ubangi*, Thèse de doctorat, université de Leiden, 1979 ; Ngbapwa te M., *Histoire des Ngbandi du Haut-Ubangi des origines à 1930*, Bruxelles, Thèse de doctorat, ULB, 1992 ; Keim, C., *Precolonial Mangbetu Rule : Political and Economic Factors in the 19th Century Mangbetu History*, Indiana University Press, 1979 ; Harms, R., *Competition and Capitalism : the Bobangi Rule in Equatorial Africa's Trade Revolution (c1750-1900)*, Madison, University of Wisconsin, 1978.

48 Yogolelo Tambwe ya Kasimba, *L'administration coloniale de Bulega 1902-1948. Destructuration-restructuration d'un espace socio-politique ancien*, Thèse de doctorat, Lubumbashi, 1997 ; Nsanda Buleli, *La mémoire et l'histoire dans les constructions politiques2003 régionales et ethniques du Maniema pendant la transition 1990-2000*, Thèse de doctorat, Université Laval, 2003.

49 Pruitt, W.F., *An Independent People: a History of Salampasu of Zaire and their Neighbours*, The Nordwestern University Press, 1973 ; Yoder, J., *A People on the Edge of Empire: a History of the Kanyok of Central Zaire*, id., 1977.

50 Reefe, T.Q., *A History of Luba Empire to c. 1895*, Berkeley, University of California, 1975.

menace est plus que présente d'autant plus que l'archéologie, cette technique de lecture des « archives du sol », semble condamnée à la léthargie, bien que cette discipline des sciences historiques ait connu naguère des réalisations prometteuses.

Aux travaux des « anciens[51] », comme Colette (Bequaert 1938), Nenquin (1963), Hiernaux et al. (1971) et Van Moorsel (1968), avaient, en effet, succédé ceux d'une nouvelle génération, avec Van Noten (1968), Cahen (1975), de Maret (1985), Muya (1987) et Kanimba (1986)[52]. Mais l'étendue du terrain pour cette poignée de chercheurs, l'insécurité et le coût onéreux des recherches, alliés à l'absence de relève, sont autant de raisons qui conduisent au pessimisme.

L'histoire de l'art a, par contre meilleure fortune. La génération « intermédiaire », celle du Frère Cornet[53] et de François Neyt[54], qui a succédé à celle de Frans M. Olbrechts (1952) et Henri Lavachery (1954)[55], a produit à son tour celle de Belepe (1982), Nyangi (1998)[56], et quelques autres. Leurs études portent généralement sur les arts anciens, particulièrement sur la statuaire congolaise. Une autre orientation se dessine avec Mabiala Mantuba-Ngoma[57] (1989) de Kinshasa qui pousse la curiosité historique jusqu'à s'intéresser aux produits de l'artisanat et aux arts

---

51 Bequert, M., *Les fouilles de Jean Colette*, Tervuren, MCB, 1938 ; Nenquin, J., *Excavations at Sanga*, 1963 et *The Protohistoric Necropolis*, 1957, Tervuren, MRAC ; Hiernaux et al., *Fouilles archéologiques dans la vallée du Haut-Lualaba, I. Sanga*, Tervuren, MRAC, 1971 ; Van Moorsen, H., *Atlas de la préhistoire de la plaine de Kinshasa*, Lovanium, 1968.

52 Van Noten, F., *The Uelian, a culture with a Neolithic aspect. Uele-Basin (Northeast Congo Republic): an archaeological study*, Tervuren, MRAC, 1968 ; Cahen, D., *Le site archéologique de la Kamoa (region du Shaba, République du Zaïre)*, Tervuren, MRAC, 1975 ; de Maret, P., *Fouilles archéologiques dans la vallée du haut-Lualaba, Zaïre*, Tervuren, MRAC, 1985 ; Muya wa Bitanko, *Préhistoire du Zaïre oriental*, Thèse de doctorat, ULB, 1987 ; Kanimba, M., *Aspects écologiques et économiques des migrations des populations de langue bantu*, Frankfürt-am-Main, 1986.

53 Cornet, J., *L'art de l'Afrique noire au pays du fleuve Zaïre*, Bruxelles, 1972 ; Cornet J. et al., *60 ans de peinture au Zaïre*, Bruxelles, les éditions d'art associées, 1989.

54 Neyt, F., *La grande statuaire hemba au Zaïre*, Louvain, 1977 *; Arts traditionnels et histoire du Zaïre. Cultures forestières et royaumes de la savane*, Bruxelles, Société d'arts primitifs, 1981.

55 Olbrechts, F.M., *Quelques chefs d'œuvre de l'art africain*, Tervuren, 1952 ; Lavachery, H., *Statuaire de l'Afrique noire*, Bruxelles, Office de publicité, 1954.

56 Belepe Bope M., *La triade des masques mbwoom, mosh'amboy et ngandy a mwaawsh des Kuba du Zaïre*, Thèse de doctorat, Louvain-la-Neuve, 1982 ; Niangi Batulukisi, *La sculpture des Holo (RDC) : étude socio-morphologique et stylistique*, Thèse de doctorat, Louvain-la-Neuve, 1998.

57 Mabiala Mantuba-Ngoma, *Frauen, Kunsthandwerk und Kultur bei den Yombe in Zaire*, Göttingen, éd. Re, 1989.

décoratifs, pendant qu'à Louvain-la-Neuve, Clémentine Faïk-Nzuji[58] (2000) continue à tenter de déchiffrer les messages des mêmes signes décoratifs. Mais, fort curieusement, les arts modernes n'attirent pas encore à suffisance les spécialistes de l'histoire de l'art. Même la chanson congolaise qui aurait dû constituer le premier champ d'intérêt des spécialistes de l'art, n'a toujours pas encore produit ses historiens.

Les Congolais et leur histoire

Dans ce long inventaire, quelle est la part de la production spécifique des Congolais et quelles en sont les tendances ? Les cinq décennies de l'ère postcoloniale, on l'a noté, ont constitué un immense chantier dans lequel chaque décennie semble avoir été d'un apport spécifique. Les années 60 auraient été celle de la formation sur le tas des « maîtres » belges africanistes presque tous venus d'autres terrains : Joseph Cornet, Jean-Luc Vellut, Benoît Verhaegen, Bogumil Jewsiewicki. Cette période a donc précédé les années 70, les années décisives où ces « passeurs » des méthodologies des sciences sociales, ont été à l'œuvre ; années qui avaient abouti à l'insertion dans leur rang des premiers historiens du cru, formés ailleurs ou sur place. C'est à partir des années 80 qu'il faut situer le début de la contribution significative des Congolais à la production savante de leur histoire.

Malgré la brièveté de la période et la conjoncture globale jugée peu généreuse, on a pu compter, comme on l'a vu, sur une production universitaire relativement importante. A partir des années 90, on a assisté à la diversification des écrits congolais sur le Congo, en sortant du cadre étroit des thèses de doctorat et des ouvrages spécifiquement d'histoire. On peut compter ici sur quelques centaines de textes, œuvres d'érudits, témoignages d'acteurs politiques, pamphlets ou essais sur la prospective. Deux questions nous préoccuperont ici. D'abord qui sont ces auteurs ? Ensuite, qu'est-ce qu'ils ont écrit ?

Une première vague des acteurs de cette historiographie est composée d'autres spécialistes des sciences sociales, comme Valentin-Yves Mudimbe, Mwayila Tshiyembe, Alphonse Maindo, Nyunda ya Rubango, Emile Bongeli ou Philippe Biyoya.

---

58 Faïk-Nzuji, C., *Arts africains. Signes et symboles*, Bruxelles, De Boëck université, 2000.

Une *deuxième vague* est celle qui regroupe les témoignages d'acteurs historiques sur les séquences d'histoire qu'ils ont vécues personnellement. Il s'agit, pour l'essentiel, des années de la chute de Mobutu, et celles de l'avènement de Laurent-Désiré Kabila avec son cortège de violences et de guerre. Dans le premier registre, situons les écrits d'anciens mobutistes qui se sont cru en devoir d' « éventrer le boa » suivant une belle expression locale, c'est-à-dire de révéler la face cachée du régime qu'ils ont servi afin de dénoncer ses excès. Les pionniers de cette littérature de « déballage » ont été les Kamitatu, Nguz a Karl i Bond, Pierre Yambuya, Emmanuel Dungia ou le général Ilunga Shamanga[59]. Ils ont été rejoints par des acteurs de plus fraiche date, comme Félix Vundwawe, Honoré Ngbanda, José Nimy, Godefroid Sampassa ou Evariste Mabi et Banza Mukalay Nsungu[60].

La *troisième vague* concerne la période subséquente et regroupe les témoignages des acteurs de la guerre de libération et des rébellions qui lui ont succédé. Il s'agit notamment des écrits de Mukendi et Kasonga, d'Albert Kisonga ou ceux de Jean-Pierre Bemba, Lambert Mende, et Mwenze Kongolo[61]. L'écriture biographique est un autre genre pratiqué. Des itinéraires des personnages historiques ou de leurs familles nous sont restitués, soit à la manière de Justine Kasa-Vubu[62] sur la présidence de son père ou sur sa propre trajectoire comme ministre de Laurent-Désiré Kabila ; soit à celle de Clémentine Faïk-Nzuji[63] qui nous a reproduit l'essentiel des « dits » de sa grand'mère sur l'histoire familiale ; soit encore à celle de Jean

---

59 Kamitatu C., *La grande mystification du Congo-Kinshasa : les crimes de Mobutu*, Paris, François Maspéro, 1971, Cahiers libres 207-208 ; Nguz a Karl i Bond, *Mobutu ou l'incarnation du mal zaïrois*, Londres, Rex Collings, 1982 ; Yambuya, P., *Zaïre : l'abattoir. Un pilote de Mobutu parle*, Bruxelles, EPO, 1991 ; Dungia, E., *Mobutu et l'argent du Zaïre*, Paris, l'Harmattan, 1992 ; Ilunga Shamanga, *La chute de Mobutu et l'effondrement de son armée*, Bruxelles, 1998.

60 Vundwawe te Pemako, F., *A l'ombre du léopard : vérités sur le régime de Mobutu*, Bruxelles, éd. Zaïre libre, 2000 ; Nganda Nzambo Ko Atumba, *Ainsi sonne le glas ! Les derniers jours du maréchal Mobutu*, Paris, Gideppe, 1998 ; Nimy Maidika Ngimbi, J., *Je ne renie rien je raconte*, Paris, l'Harmattan, 2006 ; Mabi Mulumba, E., *Congo-Zaïre : les coulisses du pouvoir sous Mobutu. Témoignage d'un ancien Premier ministre*, Liège, éd. De l'université de Liège, 2011 ; Banza Mukalay Nsungu, *Ma vérité sur le maréchal Mobutu et sur la transition démocratique (1990-1997)*, Paris, l'Harmattan, 2015.

61 Bemba, J.P., *Le choix de la liberté*, Gbadolité, éd. Venus, s.d. ; KisongaMazakala , A., *45 ans d'histoire congolaise*, Paris, l'Harmattan, 2005 ; Mende, L., *Dans l'œil du cyclone*, Paris, l'Harmattan, ; Mweze Kongolo, *Laurent-Désiré Kabila. Ma part de vérité*, Paris, l'Harmattan, 2007.

62 M'Poyo Kasa-Vubu, J., *Joseph Kasa-Vubu, mon père : de la naissance d'une conscience nationale à l'indépendance*, Bruxelles, 1985 ;

63 Faïk-Nzuji, C., *Tu le leur diras. Le récit véridique d'une famille congolaise plongée au cœur de l'histoire de son pays*, Bruxelles, Alice éditions, 2005.

Mpisi[64], résolument attaché à l'écriture biographique puisqu'il a produit les biographies coup sur coup du chanteur Tabu Ley, du cardinal Malula et d'Antoine Gizenga.

D'autres se sont livrés à des autobiographies, qu'elles soient complètes ou limitées, comme Jacques Masangu ou Augustin Katumba Mwanke[65]. Ce genre d'écriture, apparemment prometteur, a été précédé d'un autre qui s'est efforcé d'établir des collectifs de notices biographiques des principaux acteurs politiques ou économiques. Pierre Artigue[66] a été le pionnier de cette recherche ; dès 1961, il s'est efforcé de répondre à l'interrogation : qui étaient les leaders congolais ?

Le projet fut très largement poursuivi par des Congolais[67], notamment Mabi Mulumba et Mutamba Makombo (1986), Kimbulu Moyanso (1987), la Chambre du Commerce et d'industrie franco-zaïroise (1996), Mazanza Kindulu et Nlandu Tsasa (2005) et Agbumana Motingia (2005), sans oublier les deux productions d'Omasombo sur les acteurs de la Transition et de la Troisième République[68]. La *quatrième vague* regrouperait les quelques essais sur la prospective dans laquelle la RDC passe pour le paradigme de la problématique du développement de l'Afrique. Depuis Mabika Kalanda, quelques autres écrits se sont signalés, notamment ceux de Daniel Mukoko Samba, de Philimon Mukendi, ou d'Emile Bongeli[69].

---

64 Mpisi, J., *Tabu Ley, innovateur de la musique africaine*, Paris, l'Harmattan, 2004 ; *Antoine Gizenga. Le combat de l'héritier de P. Lumumba*, Paris, l'Harmattan, 2008.

65 Masangu-a-Mwanza, J., *Le Katanga, que veut-il ? Mémoires d'un ambassadeur*, Kinshasa-Montreal-Washington, ICREDES, 2013 ; Katumba Mwanke, A., *Ma vie*, Nice, éd. EPI, 2013.

66 Artigue, P., *Qui sont les leaders congolais ?*, Bruxelles, éd. Europe-Afrique, 1961.

67 Mabi Mulumba et Mutamba Makombo, *Cadres et dirigeants au Zaïre : qui sont-ils ? Dictionnaire biographique*, Kinshasa, CERP, 1986 ; Kimbulu Moyanso, *Who's who in Zaire. Dictionnaire biographique*, Kinshasa, New Fashion Média, 1987 ; Chambre du Commerce et d'industrie franco-zaïroise, *Zaïre : décideurs et notabilités*, Kinshasa, CCIFZ , 1996 ; Mazanza Kindulu, J.R., et Nlandu Tsasa,J.C., *Les nouveaux cadres congolais : figures d'aujourd'hui et de demain*, Paris, l'Harmattan, 2005 ; Agbumana Motingia, D., *RDC : dictionnaire biographique des cadres de l'Etat Indépendant du Congo/Congo belge/ Etat indépendant*, Kinshasa, 2005.

68 Omasombo, J. et Kennes, E., *Biographies des acteurs de la Transition*, Tervuren-Kinshasa-Lubumbashi, MRAC-CEP-CERDAC, 2006 ; Omasombo, J., *Biographies des acteurs de la Troisième République*, id. ib., 2009.

69 Mabika Kalanda, *La remise en question, base de la décolonisation mentale*, Bruxelles, éd. Remarques Africaines, 1967 ; Mukoko Samba, *Projet d'une nouvelle société zaïroise*, Kinshasa, 1994 ; Simantoto Mafuta, A., *Repenser la RDCongo. Réflexion d'un prêtre*, Paris, l'Harmattan, 2006 ; Mukendi, P., *RDC, réinventer l'espoir*, Paris, l'Harmattan, 2009 ; Bongeli Yeikolo ya Ato, E., *D'un Etat-bébé à un Etat congolais responsable*, Paris, l'Harmattan, 2008.

Quel serait l'inventaire des territoires de cette historiographie ? S'il fallait revenir sur la tripartition dépassée de précolonial/colonial/postcolonial, on noterait que c'est l'histoire du *passé/présent* qui est en vedette. Le « précolonial » fait figure de parent pauvre. L'époque où les jeunes congolais s'intéressaient massivement à l'histoire de leurs communautés d'origine et aux « coutumes » qui y ont été pratiquées, comme le donnent à constater les pages de la *Voix du Congolais* est révolue. La grande avancée de l'urbanisation au Congo, les difficultés d'accès au monde rural, l'anathème décrété par les Eglises de réveil sur les pratiques traditionnelles au motif qu'elles seraient diaboliques, sont autant de raisons qui justifient cette situation.

Dans ce cadre, que des chantiers entiers qui demeurent en friche ! L'étude des technologies anciennes est à peine abordée. L'archéologie, cette science prometteuse, n'a pu encore réellement décoller. Des deux historiens, envoyés de Lubumbashi, pour cette formation, à Londres (Tshilema) et à Tervuren (Muya), seul ce dernier a pu apporter une contribution substantielle, comme enseignant et comme directeur du musée de Lubumbashi, avant de s'éteindre en 2015. La spécialisation dans l'histoire des plantes et des techniques alimentaires a connu un début prometteur avec la thèse de Tana di Masakidi Ndongala[70] ; celui-ci s'est estompé brusquement avec la disparition de l'auteur, peu après sa performance académique.

Le « territoire » colonial n'est pas d'avantage fréquenté en dehors des recherches doctorales. Même dans ce cas, il est rarement abordé pour lui-même, mais presque toujours pour servir de base à des exploitations sur le présent, comme dans l'histoire des villes, d'évangélisation ou des formations sociales. Au niveau des thématiques, l'ordre d'importance s'est établi une fois pour toutes. D'abord, l'histoire politique, suivie de l'histoire d'évangélisation et des courants religieux. Viennent ensuite l'histoire socio-économique et l'histoire de l'art.

---

70 Tana di Masakidi N., *Les plantes alimentaires kongo du XVè au XIXè siècles : origines et impact socio-culturel*, Lubumbashi, Thèse de doctorat en sciences historiques, 2006.

Perspectives

L'exercice de bilan nous amène aussi à considérer l'avenir. Résumons d'abord la situation présente en notant que l'historiographie congolaise a jusqu'ici touché à plusieurs pistes, mais sans approfondir l'une d'elles. Parmi les raisons qui justifient cette situation, figurent, d'une part la crise de la coopération belgo-congolaise ayant conduit au rapide effacement des études africaines en Belgique, d'autre part, et surtout, la gestion désastreuse de la postcolonie congolaise.

Le grand élan du début des années 1960 n'a pu se confirmer dans la suite. Cette première décennie de la décolonisation est, en effet, celle de la production par les maîtres africanistes des grands « classiques » des études congolaises. C'est l'époque de la publication, comme on l'a déjà noté, des volumes *Congo* du CRISP, celle aussi de la parution de *l'Introduction à la politique congolaise* de Crawford Young, des *Anciens royaumes de la savane* et *de l'Introduction à l'ethnographie congolaise* de Jan Vansina. Sur le plan économique, l'héritage éditorial de cette décennie compte entre autres les études de Jean-Louis Lacroix (1967) sur *l'industrialisation,* de Christian Comeliau (1969) sur la *planification du développement*, d'André Huybrechts (1970) sur les *transports au Congo* et de Yvon Bongoy Mpekesa (1974) sur les *investissements mixtes*[71].

Ce dynamisme du début s'est complètement effrité au point qu'aujourd'hui, l'unique collection consacrée aux réalités de la RDC est pratiquement celle de la section du Temps Présent du MRAC que dirigeait Gauthier de Villers, en plus des volumes de l'Afrique *des Grands lacs* du Centre d'étude de la région des Grands lacs de Filip Reytjens, sans oublier, il est vrai, les collections provisoires de l'Harmattan, *Mémoires lieux de savoir* et *Histoire et société*. A cela s'ajoute la collection si prometteuse d'études sur chacune des provinces du Congo dirigée par Jean Omasombo, et qui est le fruit de collaboration entre le MRAC, le CEP et le CERDAC.

Que faire aujourd'hui et demain ? Quelques sont les thématiques les plus importantes de l'histoire du Congo, par rapport aux informations déjà

[71] Lacroix, J.L., *Industrialisation du Congo. La transformation des structures économiques*, Paris-La Haye, Mouton, 1967 ; Comeliau, C., *Conditions de la planification au développement*, Paris-La Haye, Mouton, 1969 ; Huybrechts, A., *Transports et structures de développement au Congo. Etude du progrès économique de 1900 à 1970*, Paris-La Haye, Mouton, 1970 ; Bongoy Mpekesa, Y., *Investissements mixtes au Zaïre*, Kinshasa, PUZ, 1974.

disponibles ? Répondons d'abord à la première question. Que faire ? Puisque les moyens de recherche sont de plus en plus limités, il serait en principe plus indiqué de travailler de manière concertée, par une sorte de répartition de tâches en fonction des opportunités, entre institutions du sud et du nord, engagées dans cette entreprise. Au-delà des vicissitudes de la politique, à la base des aléas des coopérations structurelles, l'établissement de synergies purement scientifiques et techniques dans le domaine restent toujours dans l'ordre du possible, allant du simple devoir d'échange réciproque d'informations à la conduite commune des programmes de recherche par une sorte d'exploitation judicieuse des terrains réciproques.

J'ai toujours été frappé par les besoins ressentis par les chercheurs de Congo d'aller travailler aux archives de Belgique, et inversement, ceux des chercheurs en Belgique d'aller effectuer des enquêtes de terrain au Congo, comme pour confirmer la nécessaire complémentarité dans l'exploitation des différents aspects de la même histoire. Si une harmonisation des politiques scientifiques avait été réalisée, elle aurait encouragé les uns et les autres à exploiter les données de leur terrain d'origine d'abord, et à l'offrir en échange avec celles émanant de l'autre terrain. Au-delà de la nécessité pour le chercheur d'aller tôt ou tard à la découverte d'un autre monde en plus du sien propre, une telle politique serait plus que bénéfique puisqu'elle serait parallèle. En effet, les deux terrains, d'ici et de là-bas, présentent en histoire de la période coloniale, une documentation de même nature, composée d'une part d'oralité à collecter, et d'autre part de documentation écrite à exploiter.

Quelles seraient, dans ce contexte, les thématiques prioritaires ? Elles seraient multiples, dans la mesure où ce qui a été entamé n'a pu être finalisé. Les premières interrogations qui aboutissent à l'interpellation du chercheur sont à glaner dans l'espace du présent. Il est donc normal qu'il occupe une large place dans les études congolaises.

En matière d'histoire coloniale, les conditions commencent à être réalisées pour l'étudier en profondeur, à présent que le public belge et congolais s'est davantage émancipé du « conditionnement » colonial. Puisqu'il s'agit d'une histoire « stratégique » d'où s'est construite l'évolution postcoloniale, elle mériterait effectivement d'être pleinement assumée, de préférence, comme on le dira plus loin, par un exercice rigoureux de regard croisé. Surtout qu'il s'agit d'une période « privilégiée » sur le plan documentaire, où l'information « officielle », tirée des archives, peut être confrontée à des témoignages des acteurs de l'époque dont certains sont encore en vie. Il est donc important d'assurer l'inventaire et la récolte systématique de ces témoignages oraux, auprès des anciens coloniaux en Belgique comme auprès des anciens colonisés au Congo.

L'histoire ancienne des populations congolaises mérite plus que tout une attention particulière. Au moment où les conduites contemporaines se fondent ostensiblement sur l'interprétation, souvent erronée, des faits anciens instrumentalisés pour servir de prétextes ou d'alibis au présent, il est un devoir de mettre à la portée des générations montantes au Congo l'éclairage qui fait défaut pour une intelligibilité correcte et juste de ces faits du passé précolonial. L'investissement dans des problématiques militantes et de préventions de conflits, de bonne gouvernance ou de démocratie « inculturée » ne peut se passer d'un tel apport.

Toute l'histoire du Congo, des origines à nos jours, demeure donc d'actualité, au niveau de la recherche historique. Les connaissances actuellement disponibles ont été accumulées essentiellement à partir d'une démarche « par le haut », rapportant surtout l'histoire des « grands hommes », et des « faits saillants » se déroulant dans la capitale. L'histoire d'en bas, celle du bas peuple et des catégories marginalisées, reste à faire, telles les histoires régionales ou celles des femmes et des jeunes.

Autre particularité. Jusqu'à présent, les informations disponibles sur le Congo sont à la fois discriminatoires et inégalement réparties sur le plan spatial. Si, sur le plan thématique, l'histoire précoloniale est globalement moins assumée que l'histoire coloniale et postcoloniale, au sein de celle-ci le Congo septentrional continue à subir le même sort par rapport à celle du Congo méridional. On doit regretter que les inventaires ethnographiques d'Olga Boone n'aient pu être menés à terme. Ayant entrepris d'établir la carte ethnique du Congo, elle n'a pu étudier que la situation du *quart sud-est* et du *quart sud-ouest* du Congo[72]. Le cas du *quart nord-est* et du *quart nord-ouest* ne l'a pas été. Jusqu'ici, personne n'a pensé combler ce vide[73]. Car, l'enjeu consiste à considérer avec autant d'importance l'ensemble du Congo,

---

72 Boone, O., *Carte ethnique du Congo : quart sud-est*, Tervuren, MRAC, 1961 ; *Carte ethnique de la République du Zaïre : quart sud-ouest*, Tervuren, MRAC, 1973.

73 La publication de l'atlas des peuples du Congo, sur le modèle de *l'atlas des peuples d'Afrique* de Jean Sellier (Paris, la Découverte, 2003) demeure une lacune qui attend d'être comblée.

afin que les différentes données régionales puissent ensemble produire l'histoire « globale » de ce pays- continent[74].

Il est également légitime d'étudier l'histoire du monde, spécialement des Amériques, d'Europe et d'Asie, mais vue du Congo. Cette intuition, fort en éveil vers les années 70, avait en son temps inspiré Gerard Pilipili[75], mais elle demeure à présent orpheline de relève, depuis qu'il s'est éteint.

Souhaitons que de nouvelles générations de chercheurs, d'ici et d'ailleurs, choisissent de s'engager dans le domaine de la production des savoirs sur l'Afrique et le Congo, pour enrichir notre connaissance du monde et participer à la réhabilitation de ce continent, à son insertion heureuse dans la mondialisation et à son développement au service de ses habitants.

---

74 On ne peut que saluer la naissance du projet « Provinces », sous la direction de Jean Omasombo, au compte du service *Histoire et Politique* du MRAC, et dont les premiers résultats, déjà disponibles, sont rassurants. Il s'agit de l'élaboration et de la publication d'une collection de 26 monographies consacrées à chacune des 26 provinces décidées par la Constitution du 18 février 2006.

75 Il présenta à Bruxelles une thèse de doctorat d'histoire sur le thème : *La Belgique et la « New Commonwealth » ou Albert I roi des Belges contre Woodrow Wilson, Président des Etats-Unis d'Amérique, 1918-1919.*

Chapitre II

Un essai d'histoire africaine du Congo

La lecture à laquelle je me suis livrée de la trajectoire du Congo[1] a conduit à un *essai d'écriture d'une histoire africaine du Congo*[2]. Ici, l'exercice n'est pas simple. Mener de front une écriture de l'histoire et, presque en même temps, la critique de cette même écriture, s'apparente à jouer à la fois à l'entomologiste et au coléoptère. Mais qu'à cela ne tienne ! Après tout si la lecture que j'ai faite du parcours historique du Congo est « une », sa critique n'est-elle pas forcément plurielle, comme résultante d'une possible multiplicité de regards, parallèles, complémentaires ou croisées ?

Apprécions d'abord la pertinence de soutenir l'expression de la pluralité des modes de lecture de l'évolution. On passera ensuite à une évolution sommaire de la situation présente de la mémoire sociale au Congo, avant de tenter une analyse de mon écriture de l'histoire nationale.

Lectures croisées en question

L'effort de tenter, aujourd'hui, d'assumer la « différence » de regards constitue une grande innovation ; une promesse d'éveil du corps ankylosé de la science africaniste. Cette approche a pour présupposés le fait de la reconnaissance de cette différence, la foi dans la pertinence et la consistance du discours de la différence et la volonté de le mettre à

---

1 *Congo-Meuse*, 2-3, 1998-1999, p. 34-50. Texte revu et actualisé.

2 Ndaywel è Nziem, I., *Histoire du Zaïre* (1997), *Histoire générale du Congo de l'héritage ancien à la République démocratique* (1998), *Nouvelle histoire du Congo des origines à la République démocratique* (2009), *Histoire du Congo des origines à nos jours* (2011), Bruxelles-Kinshasa, De Boëck-Le Cri, Afrique éditions. Ce dernier ouvrage a été traduit en espagnol (*Historia del Congo*, Madrid, Casa Africa, 2011), en kiswahili (*Historia fupi ya Congo tangu mwanzo mpaka leo*, Bruxelles-Kinshasa, Le Cri-Buku, 2011) et en lingala (*Mokolo mwa Congo uta ebandeli kino lelo*, Bruxelles-Kinshasa, Le Cri-Buku, 2011). Enfin, une *brève histoire du Congo, des origines à la république démocratique* (Kinshasa, éditions Saint Paul, 2015) a été rendu disponible localement, comme synthèse de cette collection d'ouvrages.

contribution pour une meilleure intelligence des faits et des comportements. On sait que dans la fièvre de la décolonisation, ce présupposé ne passait pas pour acquis et la confrontation des éclairages différents ne présageait pas cette nécessité épistémologique. Parce qu'elle le croyait condamné à disparaître, la critique de l'africanisme s'est cru obligée naguère de se transformer en une sorte de «chant du cygne », convaincue que seul le discours anti-africaniste pouvait assurer quelque chance de survie à l'africanisme lui-même[3]. Mais, en réalité, il s'agissait d'un chant de cygne aux accents faux. Car le vrai débat était ailleurs. Il résidait dans la reconnaissance d'un africanisme « du dedans », distinct de l'africanisme « du dehors » et dans la nécessité d'assumer la distance séparant les deux discours comme espace heuristique.

L'aventure de prendre au sérieux cette nouvelle approche dépasse à peine l'étape de balbutiements. Mais cette problématique a été fermement inaugurée par l'intérêt qui s'affirme en Europe, depuis les années 80, pour l'étude de l'image coloniale, à partir d'un faisceau d'expositions qui font étalage d'un matériau audiovisuel inédit, du moins pour le regard africain[4].

L'exposition-événement de Jean-Pierre Jacquemin, en marge du centenaire de la Conférence de Berlin à Bruxelles, comme celle qui l'a suivie, a permis d'exhumer nombre d'images et de clichés, révélateurs des préjugés qui ont conditionné les rapports entre la Belgique et son ancienne colonie[5]. Cet important stock d'informations et d'images s'est révélé comme porteur d'une nouvelle connaissance de l'Afrique coloniale, certes, mais aussi de l'Europe elle-même. La réalité est que ces images et ces clichés validaient les fables que l'Européen fabriquait à l'endroit des « indigènes ». À rebours, apparaissent aujourd'hui comme procédé par lequel il opérait un retour sur soi, sur sa jouissance narcissique et sur sa prétendue identité. Si

---

3 On notera que la prétention au « réajustement » et à la « décolonisation » de la science africaine a été en elle-même, pour l'essentiel, une démarche extra-africaine, trop sûre de sa science et peu pressée d'être à l'écoute de la principale intéressée, l'Afrique elle-même. Citons, à titre illustratif, quelques cas : G. Leclerc, *Anthropologie et colonialisme*, Fayart, 1972 ; *A. Schwartz, Les faux-prophètes de l'Afrique et de l'afr(eu)canisme, Québec ; J. Copans, La longue marche de la modernité africaine*, Paris, EHESS, 1998.

4 Dans une note synthétique, Pierre Halen (« L'imagerie coloniale : un matériau pour l'histoire ?» in *Zaïre –Afrique*, n°305, 1996, pp.229-332) a rendu compte des rencontres, des expositions ou des écrits produits sur l'imagerie coloniale.

5 L'exposition « *Cent ans de regards belges* » a eu lieu au centre culturel de la Communauté française Wallonie-Bruxelles Le Botanique du 9 mai au 30 juin 1985. En marge de cette manifestation, un recueil d'études a été publié : zaïre 1885-1985, *Cent ans de regards belges*, Bruxelles, CEC, 1985. En 1991, a eu lieu une autre exposition sur le thème « Le noir du Blanc » *(Racisme, continent obscur. Clichés, stéréotypes, phantasmes à propos des Noirs dans le Royaume de Belgique).*

ces images ont souffert de la lacune d'avoir été à sens unique, c'est que l'inventaire d'images des Belges au Congo par les Congolais n'est pas encore établi.

Pendant longtemps, l'Afrique n'a pu voir l'Europe qu'au travers des visiteurs épisodiques qui venaient à sa rencontre, sans possibilité de les situer par rapport à leurs milieux d'origine ni celle de déterminer s'ils étaient réellement représentatifs des modèles d'hommes et des femmes qui vivaient dans ce lointain continent[6]. Dans un contexte aussi stérile, les clichés qui passent pour des images que les Africains se font des Européens, sont bien souvent sélectionnés par les Européens eux-mêmes, quand ils ne constituent pas leur propre produit[7]. On n'est donc pas encore en présence d'une représentation fidèle des Européens par les Africains.

Donc, les conditions pour un véritable « regard croisé » commencent seulement à être réunies ; car, à l'image, au Congo colonial, du missionnaire, de l'agent colonial et du commerçant européen, s'ajoute enfin l'expérience plus précise d'observation que le Congolais effectue de nos jours « du Belge en Belgique », comme naguère en sens inverse[8]. L'*'indigène du Congo* rencontre (enfin !) *l'indigène de Belgique*.

Reste à collationner les éléments de ce regard congolais, dans les lieux privilégiés d'expression de l'opinion congolaise populaire, comme la littérature orale, le discours populaire, la chanson ou l'inscription subversive. Une abondante matière est encore en friche. Du début du XXè siècle à nos jours, on sait que l'image du Blanc a connu une énorme évolution. D'idyllique[9], elle serait devenue plus réaliste. Naguère le Blanc était identifié

---

6 Aussi paradoxal que cela puisse paraître, le Congolais n'a pu réellement « voir » l'Européen qu'après l'indépendance. Pendant la période coloniale, alors que le fonctionnaire et le missionnaire belge avaient le loisir d'observer les populations congolaises dans leur diversité physique et mentale, l'inverse n'était guère possible. Il n'est pas étonnant qu'encore aujourd'hui, la vue « d'un homme blanc » soit l'objet de curiosité dans certains milieux du pays.

7 Le cas le plus courant est celui de la peinture populaire. Les œuvres commandées par des chercheurs africanistes, convertis en touristes occasionnels, sont quelquefois soumises, dans la suite, à des analyses comme « témoignages » de l'évolution des sociétés urbaines du Congo.

8 Au 30 juin 1985, il y avait 14.500 Belges du Zaïre de l'époque, contre plus de 15.000 zaïrois en Belgique *(Le Monde du 5 juillet 1985)*. De nos jours, le nombre des Belges en RDC doit avoir baissé sensiblement et celui des Congolais en Belgique plus que doublé. Le fait que la littérature congolaise soit si peu « sensible » aux thèmes de rencontre entre l'Europe et l'Afrique (par rapport à celle des pays de l'Afrique de l'Ouest) au profit des problématiques congolo-congolaises est bien la preuve que ce contact a été superficiel et que l'image du colonial a été évacuée très tôt ici.

9 Sur cette imagerie ancienne, on prendra connaissance des premières réactions des fils du pays, au XVIème et XVIIème siècle, en contact avec l'Européen (notamment dans F. Pigafetta & D. Lopez, *Description du royaume Congo et des contrées avoisinantes 1591*, trad. Willy Bal, Louvain, Nauwelaerts, 1965 ;

comme la réapparition de l'ancêtre. Mais depuis lors, le regard de l'ancien colonisé sur le colonisateur d'hier a complètement changé. Suivant le contexte, il était perçu tour à tour, comme l'inventeur de la chicotte, l'aventurier audacieux, le cannibale qui se délecte de la viande humaine[10], le bâtisseur infatigable mais aussi comme l'adulte-enfant, incapable de supporter la chaleur (d'où le *casque colonial*), de marcher seul (raison pour laquelle il se fait porter en *tipoy*) ou de résister à la faim (il se soumet comme un enfant au rituel d'une multiplicité de repas par jour !). Une chanson humoristique du début des années 80, à Kinshasa, met le promeneur imprudent en garde pour ne pas risquer de traverser la chaussée au centre-ville « aux heures de midi ». C'est le moment où les Blancs roulent à tombeau ouvert, pressés de s'attabler au plus vite. Car dès qu'ils ont faim, ils ne sont plus capables de se contenir !

Dans la littérature, l'étude de l'image coloniale s'intéresse plus nettement à la complémentarité des regards, européens et africains[11]. Mais on doit encore aller plus loin et dépasser le cadre de la critique littéraire. En principe, cette problématique, correctement gérée, devrait aboutir à une révolution de l'ensemble des sciences sociales, appliquées aux sociétés qualifiées naguère « d'outre-mer ».

L'émergence au sein de ces sociétés, de spécialistes africains : anthropologues, linguistes, politologues, juristes et économistes, capables de mettre à profit leurs positions particulières par rapport à l'objet d'études au service de la science, ouvrent un espace de complémentarité qu'on doit désormais apprendre à assumer. Et la pertinence de cette problématique n'est pas seulement perceptible en amont, dans le champ d'élaboration des savoirs, elle l'est aussi en aval, dans la pratique de diffusion des connaissances. L'étudiant congolais, pourtant en contact permanent, dans son quotidien, avec le mode d'organisation traditionnelle de la parenté, encore et toujours d'application, se trouve souvent dérouté lorsque ce même vécu lui est restitué sous la forme savante lors de l'enseignement de la sociologie et d'anthropologie. La culture savante qui véhicule les données

« Histoire du royaume du Congo c. 1624 » *in Etudes d'Histoire africaine, 1972, 4 ; J.F. de Rome, la fondation de la mission de Capucins au royaume du Congo 1648,* trad. F. Bontinck, Louvain, 1993).

10 Le *recrutement forcé* passait pour la chasse du « gibier humain » ; l'*embonpoint* était la marque extérieure de cette pratique gastronomique ; l'excentricité de la « viande rouge » des boîtes de conserve en était la preuve palpable.

11 Cfr la collection des ouvrages *Papier blanc, encre noire*, publiée par la Cellule « Fin de Siècle » sous la direction de Marc Quaghebeur ainsi que des actes du colloque de Louvain-la-Neuve (février 1993) : *Images de l'Afrique et du Congo-Zaïre dans les lettres de langue française et alentour,* Louvain, 1993.

africaines pose souvent plus de problèmes qu'elle n'en résout. Ceci est d'autant plus regrettable que la classe lettrée congolaise et africaine, fraîchement sortie de l'oralité, est encore sous l'effet de la magie de l'écrit à qui elle attribue même les vertus qu'il ne possède pas. Pêchant ainsi par excès contraire, cette classe d'intellectuels du cru semble avoir assimilé, une fois pour toutes, le schéma simpliste qui veut que le fait écrit soit par définition véridique et le fait oral nécessairement faux.

Dans l'effort de décrypter l'histoire complexe de la région des Grands Lacs, pour comprendre les attitudes suicidaires des ressortissants de Rwanda, on a assisté au Congo à un recours massif vers les écrits des fonctionnaires et autres spécialistes coloniaux de la région pour y déceler les vérités incontestées et incontestables. Il n'était pas rare d'entendre justifier, de manière aberrante, « l'inexistence » des *Banyamulenge*[12], au motif que cet ethnonyme ne figurait pas dans la littérature d'ethnographie coloniale. L'éventualité de l'émergence d'un nouveau « signifiant » pour qualifier un « signifié » préexistant, se trouvait d'emblée écartée.

Donc, entre la lecture *belge* ou *française* de l'histoire du Congo et la lecture *congolaise*, non pas de l'histoire de Belgique ou de France, mais celle encore de la même histoire du Congo, la comparaison est susceptible de conduire à des enrichissements mutuels. Dans cette perspective, à défaut d'une étude minutieuse des deux regards, je me contenterai ici d'indiquer ce que je crois être la part d'innovation de mon essai d'histoire « africaine » du Congo, par rapport aux exposés africanistes préexistants, en l'occurrence celui de Robert Cornevin[13] et, d'enrichir, de ce fait, une comparaison plus systématique entre les deux approches.

Sur la construction de la mémoire congolaise

L'écriture de l'histoire nationale est une contribution à la construction de la mémoire nationale. Par « mémoire », j'entends l'historicité vécue comme réalité dynamique et collective. Elle a sa couleur et son odeur, et possède ses « espaces » et ses « lieux » d'expressivité.

---

12 Cf., Willame, J.C., *Banyarwanda et Banyamulenge : violences ethniques et gestion de l'identitaire au Kivu*, Paris, l'Harmattan, 1997.

13 R. Cornevin, *Histoire du Zaïre des origines à nos jours*, Bruxelles-Paris, Hayez-Académie des Sciences d'Outre-Mer, 1989.

Instrument d'ancrage du passé au présent, la mémoire est une manière de défier le temps et de tenter de se soustraire de son emprise par la rétention des faits du passé en rapport direct avec la légitimation politique[14]. En fait, la construction de l'édifice mémoriel est garante de celle de la nation.

La société congolaise n'est certes pas dépourvue de mémoire, puisque nombre d'images se retrouvent aujourd'hui, inscrites dans son imaginaire, provenant du passé le plus lointain comme des événements récents. La tradition sécrétée dans le Congo précolonial, continue à régenter les pratiques comme les conduites, particulièrement dans la vie sociale. Mais cette mémoire porte les marques de sa vulnérabilité, en ce sens qu'elle n'est vivante qu'au sein des espaces restreints de l'ethnicité ; ce qui la réduit à une succession juxtaposée des traditions, dont la coexistence est sans impact significatif sur le devenir de l'ensemble de la communauté congolaise.

Il existe certes un certain héritage historique, commun à l'ensemble du Congo. Construit à partir des faits coloniaux et postcoloniaux, il est une sorte de transposition sous les tropiques des stéréotypes scolaires véhiculés en Belgique. B. Verhaegen a démontré le caractère partisan et tronqué de ces images que le colonisé a fini par intégrer à sa manière. L'Africain de l'ancien Congo belge passe pour avoir trop bien appris la négation de l'Afrique et la supériorité de l'Europe. La rhétorique contestataire de la décolonisation pouvait se lire aussi comme une autre manière de proclamer cette réalité par la négative. La sublimation, de nos jours, de la période coloniale comme une « période de prospérité et de bien - être social » par opposition au chaos postcolonial avec son cortège de tragédies, achève la construction de cet édifice mémoriel, en apportant une sorte de légitimation a posteriori au fait colonial lui-même.

La construction de l'histoire nationale achoppe ainsi à cette difficulté concrète, de commencer par convaincre les Congolais de leur capacité créatrice et de leur apprendre à se regarder autrement qu'en dehors du prisme déformant du colonial. Ce fait est d'autant plus indispensable qu'au Congo belge, plus grave encore qu'en métropole, il n'a pas existé de véritable manuel d'histoire du Congo. L'histoire enseignée et vécue tenait à une phrase : « *La Belgique nous a sauvés de l'esclavagisme, du paganisme et de la misère* ! ».

---

14 Sur cette problématique, se référer à P. Nora éd. *Les lieux de mémoire*, Paris, Gallimard, I : La République, 1984 ; II. La Nation, 1986, 3 vol. et à B. Jewsiewicki, « La mémoire » in C. Coulon et D.C. Martin, *Les Afriques politiques*, Paris, Editions La Découverte, 1991, pp. 59-61.

Dans les écoles dites métropolitaines, l'élève congolais, soumis à suivre rigoureusement le programme belge pour se valoriser, se retrouvait bien souvent en situation aberrante où il devait mémoriser des « vérités scolaires » en contradiction flagrante avec les « vérités familiales », celles de sa vie quotidienne[15].

A cause du manque de prise en charge par l'ensemble de la société de la mémoire nationale, celle-ci s'est développée, au cours de la période postcoloniale, en ordre dispersé. Des compartiments ont fini par s'ériger entre territoires de la mémoire ; entre celui de *la mémoire privée, de la mémoire populaire, de la mémoire officielle et de la mémoire savante.* Il importait de construire des sentiers, capables de relier ces espaces restreints pour aboutir à un premier essai d'histoire nationale.

Le champ de la *mémoire privée* est celui des espaces ethniques où chaque groupe se préoccupe de la survie de son histoire particulière, en marge de la *mémoire officielle*, celle qui est véhiculée par les structures de l'Etat et qui concerne l'ensemble du Congo. Dans les préambules des travaux de mémoires de licence, de maîtrise ou des thèses de doctorat, les étudiants s'expliquent souvent sur leurs motivations du choix du sujet. Ils évoquent souvent, sans retenue, le devoir qui leur incombait de mettre en valeur l'histoire, la culture ou les usages de leurs communautés ethniques d'origine, parce qu'ils les considèrent comme ignorés, marginalisés, négligés, déformés ou mal compris par des études antérieures. Dans cette démarche de réhabilitation de l'honneur ethnique, il n'est pas rare que l'entreprise scientifique bénéficie de la mobilisation et de l'appui moral ou matériel de l'ensemble de la communauté.

A côté de cet élan communautaire, se dresse un autre regard mémoriel, particulièrement dans les milieux urbains, façonné par l'homme de la rue. Il s'agit de la *mémoire populaire*, celle qui s'impose comme populairement correcte, perceptible dans la chanson, la peinture populaire, la rumeur ou la radio-trottoir. Souvent, elle se trouve en compétition avec la *mémoire officielle*, celle qui s'impose d'en haut, diffusée par les médias officiels et les structures hiérarchiques de la société. Quant à la *mémoire*

---

15 A titre anecdotique, évoquons ici le souvenir d'un élève puni pour avoir refusé de lire correctement le titre de son livre de géographie « Notre colonie » (A. Michiels et N. Laude, *Notre colonie. Géographie et notice historique*, Bruxelles, Ed. Universelle, 1952). Il lisait plutôt : « *votre* colonie ». « Je ne peux pas dire 'notre colonie', se défendait-il, puisque je ne suis pas Belge ». Il fut puni pour son entêtement à exprimer correctement le titre du manuel.

savante, presque en cours d'élaboration, elle est encore balbutiante et timide, n'étant diffusée pratiquement que dans les milieux scolaires et académiques, sans connexion significative avec le vécu, alors qu'elle aurait pour rôle l'établissement des passerelles entre la vision populaire et la vision officielle[16].

Pour que cette mémoire savante serve de soubassement à la mémoire nationale, celle- ci doit en plus résoudre une autre équation et non des moindres : briser la succession des discrédits qui pèse sur les différentes séquences de l'histoire nationale et relever le défi de démontrer la contribution de chacune de ces périodes du passé à la construction du Congo d'aujourd'hui.

La colonisation, en quête de légitimation de sa démarche, s'était appliquée à discréditer les sociétés traditionnelles, parce que « païennes », « barbares » et « sauvages ». La seule histoire du Congo, digne d'intérêt était celle qui commençait par l'arrivée des Européens en Afrique. La *Brabançonne* et *Vers l'avenir*, des hymnes belges chantés dans leurs traductions locales par lesquelles elles avaient été diffusés, étaient en réalité, exclusivement, des chansons de glorification de la Belgique et de son roi[17]. L'indépendance est venue arrêter ce processus de sublimation en diabolisant le colonial, cette ère d' « exploitation » et de « chosification » de l'homme noir et, de « destruction » de sa culture et de ses croyances au nom de la « civilisation ». Les années Mobutu, à leur tour, ont discrédité les années de l'indépendance aux motifs qu'il s'agissait d'une période de crise, d'anarchie et de guerres civiles ; l'indépendance elle-même ne méritait plus d'être fêtée tant elle rappelait de mauvais souvenirs. Elle ne pouvait être célébrée que comme une journée de « méditation ».

Tout ne s'arrêta pas là. L'ère de la conférence nationale souveraine s'est voulue un moment de rupture avec l'ère de la dictature avec son cortège

---

16 Sur la problématique de la pratique d'historien au Congo, se rapporter aux réflexions critiques de Mumbanza mwa Bawele et Sabakinu Kivilu (« Historical Research in Zaïre : Present Statuts and Future Perspectives » in B. Jewsiewicki et D. Newbury eds. *African Historiographies,* Beverly Hills, Sage Publications, 1985, pp. 224-235) et de Tshund'Olela Epanya (« Les Historiens de Zaïre et l'histoire immédiate de Verhaegen » », Omasombo, J., et al.éd., *Le Zaïre à l'épreuve de l'histoire immédiate,* Paris, Karthala, 1993, pp. 277-298.

17 La *Brabançonne* (en kikongo) commençait par ce credo : « *E Belgika ! e nsi impwena mpwena* » (*La Belgique ! un pays si merveilleux*). La première strophe de « *Vers l'avenir* » était un résumé du « miracle colonial ». En voici la traduction : « Dans ce pays, nos pères ont souffert. En eux résidait un espoir. Les Européens nous apporteront la paix. Mais qui pouvait concrétiser cette espérance ? Les Belges ! (Voir les textes complets de ces chansons au chapitre XVIII).

d'anti-valeurs, d'immoralité et de corruption. Il fallait effacer tout symbole du mobutisme parce qu'il serait d'origine diabolique. La conférence nationale souveraine n'a pas échappée d'être discréditée à son tour par la révolution kabiliste de l'AFDL. « *Nous ne sommes pas partie prenante de la soi-disant Conférence nationale souveraine* ! », avait déclaré Laurent-Désiré Kabila.

Mon étude se voulait, dès le départ, une contribution à la mise en place d'une culture de la mémoire qui puisse prendre en compte l'ensemble de la trajectoire du passé et qui sache en tirer profit dans la production du futur des Congolais. De ce fait, ma démarche était politique au sens noble du terme. Mieux, elle était une tentative de réponse à l'exigence d'une lecture positive de l'évolution loin de toutes manipulations. Elle se voulait une lecture qui rende compte de l'expérience qui s'enrichit à chaque détour de l'histoire et qui s'offre comme matériau disponible, à la portée de l'acteur historique contemporain, dans l'effort de solutionner des interrogations pendantes. Elle était donc une invitation à ce que le Congo apprenne à s'assumer comme peuple, façonné par une histoire qui, comme toute autre aventure humaine, a ses servitudes et grandeurs et, qui n'a pas besoin d'être transformée, positivement ou négativement, pour être prise en compte.

Ce travail de construction d'une mémoire nationale, synthèse dynamique des histoires particulières, privées et populaires, partisanes ou non partisanes, correspondait à une attente. Car le projet d'un tel ouvrage avait été confié naguère, tour à tour, depuis les années 70, à *l'Office National de la Recherche pour le Développement* (ONRD), à la *Société des Historiens Zaïrois* (SOHIZA) et même, à la *Présidence de la République*[18]. Apparemment les initiatives successives de Cornevin n'avaient donc pas réussi à combler ce vide.

La présente contribution s'offrait donc comme une tentative d'étancher la soif d'histoire des acteurs congolais, particulièrement en cette époque où la consommation de l'histoire est tant revendiquée pour guider le contemporain au milieu des tourbillons de la mutation. Joseph Ki-Zerbo avait donc pleinement raison d'affirmer que

---

18 Mes ouvrages sur l'histoire du Congo n'ont rien à voir avec les velléités de rédaction d'une histoire nationale dont le Directeur de cabinet du Chef de l'Etat de l'époque avait confié le pilotage à mon ami et collègue Antoine Lumenga-Neso. Prétendre le contraire relève davantage de la mauvaise foi ou de la récupération que de la méprise (Nimy Maidika Ngimbi, J., *Je ne renie rien je raconte*, Paris, l'Harmattan, 2006, p. 375)

« l'histoire doit être une source d'inspiration pour les générations qui montent, pour les politiciens, les poètes, les écrivains, les hommes de théâtre, les musiciens, les savants de toutes sortes et aussi tout simplement pour l'homme de la rue. Ce qui frappe dans les pays européens, c'est cet auto-investissement continuel du passé dans le présent. La continuité n'est pas rompue. Les hommes politiques citent les auteurs du XVIème siècle ou même les écrivains gréco-latins. Le nom des avions ressuscite réalisations du passé : *caravelle, frégate*, etc. Les navires et les bars font revivre les grandes figures ou batailles historiques : *Richelieu, Pasteur, Jules Verne, Trafagar*, etc. De même l'historien de l'Afrique, en ramenant à la vie le passé de ce continent, crée un capital mémoriel qui constituera une source multiforme et permanente d'inspiration[19].

L'au-delà de l'histoire belge du Congo

En Afrique, l'histoire «nationale » est un genre plutôt marginal, par rapport à l'histoire « du continent ». Et l'avènement éditorial de *l'histoire africaine* est largement antérieur à celui des *histoires nationales*. Celle du continent se serait donc construite sans passer par l'étape de l'accumulation des histoires nationales comme matériaux de base. Et pour pallier à cette carence documentaire, le récit historique s'accordait le libre choix de faits glanés sur l'ensemble du continent l'Afrique, pour procéder, par extrapolation, à la construction de cette histoire de l'Afrique, particulièrement celle de l'Afrique noire[20]. On s'est accommodé de cette situation. Seules les nations métropolitaines avaient droit à leurs histoires particulières. Les nations africaines devaient se contenter de l'histoire globale de l'Afrique, parce que leurs nations seraient d'origine coloniale et, qu'il fallait éviter que ces peuples ne sombrent dans des nationalismes soi-disant étroits[21].

---

19 J. Ki-Zerbo, *Histoire de l'Afrique noire d'hier à demain*, Paris, Hatier, 1978, p.30.

20 Dans la région (Afrique centrale), on note quelques autres rares initiatives comparables à la nôtre, celle d'E. Mveng (*Histoire du Cameroun*, Paris, Présence Africaine, 1963), de P. Kalck (*Histoire de la République Centrafricaine*, Paris, Berger-Levrault, 1974) et des historiens de l'université Marien Ngouabi sous la direction de Théophile Obenga, *Histoire générale du Congo des origines à nos jours* (préface de Denis Sassou-Nguesso), Paris, l'Harmattan, 2011, 4 vol.

21 Cette lacune est perceptible aussi dans l'historiographie française, en dehors du cas Cornevin. L'ancien chef de la documentation française est pratiquement le seul à s'être aventuré dans un essai d'écriture des histoires « nationales », notamment celles du *Togo*, PUF, 1967, 1è éd., 1975, 2è éd.), du *Bénin* (*Histoire du Dahomey*, Berger-Levrault, 1962 *; Le Dahomey*, PUF, 1965, 1è éd., 1970, 2è éd.) et du

Dans cet entendement, l'histoire précoloniale passait pour similaire à l'ensemble de l'Afrique au sud du Sahara, et l'histoire coloniale ne connaissait quelques distinctions que suivant la différenciation entre empires coloniaux. La multiplicité des trajectoires nationalistes n'aurait commencé qu'avec les indépendances. On aurait donc vécu une certaine communauté d'histoire, en Afrique subsaharienne, jusque, globalement au seuil des années 60. Les « histoires nationales » véritables ne porteraient finalement que sur des tranches chronologiques ne dépassant pas les décennies des indépendances. Le fait que ces années-là aient été dominées par des dictatures, n'incite pas à y consacrer une attention particulière. D'où, en définitive, il n'y aurait pas d'histoires nationales dignes d'être décrites.

On aurait pu croire que le cas du Congo ferait exception. En plus de la particularité de sa massivité, il a constitué une colonie unique, qui a accédé à l'indépendance comme totalité, et qui a continué à évoluer au sein des mêmes frontières depuis la fin du XIXè siècle. Il n'en est rien. On note curieusement l'absence quasi-totale d'une histoire du Congo qui soit l'œuvre d'historien belge. En dehors de l'étude récente de David Van Reybrouck[22] et l'ouvrage de Edouard Mendiaux[23] - encore qu'il se limite à la deuxième moitié du XIXème siècle -, l'on ne dispose en la matière que des manuels scolaires[24] ou des études sectorielles d'ordre thématique[25].

A quoi tiendrait cette étonnante lacune ? A la différence de motivation existant entre le chercheur africaniste et le chercheur africain ? Je suis tenté de le croire. Comme je l'ai expliqué naguère[26], les deux statuts sont profondément différents. L'africaniste prend prétexte de l'Afrique pour

---

Tchad (Larousse, 1963). A cela s'ajoutent ses études sur *le Rwanda* (Larousse, 1963) et *le Burundi* (Larousse, 1963).

22 Van Reybrouck, D., *Congo. Une histoire*, Paris, Actes Sud, 2012 ; traduction française de *Congo Een geschiedenis*, Amsterdam, De Bezige, 2010).

23 E. Mendiaux, *Histoire du Congo, des origines à Stanley*, Bruxelles, Dessart, 1961.

24 L'étude fort éclairante de B. Verhaegen (« La colonisation et la décolonisation dans les manuels d'histoire en Belgique » in Quaghebeur et al. Ed., Papier blanc, *encre noire*, Bruxelles, Ed. Labor, pp. 333-379) démontre combien l'histoire de l'unique colonie de la Belgique a été marginalisée et tronquée en métropole, ce jusqu'à nos jours.

25 Dans l'ensemble, l'expertise belge sur le Congo, particulièrement du point de vue des sciences, naturelles ou sociales, est remarquable et quelque peu incontournable (cfr J.L. Vellut, « Ressources scientifiques culturelles et humaines de l'africanisme en Belgique » in G. de Villers *éd. Belgique-Zaïre : une histoire en quête d'avenir*, Bruxelles-Paris, Institut Africain CEDAF-L'Harmattan, *Cahiers Africains* n° 9-10-11, 1994, p. 115-144).

26 I. Ndaywel è Nziem, "African Historians and Africanist Historians" in B. Jewsiewicki & D. Newbury eds., *African Historiographies: What History for Witch Africa*? Sage Public. Inc., 1986, p. 20-27.

négocier son positionnement tôt au tard dans sa société d'appartenance qui est extra-africaine. Il peut, au cours de sa carrière, décider de prendre des distances par rapport à son terrain initial de recherche, et s'orienter vers un autre qui lui apparaîtrait plus attractif ou simplement « à la mode ». Il n'en va pas de même de l'Africain. Il a beau s'intéresser à d'autres régions du monde, il ne reste pas moins dépendant de l'histoire africaine dont il est à la fois acteur, bénéficiaire et victime. S'il choisit de la décrire, c'est qu'il est censé subir jusque dans sa chair les effets directs de son étude. Son regard est donc à la fois scientifique et politique, parce que son résultat est action sur cette même évolution. Son statut se rapproche davantage de l'historien belge ou français, écrivain de l'histoire de Belgique ou de France, plutôt que de celui du Belge ou du Français qui produit des études sur le Congo.

Le champ strict de la comparaison se limitera donc ici à l'œuvre de Cornevin, particulièrement à sa dernière parution[27] qui, visiblement, s'est efforcé d'épouser le point de vue local. L'ouvrage conclut : « *Le Zaïre est devenu une grande puissance africaine* (…) *Il est l'un des pays d'Afrique où l'infrastructure économique et sociale au moment de l'indépendance était la plus solide et la plus étoffée* ». La dernière pensée de l'auteur est une invitation à la coalition francophone pour … « *permettre à l'un des géants de l'Afrique contemporaine de prendre la place qui lui revient dans les tout premiers rangs du peloton de tête des jeunes nations du monde* »[28].

En treize chapitres cet ouvrage propose un survol de faits d'évolution du Zaïre jusqu'à « nos jours » (fin des années 80). La partie précoloniale y occupe 68 pages (41-109) ; le colonial, incluant les aventures léopoldiennes et d'exploration du bassin du Zaïre, 276 pages (11-387) ; le postcolonial s'étale sur les 167 dernières pages (389-576).

Mon *histoire générale du Congo* (1998) qui prétend elle aussi embrasser l'ensemble de l'espace chronologique, des origines à l'âge contemporain », consacre environ 226 pages à la partie précoloniale, 333 à la partie coloniale et 263 à l'évolution postcoloniale. Son apport majeur est de proposer une lecture cohérente de l'ensemble de cette histoire, ce qui est

---

27 Cfr R. Cornevin, op. cit A noter que cette étude est le couronnement d'une œuvre commencée dès les années 60. Il est la quatrième édition revue et augmentée de son « histoire du Congo » (*Histoire du Congo Léopoldville-Kinshasa*, Berger-Levrault, 1963 ; 3e édition revue et augmentée 1970) dont la synthèse avait déjà fait l'objet de deux exposés successifs dans la collection « Que sais-je ? » des Presses Universitaires de France (Le *Zaïre*, PUF, 1973, 2e édition, 1977).

28 Cornevin, R., op. cit., p. 577, 578, 580.

sans doute plus perceptible dans la *nouvelle histoire du Congo* où toute la matière historique est répartie en trois temporalités successives *:* les *temps longs* (168 p.), les *temps modernes* (189 p.) et les *temps contemporains* (251 p.).

Sur le plan sémantique, notre chronologie a choisi de se méfier de la périodisation classique, même celle qui est habituellement appliquée aux peuples d'Afrique. Ainsi, l'on ne trouve pas une « préhistoire » démarquée de « l'histoire » et surtout pas une « période coloniale » qui serait l'élément de jonction entre le « précolonial » et le « postcolonial ». Dans notre introduction, nous nous expliquons sur les raisons de cette méfiance qui particularise le colonial par rapport au reste de l'évolution. Nous pensons que cette époque historique n'est ni une « parenthèse », selon le mot de J. Ki-Zerbo, ni un « moment pivot », mais, simplement, la fraction d'une mutation qui avait commencé plus tôt et qui s'est poursuivie après elle.

Dans *l'histoire générale du Congo*, la même périodisation est plus détaillée. Le *premier âge* de l'histoire nationale est rendu par la présentation des éléments en présence : « l'Espace, les hommes et les structures » qui couvre l'histoire du peuplement du pays. Vient ensuite le *deuxième âge*, l'éclosion des premières créations institutionnelles. Elle est présentée en trois parties couvrant le « Congo ancien méridional », le Congo ancien central et le « Congo ancien septentrional ». Les royaumes y sont présentés comme des points de polarisation des espaces plus importants impliquant bien d'autres structures politiques, bien que moins prestigieuses. La partie suivante s'ouvre sur ce que Ki-Zerbo appellerait « *les siècles de « réajustement* ». Le Congo ancien connaît les premières grandes mutations internes dont l'impulsion est d'origine externe. Il évolue « vers des Temps Nouveaux ». Ce *troisième âge* intervient par le « premier ordre colonial » imposé par Léopold II puis par la « gestion belge du Congo ». De là, l'on se met en route « vers le Congo contemporain » avec l'amorce des revendications autochtones pour prendre en charge les rênes de la nouvelle modernité d'origine externe. « Le Congo contemporain » s'installe avec ses recherches d'équilibre et s'investit dans « l'invention » du Congo d'aujourd'hui. On est de la sorte dans le *quatrième âge*.

Dans les *temps longs*, on s'est donc attaché à décrire avec force détails des mécanismes de production des institutions traditionnelles afin de permettre au contemporain d'acquérir une plus grande maîtrise de ces faits dont les dérives sont devenues si fréquentes de nos jours. L'option de consacrer une attention particulière au Congo ancien tient, non pas tant au besoin d'exhumer un courant historiographique un peu dépassé qu'à celui de fournir l'intelligence nécessaire à la compréhension des faits contemporains dont plusieurs éléments se rapportent à cette période.

Quant à la lecture du « colonial », elle s'est efforcée de restituer, autant que faire se pouvait, le point de vue local, plus sensible aux effets de terrain qu'à ceux des centres de décision et des politiques qui les commandaient de Bruxelles. Ainsi, le chapitre sur « les explorations » commence par signaler l'apparition des Européens – peu importe leur nationalité – sur les coins du paysage congolais, avant de s'intéresser à leur identité, le contexte de leur envoi et les motivations de leurs voyages. Enfin, l'histoire du Congo indépendant constitue sans doute en elle-même une innovation. Cette période, délaissée par les historiens au profit des politologues et des économistes, a bénéficié d'une première synthèse historique, à partir de différents matériaux.

La perception du caractère continu de l'évolution historique congolaise, des origines à nos jours, s'est efforcée de contester l'impérialisme du politique comme l'unique matrice des faits dignes d'être retenus comme historiques.

Notre écriture de l'histoire a choisi de puiser abondamment dans les faits économiques et culturels, notamment dans le secteur de la chanson, véhicule de prédilection de la pensée populaire. Elle a innové aussi dans la recherche terminologique pour déceler les expressions les moins inadéquates possible dans la désignation des acteurs et des faits historiques, loin de tout euphémisme pour maquiller la réalité, atténuer les effets pervers ou conforter les bonnes consciences en Europe. Ainsi, la conquête de cette région du continent, menée à l'aide de militaires de carrière, munis d'un armement moderne et du renfort des mercenaires, est qualifié, sans ambages, de « guerre » contre les autochtones. En revanche, les « révoltes » des « Batetela » (entendus : « soldats de la Force Publique ») constituent des « rébellions », du reste les premières, car il est question de la réaction violente des troupes contre l'autorité établie qui est coloniale. Par contre, les « rébellions » mulélistes qui constituent une tentative de révolution paysanne, sont, par rapport aux intentions de leurs auteurs, des actions de conquête « de la seconde indépendance », celle qui a prétendu restituer au peuple les bienfaits d'une indépendance politique confisquée par la bourgeoisie nationale.

Les « corrections » introduites n'ont pas épargné la mémoire des faits de l'âge postcolonial dont la falsification avait été imposée par le régime de Mobutu. L'étape de l'indépendance, en 1960, n'a pas été perçue sous la forme apocalyptique, car, au-delà de la crise qu'elle a amorcé, elle constitue le point d'aboutissement d'un grand processus de revendication né à l'issue de la dernière guerre mondiale. L'avènement du coup d'Etat militaire en 1965 n'est qu'un épisode de la crise de mutation qui en avait découlé. La césure historique, tout au long de l'âge postcolonial, est placée plutôt vers les années 70 (1968 est la première année de calme depuis 1959). Les « voies congolaises de la démocratie » ont démarré en 1977 et non à la « conférence nationale congolaise » ou à la « guerre de libération ».

Enfin l'écriture de l'histoire congolaise se heurte à une série de questions particulières dont Cornevin n'a pu avoir conscience. La plus fondamentale est liée à la particularité du champ heuristique. La documentation disponible sur le Congo, on l'a vu, est inégalement répartie suivant les régions géographiques et les périodes historiques. Il en découle une sorte de hiérarchie des informations imposées par les sources disponibles. Mon étude, qui n'a pas réussi à résoudre entièrement cette difficulté, constitue cependant une sérieuse avancée par rapport à Cornevin qui a subi plus gravement l'impérialisme de cet état de choses. On comprend pourquoi son exposé soit resté muet sur l'histoire des vastes régions du Congo, comme l'Equateur et le Haut-Congo où la littérature ethnographique est beaucoup moins abondante et où le champ historique apparaît difficile à aborder, dès lors que ces régions n'ont pas développé des structures politiques centralisées.

C'est sans doute cette même imposition d'origine documentaire qui a conduit notre auteur à ignorer presque totalement, dans l'exposé sur l'âge postcolonial, l'histoire de l'opposition, une histoire sans doute discrète, mais qui a incontestablement servi de moteur à l'évolution politique. Les « rébellions » mulélistes, malgré la disponibilité des travaux de B. Verhaegen, sont juste signalées comme faits insurrectionnels. Les « *guerres du Shaba* » se résumeraient dans l'exaltation de la bravoure des légionnaires français. Et, dans les trois derniers chapitres, qui portent sur le régime Mobutu, on ne note aucune allusion aux nombreuses contestations estudiantines et aux complots, réels ou imaginaires, qui ont pourtant caractérisé cette époque. La crise économique est à peine effleurée. Les mots « Tshisekedi » et « UDPS » ne figurent même pas à l'index. Serait-on en présence d'un parti pris ? Visiblement, l'ancien secrétaire perpétuel de l'Académie des Sciences d'Outre-Mer n'a eu accès que fort partiellement à la documentation d'origine interne et n'a pu exploiter à fond celle à sa portée. Mon étude, qui n'est pas ignorante des travaux réalisés en Europe et en Amérique, a voulu se baser surtout sur la documentation d'origine locale, pratiquement ignorée dans les universités européennes et nord-américaines.

Pourtant, dans le contexte de la mondialisation[29], il est superflu d'affirmer que l'histoire du Congo ne constitue en rien la chasse gardée des Congolais. Loin s'en faut. Comme composante du patrimoine culturel de l'humanité, elle est disponible à tout regard qui désirerait la scruter. La culture de « l'exotique » n'est donc pas une conjoncture ; elle occupe aussi une place bien confortable dans le commerce des idées. Au demeurant, l'observation du terrain africaniste démontre qu'il est une certaine vérité qui ne s'offre plus aisément qu'au regard « du dehors ». L'observateur « du dedans » occulte bien souvent ce qui passe pour connu, incapable de percevoir la nouveauté qui se dissimule dans la trop grande assurance du déjà vu.

Qu'il y ait donc, dans les études africaines, des thématiques qui soient plus appropriées aux uns plutôt qu'aux autres, c'est tant mieux, car telle est la voie la plus directe vers la construction des synthèses dynamiques, riches de la convergence des apports d'origine diverse. D'où la nécessité d'apprendre à assumer correctement l'historicité à sa portée et de l'offrir comme objet d'échange, dans la perspective d'élaboration d'une histoire « totale », qui prendrait en compte toutes les particularités existantes.

---

29 Dans une note antérieure (« Quand Vansina et Mudimbe se répondent en écho pour célébrer l'Afrique : de l'africanisme à la mondialisation » *Cahiers canadiens des Etudes Africaines, 30, 1996, 2, p. 272-279*), je me suis expliqué sur les implications de cette « mondialisation » au regard des impératifs de l'évolution du Congo.

Chapitre III

De la tradition orale : histoire clanique et histoire ethnique

En historiographie africaine, l'on ne pourra plus jamais retourner sur ses pas : la tradition orale a définitivement obtenu droit de cité parmi les sources historiques les plus pertinentes pour retracer l'histoire du continent[1]. C'est à Jan Vansina que revient principalement ce mérite[2]. Il ne se contenta pas d'inventorier et d'énumérer ses multiples possibilités que cette source connotait. Bien mieux, il les utilisa de manière concrète et assidue, enrichissant par là d'autres contributions théoriques provenant des horizons divers (M. Moniot, Y. Person, O. Mc Call, D. Henige, Ki-Zerbo, etc.) En général, toutes ces études se rejoignent et se complètent, ayant toutes tenté de répondre au mieux à la préoccupation commune d'arracher à l'oralité ses secrets les plus intimes[3].

Mais, plus récemment, ce courant semble se ralentir et même s'estomper[4]. En effet, après l'engouement pour la tradition orale, la tendance

---

1 *La civilisation ancienne des Grands Lacs*, Paris, Karthala, 1980, pp. 272-282. Texte revu et augmenté.

2 Vansina J., *De la tradition orale – Essai de méthode historique*, Tervuren, 1961. Nous utiliserons les termes des « traditions orales », « Sources orales », « témoignage littéraire », suivant les distinctions qui sont préconisées par l'auteur au chap.II (p. 22-45). Mais cet auteur a évolué sans ses études critiques. Consulter aussi « L'influence du mode de compréhension historique d'une civilisation sur ses traditions d'origine : le cas kuba », *Bulletin de séances ARSOM*, 1973, 3, pp. 220-239 et « Les langues bantoues et l'histoire : le cas kuba », *Perspectives nouvelles sur le passé de l'Afrique noire et de Madagascar (Mélanges offerts à H. Deshamps)*, Paris, 1971, pp. 171-184.

3 Evoquons ici, entre autres, les textes de Mc Call, *Africa in Time-perspective. A discussion of historical reconstruction from inwritten sources*, Boston, 1964 ; de Y. Person, "Tradition orale et chronologie", *Cahiers d'études africaines*, II, 3, 1962, p. 462 ; de H. Moniot, « L'histoire des peuples sans histoire » *in Faire de l'histoire – Nouveaux problèmes*, Paris, Gallimard, 1974, p. 106-123 ; de J. Ki-Zerbo, « *La tradition orale en tant que source pour l'histoire africaine* » in Diouldé Laya, *La tradition orale – Problématique et méthode des sources de l'histoire africaine*, UNESCO, 1972 ; De David P. Henige, *The chronology of oral tradition*, Oxford, 1974.

4 L'oralité ancienne semble de plus en plus abandonnée au seul profit de l'oralité contemporaine exploitée essentiellement sous la forme de *récits de vie*. Cf. les travaux de Donatien Dibwe (*Faire de*

actuelle serait à nouveau celle de la méfiance. C'est encore lui, Jan Vansina, qui en avait donné le ton, mettant en garde le chercheur contre le caractère fallacieux de cette source[5]. L'histoire Kuba, citée naguère en exemple comme étant une belle illustration de ce que pourrait donner une analyse scientifique de la tradition orale, a dû être réécrite[6].

Ce remue-ménage qu'une observation superficielle inscrirait au passif des sources orales est en réalité le signe d'une saine évolution. Hier, c'était la réhabilitation de la tradition orale. On procédait à sa « défense et illustration ». Les possibilités de recherche qu'elle présentait étaient mises en honneur. Ce but a été atteint et la tradition orale, qu'on croyait être l'apanage exclusif de l'anthropologue, a été restituée à l'historien. Cette première phase dépassée laisse aujourd'hui la place à une autre préoccupation, celle d'une vision plus réaliste et plus critique. L'historiographie a acquis, depuis lors, une certaine expérience dans le maniement de cette source : celle-ci étant actuellement plus avancée quant à son mode de compréhension et d'interprétation. C'est à ce stade du cheminement qu'on se situe actuellement.

La méfiance critique, prônée de nos jours, semble aboutir à la conclusion que toute information issue de la tradition orale, peut être complétée par des données issues de l'analyse des institutions sociales, notamment de la langue. C'est dans ce domaine qu'il faut rechercher des éléments de confirmation sinon d'infirmation aux récits des traditionnistes. On sait en effet que la tradition orale fournit un témoignage essentiellement d'ordre événementiel, ce qui présente l'avantage de proposer d'emblée un schéma d'évolution mais aussi l'inconvénient d'accumuler de graves éventualités de falsification. C'est précisément sur ce point qu'une audition attentive du langage institutionnel est d'un apport complémentaire car, à l'inverse du document oral, il est muet. L'historicité qu'on lui arrache à grande peine, en principe non événementielle, est d'une très haute teneur de

l'histoire orale dans une ville africaine, l'Harmattan, 2007 ou, en collaboration avec Ngandu Mutombo, *Vivre au Katanga*, idem, 2005).

5 Vansina J., « L'influence du mode de compréhension historique d'une civilisation sur ses traditions d'origine : l'exemple Kuba », Bulletin *des séances de l'académie royale des Sciences d'outre mer*, 2, 1973, 3, p. 220-239 ; « Lignage, idéologie et histoire en Afrique équatoriale », *Enquêtes et Documents d'histoire*, 4, 1980, pp. 133-155.

6 Cf. Jan Vansina, « Les langues bantoues et l'histoire : Le cas Kuba » *in Perspectives nouvelles sur le passé de l'Afrique noire et de Madagascar*, Paris, 1974, p. 171-182 ; « Kuba. Chronology revisited » in *Paideuma*, 1975, p. 134-150 et surtout, *The children of Woot – A history of Kuba peoples*, University of Wisconsin, 1976.

véracité[7]. On en étudiera un cas dans le chapitre cinq. Il est finalement heureux qu'une certaine *histoire archéologique, linguistique* et *anthropologique* commence à prendre corps aux côtés de l'histoire « orale » et qu'enfin elle contribue désormais, de manière active, à l'établissement d'une histoire plus complète.

Cependant, notre démarche présente entend poursuivre encore le débat sur le terrain spécifique de l'oralité. On pourrait en effet prétendre qu'il existe encore à ce niveau des atouts critiques insuffisamment exploités. Le domaine de la comparaison entre différentes catégories de sources orales est recommandé plus qu'il n'a été réellement exploité. Il conviendrait qu'elle soit appliquée de manière systématique, dans la mesure du possible, notamment en confrontant les *traditions officielles* avec les *traditions privées*. C'est ce dernier rapport qui nous intéressera ici, dans le cadre tout particulier du *témoignage du clan*, opposé au *témoignage de l'ethnie*.

De manière classique, il n'est que recommandé que les traditions « privées » celles qui constituent le savoir des groupes locaux, soient confrontées entre elles, avant d'être comparées au témoignage « officiel », qui prétend informer sur l'ensemble de la société. Sur le plan des principes, il s'agit d'une évidence. Le seul problème qui se pose est celui de la mise en application de ce principe. Comment déceler toutes les « histoires privées » d'une société ? Si on en détient quelques-unes, comment être certain qu'on en détient une part suffisamment substantielle puisqu'on n'a en principe aucune idée de l'ensemble de ce patrimoine ? Comment savoir *a priori* que cette région abrite encore une tradition privée originale, qui n'a pas encore fait l'objet de collecte ?

Certes, on pourrait prôner en cette matière qu'on procède par une enquête extensive en allant de village en village, faire une abondante moisson de ce qui existerait. Mais ceci n'est réalisable que dans de très rares cas, notamment à cause du coût que cela implique. De plus, cette démarche ne garantit nullement que la prospection soit réellement systématique. Au niveau local, une seule communauté villageoise peut abriter des traditions orales totalement divergentes dont certaines seraient dominées par d'autres. Les éléments dominés, cela va de soi, seraient dans ce cas-là, moins

---

7 Pour ce qui concerne l'utilisation de la documentation ethnographique, voir Ndaywel,I., « Le rapport d'enquête ethnographique : une documentation pour servir à l'étude des populations du Zaïre », *Likundoli série C,* IV, 1976, pp. 35-42 ; Vansina, J., « L'illustration des données ethnographiques comme sources de l'histoire. » *Perspectives nouvelles de l'histoire africaine*, Paris, 1971, p. 73-101.

perceptibles que ceux qui les dominent. Toute prospection s'enliserait dans ce problème en apparence inextricable.

Il est une manière de contourner une telle difficulté et de rendre possible une évaluation des traditions locales qui ait quelque prétention à l'exhaustivité. Il s'agit de prendre en considération les structures appropriées au sein desquelles s'égrènent habituellement les traditions historiques. Comme on le sait, les sources orales en général sont toujours liées à des cadres bien précis qui non seulement les ont produites mais les véhiculent et leur confèrent une certaine portée sociale.

Arrêtons-nous un instant sur ce phénomène et essayons de prendre au sérieux la structuration qu'il dégage, afin de voir si celle-ci ne suggère pas un certain type de lecture de la tradition orale. Il s'agira donc de voir ce que recouvrent ces deux structures anciennes.

Ethnie et clan dans la durée

Ces deux concepts souffrent évidemment de la complexité de leur définition, des ambiguïtés qu'ils entrainent, et finalement, du discrédit dont ils souffrent de la part des historiens de métier[8]. Notre réflexion présente n'hésitera pas à prendre du recul par rapport à la littérature existante, en s'efforçant de restituer la compréhension qui est directement proposée sur le terrain[9]. Commençons par cerner les deux réalités séparément avant d'aborder le domaine complexe de leur compénétration.

Observons les familles réunies autour du feu. On relève à chaque foyer un géniteur, une ou plusieurs génitrices, des enfants, fils et filles et parfois même, neveux et nièces venus habiter avec l'oncle ou la tante. Le repas qui cuit en une ou plusieurs casseroles (dans le cas de plusieurs épouses) est le produit du travail du seul et même homme. C'est cette *communauté de feu* qui correspondrait à ce qu'on peut appeler la *famille nucléaire*, en pratique bien plus large que l'unité étroite du père, de la mère

---

8 Citons ici deux recueils d'études historiques, devenues des « grands classiques » sur l'éthnicité : Amselle, JL. Et Mbokolo, E., éds., *Au cœur de l'ethnicité : ethnies, tribalisme et Etat en Afrique*, Paris, la Découverte, 1985, et Chrétien, J.P. et Prunier G. éds., *les ethnies ont une histoire*, Paris, Karthala, 2003

9 Notre réflexion se basera essentiellement sur des faits tirés de l'ouest de la « Savane du Sud » qui correspond aux régions culturelles du « Bas-Congo » « Kwango-Kasaï » et « Bas-Kasaï ». Cf. Vansina J., *Introduction à l'ethnologie congolaise*, Kinshasa, 1966, p. 117-130, 131-146, 147-162.

et des enfants. Cette communauté de feu est donc une unité matrimoniale et ses membres ne sont nullement ignorants de ce qu'ils ne proviennent pas du « *même ventre* ». En effet, le père et les enfants où encore la mère et les enfants, suivant le mode de filiation en vigueur, constituent une communauté plus étroite encore, au creux même de ce groupe pourtant déjà si restreint.

Ce noyau au sein de la famille nucléaire ne semble pas être reconnu par l'anthropologue, bien qu'il remplisse une fonction tout à fait particulière. Sans doute pourrait-on le qualifier de *lignage nucléaire* puisqu'il s'agit de la plus petite relation de consanguinité reconnue et assumée comme telle. Autant la famille nucléaire est bâtie sur une alliance qui peut entrer en crise et se muer en une relation conflictuelle, autant le lignage nucléaire repose sur le *lien de sang*, qui ne peut être altérée quand bien même il connaîtrait une crise interne. C'est précisément cette unité qui se trouve être le noyau des groupes plus larges incluant tous ceux qui se réclament du même lien de sang, qu'il s'agisse du *lignage* au premier degré et du *clan* au second degré.

Le lignage c'est la communauté consanguine opérationnelle dans la vie courante. Il est doté d'une organisation et d'une hiérarchie reconnue par tous ceux qui en font partie. En milieu urbain, s'organisent, de manière courante, les réunions de famille qui sont distinctes pour l'époux et pour l'épouse. Chacun d'eux se retrouve *avec les siens*. Et, dans le cérémonial du paiement de la dot, la part de la dot du père est différente de celle de la mère de la mariée. Chacun des parents assure la redistribution de la part de sa dot *avec les siens,* au sein de son lignage. Car c'est l'union de ses deux ensembles, symbolisée par l'union du couple, qui fonde le mariage et qui est censée résoudre tous les litiges qui peuvent en découler

Mais la parenté consanguine ne s'arrête pas là. La mémoire a ses limites et la communauté de parenté peut tomber dans l'oubli. Et pourtant le « lien de sang », qu'il soit assumé ou non, reste égal à lui-même. Cette relation, à la fois réelle et virtuelle, fait l'objet du domaine du *clan* qui inclut en son sein l'ensemble de lignages alliés. Puisqu'on ne peut retenir tous les embranchements de parents, éparpillés dans le temps et dans l'espace, et qu'il est absolument indispensable de se reconnaître pour écarter l'éventualité des unions incestueuses, il était nécessaire de mettre au point des éléments formels d'auto-identification pour reconnaître « les frères et sœurs du clan » et être reconnus par eux. Cette carte d'identité, garantissant le repérage de la même « citoyenneté » clanique, est constituée du *nom du clan*, et du répertoire de ses *interdits alimentaires*. Un « étranger » ayant les mêmes interdits que soi doit être reconnu automatiquement comme un frère consanguin et partager le même statut que soi au sein de la grande famille[10].

L'inventaire des noms des clans devrait en principe être établi. Il constitue un corpus de termes archaïques que l'onomastique devra se soucier de rendre intelligible à l'historien. Quant à l'interdit clanique, il affecte généralement une ou plusieurs espèces animales. En plus de ces deux éléments, le clan possède parfois une *devise* qui comporte en son sein l'indication sur les espèces animales à ne jamais consommer comme gibier. Mais cette situation n'est pas aussi claire partout. Chez les Luba, elle est plus complexe. Le clan correspondrait à ce qu'on appelle le *cifuku*, regroupement de plusieurs lignages (*byoto*). Ce mode d'organisation connaît une manière de hiérarchie interne qui lui est propre. On peut ainsi établir une distinction entre les *bifuku* aînés et cadets, nobles et roturiers[11]. Mais le Luba se définit encore davantage par sa chefferie et par sa « tribu » (*cisamba* et *cisa*), concepts dont le sens profond n'est pas fort apparent. Une chose est cependant certaine, c'est que de ces deux types d'entités, administratives et politiques, le *cisa* est plus vaste et vraisemblablement également plus dépendant d'un mode de succession purement généalogique[12].

Il serait utile que l'anthropologie physique établisse formellement si la fraternité clanique est fondée sur une relation biologique réelle ou imaginaire. Apparemment, il n'est en effet pas impossible qu'un clan intègre à son réseau de relations des personnes qui ne relèvent pas de son patrimoine biologique. Mais ces exceptions ne remettraient pas en cause, au vécu, la rigueur de la relation clanique. A preuve, lorsqu'un prétendant se présente pour un projet matrimonial, il lui est toujours demandé de préciser ses références claniques, surtout s'il provient d'une ethnie différente et que sa famille n'est pas suffisamment connue. En définitive, affirmons que la perception d'une relation clanique, en principe interethnique, présente avant tout l'intérêt de porter en elle-même une hypothèse historique, celle d'une

---

10 On dispose d'une poignée d'études sur le clan portant sur des « cas », notamment celui de J.M., De Decker, *Les clans Ambuun (Babunda) d'après leur littérature orale*, Bruxelles, 1955 ; Lupwe Mwey Abel, *Les traditions historiques du clan Nsyen*, Lubumbashi, UNAZA, mémoire licence histoire, 1977 ; Nkay Malu Flar, *Histoire des Ding Mbensie d'après les traditions du clan Ntshum (des origines à 1899*, Lubumbashi, UNAZA, mémoire licence histoire, 1979 ; D. Newbury, op. cit. ; Mugaruka Bin Mubibi, op. cit.

11 Cf. Malengu, M., *Histoire des Bena Mulenge – Contribution à l'étude des chefferies chez les Baluba-Lubilanji*, Lubumbashi, Mémoire de licence en histoire, 1975, p. 45-55.

12 Lusangu, G., *Structures parentales et développement au Congo*, Paris, Thèse de doctorat en droit, 1971, p. 94.

fraternité ancienne fondée sur une origine commune qui appelle à être confirmée ou infirmée.

Evoquons, à titre exemplatif, le cas bien connu du clan *Nsaku*[13] dans l'univers du royaume du Kongo. Ce clan, qui a joué un rôle politique au sein de ce royaume, était pratiquement connu dans toute la région qui correspond à la zone H (Guthrie), notamment chez les *Mbundu* de l'Angola et les Yaka du Kwango[14]. Ce clan semble avoir été particulièrement disséminé. Même au sein du royaume Kongo, on décèle déjà l'existence de deux branches différentes : celle de *Nsaku Lau*, qui constituait l'aristocratie de *Mbata*, la province orientale du royaume, celle de *Nsaku ne Vunda,* l'aristocratie d'origine locale de *Mpemba*, région dans laquelle fut implantée la capitale. Mais un tel essaimage, dont les raisons mériteraient d'être explicitées, voile à peine l'unité foncière de ce clan qui se présente toujours, par ses multiples branches, sous la même forme : une dénomination et un lien affirmé avec la terre ancestrale. Manifestement, il s'agit d'un seul et même clan dont l'occupation de l'espace semble être antérieure à l'arrivée des *Besi Kongo* de *Nimy Lukeni*. Il fut intégré comme on le sait dans l'administration des nouveaux-venus en tant qu'autorité d'origine foncière disposant de ce fait d'un pouvoir supranaturel qui intervenait dans l'intronisation du roi. Rien que le cas Nsaku confirme le fait que toute la population du royaume du Kongo ne provenait nullement de l'outre-Congo et qu'il y a eu aussi l'intégration des autochtones dans la nouvelle organisation. De plus, on peut en déduire que cette région de l'ouest était habitée par des populations identiques non seulement au niveau des parlers similaires mais également au niveau des clans identiques.

Par rapport au clan, la perception de l'*espace ethnique* ne pose pas de problème particulier puisqu'il est spécifique. Il s'agit de la société globale, déterminée par la volonté commune d'être identifiée comme tel. Comme on l'expliquera plus loin dans ce volume, le lien linguistique, référence essentielle de la société, se trouve être le signe le plus pertinent d'une communauté de culture plus large, faite d'usages et d'institutions communs. A cela, s'ajoute l'existence d'un terroir bien déterminé, ce qui d'abord accentue ce mode de structuration et, ensuite, instaure un certain

---

13 Yelengi N., "Le clan Nsaku dans la révolution du royaume du Kongo", Lubumbashi, Travail de fin d'études de Graduat, 1977.

14 Cuvelier, J., *L'ancien royaume du Congo*, Bruxelles, Desclée de Brouwer, 1954, p. 15-16.

sentiment de souveraineté qui transparaît entre autres par l'existence d'une terminologie propre qui est *l'ethnonyme*.

Précisons enfin que l'ethnie ne constitue pas nécessairement une unité politique. Le plus souvent, elle se trouve insérée dans une entité politique plus grande ou encore, elle abrite en son sein plusieurs organisations politiques différentes. Le premier cas est entre autres celui des ethnies distinctes qui ont subi la suprématie d'une même hiérarchie politique pour former les royaumes et empires qu'on a connus dans la savane du Sud. On sait en effet que tous les royaumes et empires connus dans le Congo ancien étaient au point de départ pluriethniques, qu'il s'agisse des *Kuba*, des *Kongo*, des *Luba* ou des *Lunda*. Le second cas est entre autres celui de la population Ding de Bandundu, population répartie en trois sociétés politiques distinctes, rattachées du reste à des cultures politiques manifestement divergentes[15]. Plus fréquemment, la société ethnique abrite des organisations indépendantes ou à peine hiérarchisées entre elles mais dépendant toutes d'un même système politique. La société *Shi* du Sud-Kivu, par exemple, est composée de quelques « principautés » indépendantes les unes des autres, mais organisées suivant un même modèle politique[16].

Retenons que l'ethnie abrite en son sein des clans qui, à leur tour, ne se gênent de s'étendre, comme on l'a déjà dit, au-delà de la frontière ethnique. La question est donc de savoir comment l'ethnie, par définition pluriclanique, connaissait en son sein l'existence des clans également pluriethniques ? Les deux réalités se situent incontestablement dans un même environnement social mais interviennent à deux niveaux différents.

Le lien ethnique est socialement assumé. Il existe en effet une frontière ethnique et surtout un parler spécifique autour duquel se construit l'unité du groupe. Il n'en est pas de même de la fraternité clanique. Les « frères du clan » ne parlent pas nécessairement la même langue. D'ailleurs, personne ne connaît avec précision le degré d'extension de l'ensemble de son clan ; de ce fait, la projection spatiale de celui-ci et la vision d'ensemble qu'on peut en avoir, sont nécessairement partielles puisque limitées aux réseaux de relations connues. On se hasarderait à dire que le clan ne semble

---

15 Cf. Ndaywel è Nziem, I., *Organisation sociale et histoire : Les Ngwiii et Ding du Zaïre*, Paris, Thèse de doctorat (Sorbonne), 1972.

16 Cf., Bishikwabo Chubaka, A., *Histoire de l'Etat Shi en Afrique des Grands Lacs : Kaziba au Zaïre (c.1850-1940)*, Louvain-la-Neuve, thèse de doctorat d'histoire, 1982.

pas être un principe utile d'organisation à l'instar de l'ethnie, en revanche il se réclame d'être homogène au niveau de la parenté parce que consanguine.

Au sein d'une même société ethnique, les clans qui s'y retrouvent, sont en principe hiérarchisés entre eux. Il peut exister un clan « royal », bien distincts des autres clans, des clans « aînés » différenciés des clans « cadets » ou encore des clans « époux » qui ne se confondent pas avec des «clans épouses », etc. Mais l'inverse n'est pas de mise. Les ethnies affectées par le même clan sont quelque peu égales entre elles, et cet ordre est immuable, du moins en principe.

Ceci se pose le problème de savoir quel serait le fondement d'une telle coexistence qui connote, comme on vient de l'énoncer, ambiguïtés et contradictions. Les deux institutions vivent une relation conflictuelle, de manière permanente. Le clan, dans sa prétention de dépasser les limites ethniques, affaiblit cette structure et l'empêche d'acquérir une plus grande consistance. Inversement l'ethnie, en regroupant des gens d'origine clanique diversifiée, rend impossible toute tentative de mobilisation des forces claniques. De la sorte, elle s'inscrit en faux contre l'affirmation de ce mode de structuration sociale.

Un cas concret de cette contradiction a pu déjà être observé par nous-mêmes dans la région Kwiloise du Bas-Kasaï, pendant la « rébellion muleliste »[17]. Des actions militaires menées dans ce cadre furent senties par les populations concernées comme étant des attaques émanant des voisins ; ce qui fut à la base des réactions d'opposition voire de rejet. La guerre qui se voulait « révolutionnaire » bascula ainsi dans une vaste guerre « tribale » où chaque société ethnique se croyait agressée par sa voisine. Ce fut entre autres le cas entre deux groupements : Ngwiii et Ding. Mais cette opposition d'ordre ethnique était contestée ostensiblement par la fraternité clanique. Le combattant qui reconnaissait dans les rangs ennemis son frère de clan, le hélait, le suppliant de quitter la bataille ou tout au moins de ne pas prendre trop de risques. Mieux encore, certains prévenaient leurs « frères ennemis » des plans d'attaques, dans l'intention de les soustraire au désastre qui s'annonçait[18]. Ce tiraillement illustre clairement cet état conflictuel. Le clan, mode d'organisation qui procède horizontalement, se trouve contrecarré par

---

17 Cf. Verhaegen B., *Rébellion au Congo* (tome I), Bruxelles, C.R.I.S.P., 1966.

18 Ndaywel è Nziem, I. , *op cit.*, p. 100-101.

l'ethnie qui elle, procède verticalement sans prendre en compte des liens préexistants.

C'est sans doute cet état conflictuel qui expliquerait la variabilité de consistance avec laquelle apparaît de nos jours le phénomène clanique. En effet, celui-ci semble jouir d'une consistance manifeste dans les zones où le contour ethnique n'a pas été valorisé par une activité politique intense. Tel est le cas de la pléiade d'ethnies que compte le Kwilu-Kwango dans le Bandundu. Là où le politique avait eu une action plus manifeste, la réalité clanique est moins apparente et plus modeste. Comment justifier un tel rapport ? Il semble donc nécessaire de se tourner vers l'origine de ces formations sociales et s'interroger si l'ethnie a toujours existé aux côtés du clan. La situation conflictuelle évoquée autorise à répondre par la négative. Les deux phénomènes n'ont pas toujours coexisté. L'un est nécessairement antérieur à l'autre ; le plus récent serait une sorte d'excroissance du plus ancien. Le lien clanique, fondé exclusivement sur la consanguinité, apparaît comme la relation la plus naturelle ; cette solidarité-là est certainement antérieure. Elle a dû produire une forme de communautarisation tout autant naturelle, à l'époque où l'ethnie était encore inexistante. Les sociétés endogames, au sein desquelles les unions matrimoniales s'établissaient entre membres des sections différentes des mêmes clans, auraient donc existé réellement ; elles devaient être dotées des parlers spécifiques.

Tout commença à charger avec le passage de l'endogamie à l'exogamie, que les peuples bantous auraient apprise des Pygmées. A partir de l'adoption de cette tradition, les partenaires conjugaux devaient désormais provenir d'en dehors du clan mais ils y étaient socialement intégrés et parlaient la langue qui y prévalait sans toutefois en faire partie. Autrement dit, la communauté linguistique, jusque-là homogène sur le plan clanique, avait cessé de l'être ; elle comprenait maintenant des représentants d'autres clans. Donc, par ce processus, les frères du même clan, étaient désormais dispersés et se trouvaient au sein des communautés nouvelles, hétérogènes sur le plan clanique mais fondées sur une langue commune à tous ses membres. La société ethnique était ainsi née.

Ces ethnies de la première vague, nées à partir des clans, se mirent à se morceler donnant ainsi naissance à plusieurs autres unités similaires. Celles-ci connurent des cheminements forcément différents. Certaines finirent par se doter d'une organisation interne suite à des circonstances particulières qu'elles traversèrent, d'autres demeurèrent segmentaires, évoluant vers un émiettement toujours plus important. A chaque création ethnique, le clan était plus morcelé qu'auparavant et éparpillé au loin. Il se retrouvait peu à peu au sein de multiples formations ethniques dont les profils étaient quelquefois d'une divergence plus que manifeste. Les mêmes clans, étirés au sein des sociétés aussi différenciées politiquement que celle de Kuba, des Leele et des Wongo, en constituent un témoignage suffisamment éloquent.

Actuellement encore, comme on le verra plus loin, le principe de création ethnique est encore et toujours en éveil ; une nouvelle ethnie peut encore émerger, pourvu qu'une conscience vienne sanctionner une segmentation de population suivie d'une diversification de langue. Mais au sein de la nouvelle entité, ce sont les anciens clans qui continuèrent à exister car le fait ethnique était immuable, du moins en principe. Les mêmes clans se diversifiaient tout en demeurant identiques à eux-mêmes. Mais des sections du même clan, autonomes les unes des autres, jouissaient toujours de la possibilité de retrouver leur commune appartenance.

Histoire ethnique et histoire clanique

Comment, sur le plan heuristique, traiter de manière adéquate, les traditions d'origine ethnique ou clanique ? Le concept d'« histoire ethnique » semble impropre pour qualifier l'ensemble des déclarations qu'une société fournit de manière officielle sur son passé. Car il ne s'agirait pas dans ce cas-là de l'ensemble de l'héritage oral de ladite société mais plutôt d'une partie de celui-ci qui prétendrait présenter le point de vue global de l'évolution de la société considérée.

Dans le cas où l'ethnie représente une partie d'une société politique plus large, la tradition ethnique joue plutôt le rôle d'une *tradition privée dominante*. Il s'agit d'un premier registre de tradition privée superposé à un second cette fois-ci d'origine clanique. Ainsi donc, les populations Mbundu organisées en chefferies avant l'avènement de Nimy Lukeni détenaient un certain patrimoine oral de l'histoire du royaume du Kongo. Au sein de ce patrimoine, on pouvait en principe identifier, de manière plus particulière encore la tradition du clan Nsaku qui avait des accents plus particuliers par rapport à la vision globale mbundu de l'histoire du Kongo. Cette distinction est évidemment théorique. Dans la réalité des faits, du moins pour les royaumes et empires du Congo ancien, il est pratiquement impossible d'identifier de manière significative ces deux réseaux de tradition privée, celui qui prétend être officiel et l'ensemble des celles qui sont perçues comme privées. En effet, quand elle peut être saisie– ce qui est déjà une performance remarquable – la tradition privée se présente habituellement de manière uniforme. C'est ainsi que, pour revenir au cas du Kongo, l'histoire des autochtones lors de la conquête de Nimy Lukeni se limite à l'histoire du clan cheffal Nsaku, qui, vaincu, se laissa intégrer dans la nouvelle administration sous le titre du *Mani Vunda* ou *Mani Kabunga*. Les autres récits éventuels auraient disparus.

Là où l'histoire ethnique occupe une position sensiblement plus confortable, c'est dans le cas où l'ethnie joue le rôle d'une société politique. Qu'elle soit ou non dotée des entités plus restreintes, l'ethnie est alors productrice d'une tradition purement officielle, superposée aux traditions privées. C'est le cas habituel des *sociétés à chefferies*. L'ethnie dans ce cas-là abrite une série de chefferies organisées sous le même modèle et parfois hiérarchisées entre elles, le responsable de la « chefferie aînée » détenant la préséance sur toutes les autres. Les lignages nobles qui président aux destinées des différentes chefferies, sont considérés comme apparentés entre eux c'est-à-dire qu'ils font tous partie du même clan, distincts des autres clans considérés comme « ordinaires ». Dans la réalité politique des ethnies du Bas-Kasaï, cette situation est fort explicitée sur le terrain. Un seul clan noble détient toujours le pouvoir au travers des différentes chefferies que compte l'ethnie. Ceci est particulièrement vrai des Ding orientaux, des Yans, des Leele ou des Boma, etc. La société politique a ainsi pour limite, celle de la zone d'influence du clan régnant[19]. Au niveau documentaire, on aura donc à faire à une tradition officielle possédant sans doute plusieurs variantes – dans la mesure où chaque structure cheffale détiendrait une version particulière des faits et un éventail des traditions privées qui seraient la somme des déclarations historisantes de tous les autres clans.

On notera le fait que l'histoire ethnique déclarée n'est bien souvent que l'histoire privée du groupe régnant. Son caractère « officiel », réside dans le fait de sa prétention à constituer l'histoire de tous et à évincer les histoires « particulières » des autres groupes. Ce phénomène de

---

19 Les clans régnants sont toujours bien précisés, *Tshum* (Ding orientaux), *Kingom* (Yans), T*uun* (Leele), *Ngeli* (Boma), etc.

« colonisation culturelle » réussit si bien, quelquefois, au point que les sections assimilées, pour avoir si bien appris à débiter l'histoire du conquérant, en arrive jusqu'à contester l'éventualité même d'avoir une histoire originale distincte de celle du groupe régnant. C'est donc dire que l'histoire ethnique l'est faussement puisqu'elle n'est qu'une histoire privée qui déborde de son contexte originel. Mais le fait qu'elle soit parvenue à s'imposer constitue une donnée historique pertinente qui devrait être prise en considération.

Retenons que, face à celle-ci, il y a place pour une histoire véritable de l'ethnie, à laquelle on ne peut accéder qu'en contestant l'optique imposée par la tradition orale. Il s'agirait en effet d'établir pourquoi il convient de se tourner vers l'héritage des clans. Au sein de l'ethnie, chaque communauté clanique possède en effet une certaine histoire relatant entre autres le processus de son insertion dans cet ensemble. Elle présente de ce fait une vision particulière de l'histoire de l'ensemble du groupe ethnique.

L'établissement d'une histoire « globale » de l'ethnie exige donc qu'on tienne compte de ces multiples histoires particulières et qu'on les confronte avec les données de l'histoire du groupe régnant. Tiraillé entre des considérations résolument centrifuges (clans), et centripètes (ethnie), la conclusion qui se dégagerait présente l'avantage de faire la part des choses et d'approcher la vérité historique.

Une autre question est de savoir si l'on peut établir une histoire réellement clanique c'est-à-dire constituée de la somme des témoignages des différentes sections claniques éparpillées au travers des ethnies. Jadis nous avions estimé que cette histoire-là n'existait pas, et que les traditions qui étaient recueillies dans des sections claniques au sein d'une ethnie donnée appartenaient plutôt à l'histoire de cette ethnie. Ceci n'était vrai que partiellement. La tradition clanique reflète certes une certaine histoire ethnique qu'elle a apprise à débiter en tant que faisant partie d'une communauté politique donnée, mais théoriquement de par son histoire, le clan doit avoir une histoire qui lui est propre, reflétée par les traditions des ces différentes sections. Mais cette préoccupation n'est pas encore assumée jusqu'ici sur le plan scientifique, sans doute à cause de la difficulté de l'entreprise. En effet, contrairement à l'histoire ethnique, qui, de par son allure conquérante, jouit d'une meilleure tenue sur le terrain, l'histoire clanique, si elle peut encore être trouvée, est incontestablement plus discrète, ayant en quelque sorte été évincée par l'autre. De même, l'histoire ethnique est en principe événementielle tandis que l'histoire clanique, se rapprochant davantage du non-événementiel, pourrait abriter d'un groupe à l'autre de très larges divergences de vue.

Puisqu'en histoire ethnique, on est en présence d'une historicité consciente, il faut savoir que celle-ci accumule en principe de multiples possibilités de falsification et de manipulation ; la plus courante étant celle déjà évoquée qui consiste à faire passer l'histoire du groupe régnant pour celle de l'ensemble de la société. Ceci tranche avec l'histoire clanique. Modeste, elle paraît même quelque peu décousue et illogique. Le récit ainsi égrené n'est pas chargé de noms de personnages ou d'événements saillants ; bien au contraire, il surprend même par son laconisme et son dépouillement. Cet aspect des choses connote fort heureusement son intérêt. C'est qu'il a des accents de sincérité et donc, de vérité.

Chronologiquement, il faut admettre que l'histoire clanique est en principe plus archaïque que l'histoire ethnique. Ceci ne veut nullement dire que tout ce qui est débité dans le cadre clanique soit nécessairement antérieur à l'émergence de l'ethnie. En effet, les traditions orales étant plus éloquentes pour les périodes récentes que pour les périodes anciennes, il faut admettre que les traditions claniques abondent de détails sur l'histoire clanique récente. Le récit des migrations relate souvent la dernière étape des migrations, celle qui a conduit à l'occupation de l'espace qui prévaut actuellement[20].

Seule une analyse minutieuse des traditions issues des sections ethniques du même clan pourrait fournir des éléments d'information sur les périodes antérieures. C'est là un atout particulier qui peut être tiré de l'exploitation de cette catégorie des traditions orales. Mais il y un autre avantage encore. La comparaison et la confrontation avec les traditions « officielles » permettent une critique plus judicieuse de la tradition orale elle-même et une analyse plus approfondie de l'histoire du groupe concerné. On devrait considérer comme incomplète une analyse qui ne se baserait que sur un seul type de témoignage oral. Il est une partie de l'histoire de la société globale qui ne s'exprime que par des genres aussi particuliers que la tradition privée et la tradition officielle.

---

[20] Person, Y., « Tradition orale et chronologie », *Cahiers d'études africaines*, II, 3, 1962, p. 462-476.

Comme on le constate, la perception de la différence entre la tradition clanique et la tradition ethnique ouvre quelques perspectives au niveau de l'histoire des peuples demeurés longtemps sans écriture. Il y a lieu d'abord d'exploiter, comme on l'a dit, la différence existant entre les traditions issues de ces deux types de formations sociales. Le fait de rattacher le concept de tradition privée à l'héritage clanique enrichit cette démarche. Les groupes privés dont on solliciterait la tradition seraient ainsi de même nature. Il s'agira du clan, structure dont la morphologie et le fonctionnement sont bien circonscrits.

Par ailleurs, cette perspective rend possible l'inventaire des traditions privées de tous les groupes claniques. Puisqu'il est possible, au sein d'une ethnie donnée, de dénombrer les clans qui s'y trouvent impliqués, on peut de la sorte inventorier les groupes privés dont les traditions doivent être mises à contribution. Le recours à « l'histoire privée » cesserait de se faire au petit bonheur, puisqu'il pourrait être fait appel à une mobilisation totale des différentes composantes de la réalité globale.

Au niveau de l'appréciation critique, il serait de la sorte possible désormais d'évaluer la part de tradition privée qu'on fait intervenir au niveau des études. Illustrons cela par un exemple tiré une fois de plus du cas Kuba. L'utilisation des traditions « officielles » a amené à conclure que le principe d'organisation politique kuba aurait été d'origine occidentale. C'est en effet de la côte atlantique que le groupe central situe son origine, avant d'avoir émigré jusqu'à atteindre leur terroir actuel. Cette conclusion ne fut pas adoptée à la légère. Le spécialiste de l'histoire Kuba avait certainement interrogé également des traditions de type privé. La conclusion ainsi dégagée se présentait comme une synthèse émanant de l'analyse des différentes traditions[21].

Ce qui a manqué, ce fut une évaluation de la part des traditions privées qui ont été mises à contribution, à défaut d'une exploitation systématique de toutes les traditions privées existantes. Si cela avait eu lieu, la confidence historique que nous livre actuellement le matériau linguistique qui préconise une provenance septentrionale quant à l'origine du système politique, aurait pu dès le point de départ, retenir davantage l'attention du

---

21 Cf. Vansina, J., De *geschiedenis van de Kuba : Van ongeveer 1500 tot 1900*, Tervuren, 1963.

chercheur[22]. Il existe en effet certaines autres traditions Kuba qui ont toujours fait état, de manière extrêmement explicite, de la provenance septentrionale du pouvoir de Nyimi[23]. Apparemment l'historien des Kuba n'était pas tout à fait ignorant[24] mais peut-être en avait-il minimisé l'importance, dans sa synthèse finale, n'ayant pu compter sur une exploitation systématique de toutes les traditions privées. Une telle perspective ne tend nullement à considérer comme superflu le recours à la linguistique ou l'anthropologie. Au contraire, celui-ci demeure précieux mais, dans l'exemple en présence, il aurait pu intervenir plutôt comme un élément de confirmation ou d'infirmation et non pas comme porteur d'une hypothèse nouvelle. Nous croyons que l'exploitation du phénomène clanique pourrait contribuer à ne pas laisser derrière soi ce type de faille.

Une autre perspective à dégager ici celle, déjà énoncée, d'établir l'histoire clanique dans sa globalité. L'héritage oral des différentes sections claniques éparpillées dans des ethnies différentes, fonctionnerait, dans cette vision, comme des « histoires particulières » à partir desquelles la reconstruction de l'histoire du clan pourrait être tentée. Une telle histoire des peuples d'Afrique noire n'a jamais été abordée. Seule l'histoire dite « tribale » occupe une place très importante, trop importante dans notre patrimoine historiographique[25]. L'étude des histoires claniques n'est donc nulle part. Ceci prouve combien l'événementiel peut s'imposer et violer d'autres aspects. On devra procéder en l'établissement de « biographies » des clans de même qu'il existe des « biographies » d'ethnies. Comme l'histoire ethnique, l'histoire clanique présentera un point de vue, forcément partiel de l'histoire africaine. Mais son émergence dans l'historiographie apportera une série d'informations nouvelles qui, confrontées avec les histoires « tribales », permettra au contemporain d'avoir une plus grande prise sur le cheminement qui a conduit à des situations présentes.

---

22 Vansina, J., « Les langues bantoues et l'histoire : le cas Kuba » *Perspectives nouvelles sur le passé de l'Afrique noire et de Madagascar*, Paris, 1974, p. 171-184.

23 Il s'agit surtout des traditions de la région septentrionale du royaume. Cf. Jadot J.M., « Le miracle Bushongo. Contribution à la philosophie et à l'histoire de l'art mélanien au Congo Belge », in Leyder Y., *Le graphisme et l'expression graphique au Congo belge*, Bruxelles, 1950, p. 42 Phutibondo Nondo, *Les coutumes Bakuba et les structures économiques modernes dans la zone de Mweka*, Lubumbashi, Mémoire de licence, 1973. Ndjond'a Ngele, *Histoire du peuplement Dekese*, Lubumbashi, Mémoire de licence, 1974.

24 Vansina, J., *Les tribus Bakuba et les peuplades apparentées*, Tervuren, 1954, p. 7.

25 Vellut, J., Histoire et ethnie : quelques reconsidérations récentes en Afrique centrale », *Likundoli*, 1 1972-1973, 1-2, p. 56-62.

A Lubumbashi, une expérience dans ce sens avait été amorcée. Dans le cadre de l'élaboration des mémoires de licence, nous avions préconisé en son temps une étude analytique des traditions historiques des clans mais dans les limites des ethnies. Ces travaux[26] ont confirmé la consistance de l'information d'origine clanique. Le corpus des traditions historiques récoltées patiemment d'un groupe de village à un autre permet donc une certaine lecture de l'histoire du groupe ethnique concerné. Mais il nous restait à tenter l'expérience d'une lecture globale des traditions des différentes sections claniques et voir s'il s'en dégageait une vision pertinente. Une telle étude suppose une série de recherches sur terrain qui s'attache résolument au même clan au travers des ethnies différentes. La limitation d'une telle étude ne peut être fixée a priori et par avance puisque l'évaluation du domaine clanique à prospecter constitue déjà un secret que seule une recherche de terrain peut dévoiler. L'expérience mérite d'être tentée. Elle comporterait à coup sûr ne fut-ce qu'une meilleure intelligibilité de ces institutions anciennes.

Une autre perspective de recherche à partir des faits claniques et ethniques, tout autant intéressante, concerne la question tribale elle-même. Celle-ci apparaît en effet de nos jours comme un nœud inextricable. Pour qu'il y ait quelque chance de le délier, l'éclairage de l'histoire semble indispensable. En effet, ces institutions qui sont historiques en elles-mêmes – puisqu'elles sont des produits de l'histoire – portaient également en elles des traces de leur propre cheminement et ce, depuis le temps des commencements. Une telle histoire d'essence institutionnelle est à faire. Les traditions ethniques et claniques s'offrent également à ce propos, comme des matériaux d'appoint.

La tradition orale qui demeure effectivement une documentation capitale pour la connaissance de l'histoire ancienne doit être traitée de manière appropriée, en tenant compte des conditions de son émergence et de son mode de fonctionnement. Une bonne part de la défaillance qu'on lui impute semble résulter de la pauvreté de nos propres techniques de recherche. L'historien devra y penser et investir un effort suffisant dans la recherche méthodologique. Il est vrai que l'histoire n'avance pas seulement par la découverte des faits nouveaux. Elle avance bien plus souvent par un nouveau questionnement d'un matériau déjà connu.

---

26 Lupwe op. cit., 1977; Yelengi, op.cit., 1977; Nkay Malu-Flar, op.cit., 1979.

Chapitre IV

L'histoire dans le territoire de la langue

C'est très tôt que l'Afrique s'est révélée comme terrain de prédilection de la linguistique générale ; elle l'est tant par la très grande diversité des langues qu'elle abrite, leur nombre impressionnant que par leurs particularismes jusqu'au recours, dans l'expression, aux tons et aux clics[1].

Cette incontournable science auxiliaire de l'histoire ne se trompait pas. Pour enrichir ses méthodologies, il fallait qu'elle se laisse littéralement séduire par ce terrain déroutant. Effectivement ce continent, qui abrite 13,1% de la population du globe, parlerait à lui seul les 30% des langues existantes. Les Européens qui représentent 12% de la population mondiale n'utilisent que 3% des langues disponibles. Les Américains, qui constituent 13,8% de la population mondiale communiquent avec 15% des langues, soit la moitié des langues d'Afrique. Même l'Asie, avec 60,6% de la population du monde, n'utilise que 33% des langues existantes[2].

Ce paradoxe en cache un autre, tout aussi important. C'est ici qu'on note les plus grandes diversifications entre langues. Le continent, d'après la classification de Joseph Greenberg, généralement admise, abrite en effet pas moins de quatre superfamilles distinctes : *Afro-Asiatique*, qui occupe le nord du continent et qui se prolonge dans le Moyen-Orient ; *Niger-Congo*, le groupe le plus important, qui va du Sahara méridional en Afrique australe, *Nilo-saharien*, dont quelques essaims séparent les deux grands ensembles linguistiques précités ; *Khoisan* enfin, logé en Afrique australe. On

---

1 Ndaywel è Nziem, I., Ed., *Les langues africaines et créoles face à leur avenir*, Paris, l'Harmattan, 2003, p. 161-186. Texte revu et adapté.

2 Les travaux de l'International African Institute (IAI), parrainés par l'UNESCO (David Dalby, *Language Map of Africa and the adjacent Islands*, London, IAI, 1977), ont permis l'identification cartographique de plusieurs milliers de langues d'Afrique, sans occulter la complexité de leur fonctionnement.

comprend que la première préoccupation des linguistiques, même si l'on s'en est méfié par la suite, ait été précisément la classification, comme pour tenter de rendre intelligible, à leurs yeux, cette large diversité.

Situons l'importance de ce matériau à la fois comme élément du patrimoine et comme outil de communication.

Les langues en Afrique

Ce sont des travaux africanistes, bien qu'ils soient forcément de valeur inégale et d'importance variable, qui ont permis largement une première identification de l'ensemble des langues au sud du Sahara. Avant tout, il convient d'assumer les acquis déjà consignés dans la *bibliothèque linguistique africaniste*, pour éviter de réinventer constamment la roue et assurer l'avancement réel des connaissances[3]. La question du moment semble tout autant de poursuivre ces recherches que d'apprendre à faire un bon usage des résultats disponibles.

Rappelons d'abord, à grands traits, la situation des langues en Afrique au sud du Sahara. Globalement, la distinction est de mise entre langues *locales*, *nationales* et *officielles*. La dernière catégorie étant constituée, pour l'essentiel, des anciennes langues coloniales[4], – l'anglais, le français, le portugais –, elle ne sera pas de notre propos ici. Cette analyse concerne plus spécifiquement les « langues autochtones », celles qui ont un lien naturel avec la terre, l'histoire et la culture originelle des peuples qui les parlent.

Ces langues sont « *locales* », quand leur audience ne dépasse pas le cadre originel ; elles sont « *nationales* » quand elles sont capables d'assurer l'intercompréhension entre différentes communautés linguistiques du même pays[5]. Tout n'est pas pour autant éclairci. Car, le statut des langues dites

---

3 Un exemple parmi tant d'autres. Le roman de Vassilis Alexakis (*Les mots étrangers*, Paris, Stock, 2002), remarquable sur le plan littéraire, n'en est pas moins basé sur une banalité linguistique. Dans l'ensemble des langues de la région, la négation est placée en finale. Le cas du *sango* de Centrafrique ne serait donc pas particulier.

4 Hors du contexte colonial, qualifions les de « langues sans frontières » - l'anglais et le français en tête -, en raison de leur grande expansion dans le monde.

5 Certains pays ne connaissent pas cette distinction « congolaise ». Au Mali, sont dites « nationales » toutes les langues du terroir, sans distinction.

nationales est tout aussi variable d'un bout à l'autre du continent. En réalité, certaines de ces langues sont « internationales », puisqu'elles sont « nationales » dans plusieurs pays différents, comme dans le cas du *lingala* ou du *swahili*. Par ailleurs, à l'exception de quelques-unes d'entre elles, comme l'*amharique* en Ethiopie, la plupart de ces langues nationales partagent directement la fonction d'outil officiel de communication avec une langue d'origine coloniale. Tel est le cas du *setswana*, du *sesotho* et du *swahili* (avec l'anglais) au Botswana, au Lesotho et en Tanzanie ; du *sango*, du *kirundi* et du *malagasy* (avec le français) respectivement en Centrafrique, au Burundi et à Madagascar. La plupart, occupant une position secondaire par rapport à la « langue officielle », elles cohabitent entre elles sur les mêmes espaces nationaux, comme le *cokwe*, le *kikongo* et le *kimbundu* en Angola ; le *lingala*, le *swahili*, le *kikongo* et le *ciluba* en RDC ; le *wolof*, le *sereer*, le *soninkè*, le *dioula*, le *pulaar* (fulfudé) au Sénégal ; du *fulfude*, le *hawsa*, l'*igbo*, le *yoruba* au Nigéria[6].

Reconnaissons que la rationalisation typologique des langues n'est pas encore pleinement achevée. Plusieurs incohérences demeurent et représentent autant d'interrogations pendantes. L'une d'elles, d'apparence banale, est d'abord de déterminer quand deux « langues » sont-elles distinctes et ne constituent pas des variétés dialectales d'une seule et même langue. Répondre à cette question suppose une maîtrise totale du terrain linguistique, ce qui n'est pas pleinement acquis. Or cette question est en connexion directe avec la statistique des langues. La tendance fortement descriptive des langues africaines semble avoir eu pour effet pervers d'en multiplier le nombre, par amalgame entre *langues* et *parlers*. Les ethnographes du début du siècle dernier fournissent à ce sujet des exemples fort révélateurs, comme ceux-ci glanés du terrain congolais.

Basile Tanghe, missionnaire et futur vicaire épiscopal de la région Mobaye-Mbongo, à la frontière de l'Oubangui-Chari (RCA actuelle), explique comment il avait « découvert » que le *ngbandi* (RDC) et le *sango* (RCA) constituaient une même langue. En 1911, venant de Banzyville (Zongo), il rencontra un autre missionnaire provenant de l'Outre-Oubangui, terrain de colonisation française. Lorsque Tanghe s'adressa à son domestique en ngbandi, l'autre missionnaire se rendit compte qu'il

---

6 Pour un aperçu plus complet du terrain linguistique africain, prendre connaissance du texte de Mwatha Musanji Ngalasso, « Autochtones ou coloniales : les langues en Afrique », Gauthier G. éd., *Langues : une guerre à mort*, Paris, Panoramiques, 2000, p. 76-83.

connaissait la même langue « indigène », la seule différence étant que son confrère l'appelait le *ngbandi* et lui, le *sango*[7]. Malgré cette précision, pourtant codifiée dès le début du siècle dernier, les deux appellations ont subsisté, de part et d'autres de la rivière Oubangui – distinction coloniale obligeait – bien que les deux langues « sœurs » aient connu des carrières similaires. En effet, à l'instar du sango dans la colonie française d'Oubangui-Chari, le ngbandi a servi de langue d'instruction et d'évangélisation dans le Congo belge septentrional[8] , avant d'être évincé plus tard, il est vrai, par le lingala, dont l'aire d'expansion fait désormais directement frontière avec celle du sango.

A la même époque, un autre missionnaire, Joseph Mertens, identifia deux autres langues supposées distinctes, l'*idzing* et l'*iding*. Il s'attacha pour sa part à décrire la première, pendant que son confrère, Yvon Struyf, s'intéressa à la seconde[9]. La différenciation linguistique fut consignée officiellement sur la carte linguistique et ethnographique du pays. Il a fallu attendre des travaux récents pour qu'il soit conclu qu'il s'agissait de la même langue, parlée par les deux groupes Ding, orientaux et occidentaux.

Il n'est pas étonnant, dans ce cas, que le nombre d'ethnies et de langues d'Afrique ait changé avec le temps, évoluant généralement à la baisse. S'agissant de la RDC, on identifiait, au départ, 450 langues. Ce nombre fut ramené à 365, puis à 250. La carte linguistique du Zaïre publiée en 1983 dans l'*Atlas linguistique de l'Afrique Centrale* (ALAC) n'en dénombre plus que 212, dont 34 non bantoues, oubanguiennes et nilosahariennes[10].

D'ailleurs, la statistique des glossonymes est trompeuse elle aussi. Des appellations différentes renvoient souvent aux mêmes réalités. Ainsi en est-il du *fulfudé*, du *pulaar* et du *peul* qui se rapporte à la même langue ;

---

7 Cf. Tanghe B., « Histoire générale des migrations des peuples de l'Ubangi », *in Congo*, 19, 1938, 4, 361-391.

8 A Molegbe était édité le journal *Fanalo* en nbgandi. Son dictionnaire était également disponible (Lekens, P. E., *Dictionnaire français-ngbandi, ngbandi-français*, Tervuren, Musée Royal du Congo Belge, 1952). Sur l'histoire de cette langue, se rapporter aux écrits de B. Tanghe (« La langue ngbandi », *in Aequatoria*, 3, 1940, 4, 110-112).

9 Cf. Mertens J., *Les Ba-Dzing de la Kamtsha, II : Grammaire de l'idzing*, Bruxelles, Institut Royal Colonial Belge (IRCB), 1938 ; III : *Dictionnaire idzing-français et aide-mémoire français*, Bruxelles, IRCB, 1939. Struyf Y., « Vocabulaire du kidinga de Munken Mbel d'après trois fables codifiées en écriture phonétique», *Mémoire IRCB*, Bruxelles, 1939, 91-95 ; « Esquisse de grammaire du kidinga de Mukene Mbel d'après trois fables codifiées en écriture phonétique », *Mémoire IRCB*, Bruxelles, 1939, 96 -119.

10 Boone O., Carte ethnique du Congo belge et du Rwanda-Urundi, *in Zaïre*, VIII, 1954, 5, p. 451-465.

comme du *kituba*, de l'*ikeleve*, du *monokoutuba* et du *kikongo ya leta*. Inversement, tout ethnonyme ne correspond pas forcément à l'existence d'une langue spécifique[51]. Au Rwanda, les Tutsi, les Hutu et les Twa parlent la même langue *kinyarwanda* et, au Burundi, la même langue *kirundi*. Ces deux langues sont tellement similaires qu'elles pourraient aussi être considérées comme variantes de la seule et même langue, le kinyarwanda-kirundi, comme le préconise le *Plan d'aménagement linguistique de la Francophonie*[11]. De toute évidence, le terrain linguistique africain mérite d'être revisité au – delà des limitations coloniales. Une telle enquête est désormais possible, à présent qu'il existe une pluralité d'universités et de centres de recherche qui permettent que des regards divers puissent compléter leurs observations réciproques[12].

Une autre complication est liée à la diversité des orthographes. Elle multiplie à l'écrit des fausses différences, inexistantes à l'oral et qui créent artificiellement des archaïsmes qui n'en sont pas. Cette situation procède des effets des héritages coloniaux distincts, toujours d'actualité, parfois appliqués à une seule et même langue, au moment où les innovations de l'alphabet phonétique africain sont elles aussi en usage. Pratiquement, à chaque texte, correspondent des principes spécifiques de lecture, de préférence à haute voix, pour en déceler le sens à partir de l'usage oral. Dans *l'Historia do reino do Congo* (1624), un texte anonyme du XVIIème siècle, généralement attribué au jésuite Mateus Cardoso, sur le royaume du Congo, on trouve une série de mots en langues locales. Décrivant la faune, l'auteur s'est plu à désigner des animaux par leurs noms locaux : *empacaça*, *embuas* et *encaca*[13] Les trois mots, incompréhensibles d'apparence, sont en réalité des mots courants du langage de la région. Pour s'en rendre compte, il faut arriver à les lire correctement. D'abord, exclure le fait que le c (écrit au XVIIème siècle) ne peut représenter phonétiquement le trigraphe « tsh », comme il apparaît dans les mots « cokwe », « ciluba » ou « gacaca ». Ensuite, ne pas tenir compte de l'augment « e », dû à la difficulté phonétique bien connue de la lecture d'une suite de deux consonnes initiales,

---

11 *Propositions pour un Plan d'aménagement linguistique*, Paris, ACCT, 1993.

12 Léon de Saint Moulin a fait une évaluation de cette révision (« Conscience nationale et identités ethniques : contribution à une culture de la paix », *in Congo-Afrique*, 372, février 2003, p. 93-128, particulièrement p. 96-97) et tente de restituer, dans l'état actuel des connaissances, la liste complète des ethnies et tribus de la RDC.

13 *Historia do Reino do Congo* (c. 1624), traduit par F. Bontinck (avec la collaboration de J. Castro Segovia), « Histoire du royaume du Congo », *in Etudes d'histoire africaine*, Louvain-Paris, éditions Nauwelaerts-Béatrice-Nauwelaerts, 1972, p. 69-70.

commençant par une nasale, dentale ou bilabiale. Enfin, retranscrits, suivant l'orthographe courante, de chacun des pays, ces trois mots donneraient : *mpacaça* (Angola), *mpakasa* (RDC), *mpakassa* (Congo) ; *ncaca* (Angola), *nkaka* (RDC, Congo). Du coup, tout devient clair. Il s'agit, en effet, respectivement de « buffle », « chien » et « pangolin ».

Une autre pierre d'achoppement est liée au clivage entre langues communautaires /locales et langues véhiculaires. La distinction n'a aucune incidence sur leur dimension spatiale. Les langues communautaires ne sont pas nécessairement de portée restreinte, de même que les véhiculaires ne couvrent pas toujours de vastes espaces. Ainsi, le *sango*, langue véhiculaire de la seule République centrafricaine, est de portée restreinte, alors que des langues non véhiculaires, comme le *teke* (Sud-Gabon, les deux Congo) ou le *fang* (Gabon, Cameroun, Guinée équatoriale), couvrent des espaces plus importants. La précision est d'importance. A tout le moins, elle amène à ne pas sous-estimer cette catégorie de langues dont certaines, utilisées par des milliers d'individus, sont transfrontalières et fonctionnent sur de longues distances.

Par ailleurs, le champ de la dynamique des langues africaines constitue un domaine de recherche passionnant, mais encore en friche. Les chercheurs sont davantage orientés vers les interférences langues africaines/langues d'origine coloniale. Ils tardent à aborder le rapport des langues africaines entre elles, notamment les langues nationales et locales. D'ores et déjà, on constate que les grandes langues véhiculaires africaines ont tendance à fonctionner sur le terrain, sur le modèle des *langues sans frontières*, comme des zones de *libre-échange linguistique*, pour emprunter l'expression de Louis-Jean Calvet[14], avec une certaine mise sous tutelle des langues communautaires qu'elles abritent. Ainsi l'enfant africain du monde rural, qui a pour langue maternelle la langue du terroir, rencontre sur son passage, dans son évolution, deux registres de « *langues secondes* », celui du véhiculaire national/régional d'abord, celui, ensuite, du français/ anglais/portugais. Une donnée à prendre en compte dans la didactique des langues. Ainsi, au Congo, un élève du monde rural doit accéder d'abord à l'une des langues nationales et, ensuite, au français.

Mais revenons au credo de Calvet, et à son modèle gravitationnel. Appliqué rigoureusement, il aboutirait ici à une construction complexe. Au

---

14 Calvet, L.J., *Pour une écologie des langues du monde*, Paris, Plon, 1999.

centre, des *langues hyper-centrales « sans frontières »* : l'anglais, le français, le portugais et l'arabe. Aux alentours, des grandes langues véhiculaires africaines, entre autres, le *yoruba*, le complexe *manden*, le *hawsa*, le *monokoutouba,* le *swahili*, le *lingala.* Au-delà de ces dernières, prennent place des véhiculaires nationaux, comme le *sango*, le *ciluba*, le *wolof,* le *soso,* le *kirundi* et le *kinyarwanda*; puis des semi-véhiculaires, comme le *lunda*, le l*omongo*, le *ngbandi*, le *yombe*. Enfin, les langues communautaires, locales parce que liées à des terroirs précis connus.

Et, dans cet enchevêtrement de langues, fonctionne une sorte de loi silencieuse d'aménagement linguistique de l'ensemble de l'espace panafricain. Les langues d'envergure différente sont en partenariat ; celles d'envergure similaire sont en compétition. Ainsi, des langues du Katanga, comme le *sanga* et le *yeke*, évoluent dans la « zone de libre-échange linguistique » du swahili ; ce dernier entretient des relations dynamiques non seulement avec l'*arabe* qui constitue une part de son héritage[15], mais aussi avec l'*anglais* et le *français*, langues permanentes « de contact » en RDC (français) et en Tanzanie (anglais). Le *yeke* qui connaît une sorte de compétition discrète avec le *sanga*, n'a pas la même attitude à l'égard du swahili. Ce dernier, à son tour, aurait beau être en concurrence avec le *lingala* avec lequel il cohabite sur le terrain congolais[16], il ne s'autorise pratiquement plus, dans le contexte postcolonial si distinct de celui de la décolonisation, à affronter le *français*. Non pas que la démarche soit impensable – on se rappelle les expériences malheureuses de la Guinée et de Madagascar – mais elle est difficile et exige un investissement considérable que ne peuvent supporter les économies africaines. Quant à faire supplanter, de manière volontariste, le français par l'anglais dans l'Afrique francophone, cela semble relever du malentendu, quand la démarche n'est pas simple chantage ou marque de protestation qui peut être momentanée[17].

Il reviendrait à scier la branche sur laquelle on repose. Il n'y a aucune raison pour que le monolinguisme auquel conduit inexorablement le règne de l'anglo-américain, soit plus généreux à l'égard des langues

15 Haddad, A., *L'arabe et le swahili dans la République du Zaïre. Etudes islamiques. Histoire et linguistique*, Paris, SEDES, 1983

16 Un aperçu des interférences lingala-swahili avec le français a été établi (Sesep Nsial, *La Francophonie au cœur de l'Afrique : le français zaïrois,* Aix-en-Provence, Didier érudition, 1993).

17 Cf. Nyunda ya Rubango, « Le Congo et le Rwanda face au défi francophone en l'an 2001 », Bisanswa J.K. et Tétu M. éd., *Francophonie au pluriel,* Quebec, CIDF-AFI, 2003 : 283-290.

africaines, surtout si ces dernières ont l'ambition de se développer en parfaite synergie avec d'autres langues du monde. On est plus à l'époque où, dans les colonies britanniques, les langues africaines, disposaient d'une situation de loin plus enviable pour leur développement que dans les anciennes Afriques françaises, à cause des impératifs de « l'administration indirecte ». Un acquis qui justifie la longueur d'avance que celles-ci continuent à connaître dans ces pays-là. Depuis lors, les choses ont changé. De nos jours, le locuteur de l'anglais, trop sûr de la bonne santé de sa langue, est en général peu intéressé à acquérir une autre langue ou a l'accréditer dans son environnement. Il pense même, avec une certaine dose de bonne foi, que le recours à la seule et même langue, comme conséquence inéluctable de la mondialisation, serait une solution inespérée pour garantir le rapprochement des peuples. Une telle perspective serait plutôt un leurre.

L'Afrique ne peut se permettre d'être complice de la négation de la diversité linguistique, la seule voie possible à sa portée, dans le tourbillon actuel de la mondialisation, pour faire accréditer le principe du droit de cité de sa culture et de l'héritage de son passé. En réalité, elle repose sur une situation linguistique extrêmement complexe, mettant bout à bout au moins trois réseaux distincts de partenariats possibles des langues : celui des langues africaines entre elles, langues véhiculaires et langues locales africaines et des langues d'origine locales ; celui des langues africaines et des langues d'origine coloniale ; celui enfin plus global de ces langues d'origine coloniale entre elles, puisqu'elles sont devenues, elle aussi, des langues d'Afrique.

En principe, les trois formes du multilinguisme méritent d'être respectées, dans leur différence, comme dans leur complémentarité, sans pour autant qu'on se fasse d'illusions. Les plus grandes concentrations des « langues menacées » ou « en danger de mort » seraient dans les régions du monde où dominent les conditions du sous-développement. L'Afrique serait, de ce fait, l'un des points les plus vulnérables[18]. A défaut de tout sauvegarder, l'urgence s'impose, à tout le moins, de prendre en charge le patrimoine que celles-ci véhiculent.

---

18 Hagège C., *Halte à la mort des langues*, Paris, Odile Jacob, 2000, p. 197

Les langues, lieux de mémoire

Effectivement, le corpus des langues africaines est aussi une sorte de livre ouvert sur l'histoire et les cultures du continent. Il représente un véritable « lieu de mémoire » On ne peut oublier que l'Afrique ancienne subsaharienne, dépourvue globalement d'écriture et donc de « système de conversation de la parole », utilisait la langue comme repère identitaire par excellence. La connaissance ou non de la « langue du terroir » passait pour l'un des principaux critères d'identification de l'individu. C'est par son accent que l'origine d'un étranger était attestée. Dans nombre de langues africaines, le concept de « communauté », qu'on a qualifié d'ethnie ou de tribu, se définissait principalement par la langue. Rien que pour ces considérations, le territoire de la langue mérite, encore et toujours, une plus grande attention de la part des spécialistes des sciences sociales.

Au carrefour de plusieurs autres disciplines, la linguistique aurait donc dû se sentir davantage interpellée et diversifier ses modes d'approche dans les universités et centres de recherche. L'exploitation du corpus des langues en tant que mémoire des peuples, réservoir des savoirs endogènes, véhicule des œuvres littéraires diverses : contes, légendes, proverbes, devinettes, épopées, en est encore à des balbutiements. Certes la littérature traditionnelle africaine a fait l'objet d'une certaine attention, mais sans avoir pu faire l'objet d'une récolte systématique[19]. Bien que moribonde, cette littérature est encore vivante et continue, dans les campagnes, à meubler les soirées au clair de lune. De plus, nombre de créateurs modernistes, écrivains, cinéastes ou chanteurs, s'inspirent de ces « classiques » dans leurs productions contemporaines, quand ils ne se plaisent pas à les « retranscrire » dans le langage de la modernité, leur offrant l'opportunité inespérée de se mondialiser. Rien que pour cela, ce patrimoine immatériel mérite bien de faire l'objet d'un archivage plus systématique.

Plus regrettable est la situation des savoirs endogènes. La collecte systématique de ces œuvres matérielles – pharmacopée traditionnelle, connaissances environnementales, données ethno-juridiques, techniques agricoles – aurait dû constituer une démarche primordiale, tout aussi urgente que la sauvegarde des produits plastiques africains qui font le bonheur des

---

19 Une grande collection des « *classiques africains* », assurant l'édition des principaux textes anciens en langues africaines (avec traduction) mérite d'être mise en place

musées en Europe. Et les nouveaux savoirs, introduits à la faveur de la colonisation, auraient dû se préoccuper de féconder ceux qui préexistaient, au lieu de décréter leur négation. Puisque la rupture entre le passé précolonial et le présent est souvent évoquée comme l'une des raisons du « mal-développement » de l'Afrique, il est important de noter que la restitution à l'Afrique contemporaine de son héritage ancien passe en principe par le dépouillement du corpus linguistique disponible et des données qu'il véhicule.

Par ailleurs, ce patrimoine linguistique, on l'a dit, c'est aussi une sorte de passerelle vers une intelligence plus grande des sociétés africaines. Que ce champ d'intérêt, lié à la linguistique comparée, ait finalement passionné davantage les historiens, les archéologues et les anthropologues que les linguistes classiques, cela est bien compréhensible ; encore que, comme le note Maurice Houis[20], c'est dans la genèse même de la linguistique africaine que se trouvait inscrite la tradition comparatiste ; celle-là même qui débouchait soit sur un projet de classification générale des langues, soit encore sur celui d'un groupe plus limité des langues.

On a évoqué, au début de cet exposé, la classification de Greenberg qui a conclu à l'existence de quelques grandes familles de langues. Cette approche avait été précédée de celles de M. Delafosse, D. Westermann et L. Hombourger, qui avaient tous conclu, de manière certainement hâtive, à l'unité des langues négro-africaines, puisque la suite révélera les différences qui existent entre elles. Dans la suite, le comparatisme a surtout été exploité dans l'étude des langues bantoues[21]. Le mot et les faits, désormais acquis, passent pour un chapitre singulier de l'histoire des peuples du continent, même si la démarche suscite encore des débats voire des polémiques[22]. En

---

20 Houis. M., *Anthropologie linguistique de l'Afrique noire*, Paris, PUF, 1971, p. 34-42.

21 Pour rappel, c'est William Bleek, bibliothécaire allemand du gouverneur du Cap en Afrique australe, qui est à l'origine de l'invention du concept de « bantou », qualifiant les langues qui ont en commun ce terme pour signifier « gens ». Carl Meinhof (1857-1944) alla plus loin en préconisant la reconstitution du « bantou commun », proto-langue qui aurait donné naissance à l'éventail des langues présentant ces similitudes grammaticales et lexicales. Plus tard, Malcom Guthrie (*The Classification of Bantu languages*, Londres, The Oxford University Press, 1948), procédant à la classification de ces langues bantoues, identifia huit familles, plus correctement huit zones différentes. A noter que la projection spatiale de la « bantouphonie », d'après la carte établie par l'équipe des linguistiques de Tervuren (1967), partait du Nigeria occidental et couvrait la partie centrale et méridionale du continent jusqu'en Afrique du Sud (Obenga T. , *Les Bantu, langues, peuples et civilisations*, Paris, Présence Africaine, 1985).

22 Voir notamment le propos de Jean-Pierre Chrétien (« Les Bantous : les indo-européens noirs ? » in F. X. Fauvelle-Aymar et al., éds., *Afrocentrismes*, Paris, Karthala, 2000, p. 271-293) et la réaction de Théophile Obenga (*Le sens de la lutte contre l'africanisme eurocentriste,* Paris, l'Harmattan, 2001). Sur la

réalité, en dehors des milieux scientifiques francophones, la linguistique comparative passe pour une entreprise historique prospère[23]. Elle se base sur le constat qu'il existe une relation génétique entre les langues et que les mots, ont chacun une histoire, qu'ils ont une origine oscillant entre trois possibilités, le fait de constituer un héritage de la langue ancestrale, d'être le produit d'une innovation interne, ou encore de provenir d'un emprunt. A partir des données lexicostatistiques, statuant sur le degré de ressemblance entre langues, il est possible, grâce à la glottochronologie, d'établir une datation relative de ces mutations. On comprend que, pour des périodes reculées, une telle information soit d'un intérêt jamais négligeable, surtout quand elle peut se prêter à des recoupements avec d'autres données, notamment archéologiques.

Il va sans dire que, sur le continent, c'est dans l'histoire de l'Afrique centrale que cette méthodologie a été davantage mise en expérimentation, puisque c'est la région la plus orpheline sur le plan documentaire, les pays où l'on ne peut même pas compter sur la découverte de quelques *tarikhs*, comme en Afrique de l'Ouest, pour avancer dans l'exploitation du passé précolonial. Les langues y sont alors plus que bienvenues comme « sources historiques » et la linguistique, comme science auxiliaire de l'histoire. La tradition orale, comme tout autre discours historisant émanant des *traditionnistes*, n'est prise en compte que si elle est confirmée par le *témoignage involontaire*, parce que d'origine inconsciente, émanant de la linguistique.

Plus proche de nous, rien que l'onomastique africaine[24] aurait dû exercer un attrait plus important et se prêter à des comparaisons avec d'autres univers, notamment ceux des Caraïbes et des Amériques, où se sont développées, à la faveur de la traite, des cultures similaires. En effet, l'anthroponymie, comme la toponymie du continent, renvoie à des codes précis. Rien que le nom d'individu rend souvent possible l'identification du terroir originel, mais aussi celui du rang social dans la hiérarchie

---

question, on prendra connaissance d'un récent exposé de Jean-Pierre Chrétien, *L'invention de l'Afrique des Grands Lacs*, Paris, Karthala, 2010, p. 183-210.

23 Cf., Anttila R., *An Introduction to historical and comparative linguistics*, New York, 1972; Bynon T., *Historical Linguistics*, Cambridge, 1977; Hock H.H., *Principles of historical linguistics*, Berlin, 1986; Lehmann W., *Historical Linguistics: An Introduction*, New York, 1962.

24 Cf. Une étude exemplaire de l'anthroponymie, couvrant les différentes séquences de l'histoire nationale : Tshiala Lay, *La dynamique des noms de personnes chez les Ding de la RDC (1885-1960), Cologne,* Rüdiger Köppe Verlag, 2012.

traditionnelle. On y inscrit habituellement aussi des indications sur les conditions de naissance, chaque culture possédant ses noms de jumeaux, de prématurés, d'enfants nés par le siège ou, d'enfants avec le cordon ombilical autour du cou. Quant aux noms de lieu, ils étaient souvent reproduits en souvenir des terroirs originels ou encore pour convoquer dans les nouveaux habitats, les ancêtres enterrés au loin. Les études comparatives, à ce niveau également, ne sont nullement dénuées d'intérêt.

Décidément, sur le terrain africain, la linguistique a encore des beaux jours devant elle. On serait tenté de dire que, rien que comme matériau incontournable de la recherche africaniste, elle a de l'avenir. Mais il y a plus important. Car, la première rentabilité attenue d'une langue n'est-elle pas d'abord de servir d'outil de communication ?

Les langues, outils de communication

Si, à l'ère coloniale, les langues africaines avaient été toutes mortes et que, sur la base de cette table rase, les langues dites sans frontières s'étaient imposées comme langues maternelles des Africains, la situation aurait été certes traumatisante, mais autrement simplifiée. Le problème est que ce scénario-catastrophe ne s'est pas réalisé. Les langues ne se laissent pas mourir par décret ou par simple injonction des élites. Pour l'heure, non seulement ces langues subsistent et sont d'usage courant, mais certaines d'entre elles ont une telle audience qu'elles mobilisent des milliers de locuteurs. Leur rôle est encore plus important, quand on sait que, dans le pays, le français connaît un usage limité, qui dépasse rarement le domaine de la communication intellectuelle et professionnelle.

Ce rôle devient incontournable, si l'on veut s'adresser à l'Afrique profonde, au fond des campagnes et dans des zones périphériques des métropoles. L'enjeu, dans cet état des choses, c'est d'accompagner cette pratique de communication à l'oral, à l'écrit comme à l'audiovisuel, pour en faire des instruments de modernité, en arrimant par ce canal à la mondialisation ceux qui risquent d'en être marginalisés encore pour longtemps. On aurait donc tort de croire que ces langues ne seraient utiles que dans des communications locales. Le paradoxe est que, alors qu'elles sont marginalisées sur le plan mondial, elles demeurent les réels véhicules de la modernité sur place. C'est par elles que se développe la chanson africaine, que s'exprime la mode, que se négocient les prix dans le commerce. Langues africaines, elles ne sont d'ailleurs pas pour autant l'otage de l'Afrique, puisqu'elles tendent à devenir des langues de France, du Canada ou de Belgique, par les communautés immigrées qui les pratiquent assidûment dans les banlieues de ces pays lointains.

Sur le terrain, elles ne demeurent pas moins des langues en recul, parce que marginalisées dans la transmission de la modernité. Rien que l'évolution postcoloniale l'atteste. Naguère, au cours des années 60, l'expert en développement, provenant d'Europe ou d'Amérique au nord, qui abordait le terrain africain, s'imposait le devoir d'apprendre la langue locale et considérait cette attitude comme un préalable indispensable à son travail. Puis, cette exigence s'est effritée. On a vu, dans la suite, le même type d'expert se contenter de la seule maîtrise de la langue française, quand il se trouvait en Afrique francophone, ne s'embarrassant plus de la nécessité de posséder des rudiments des langues locales. De nos jours, la situation a empiré. L'expert international ne se sent même plus tenu de parler français en Afrique francophone. Devant des publics, qui déjà ne comprennent qu'à moitié la langue de Voltaire, il n'est pas rare d'en trouver qui se contentent de s'exprimer uniquement en anglais. A charge pour leurs auditeurs de tenter de saisir cette prétendue bonne parole qui leur vient de loin, même si elle est totalement inaccessible.

Face à une question aussi existentielle, que faire ? Reconnaissons d'abord que l'Afrique postcoloniale a perdu un temps précieux. La question des langues nationales/partenaires, dès qu'elle est abordée, a pris l'habitude de s'enliser dans des débats interminables sur la sémantique, pour savoir comment qualifier ces langues. Si la question de fond est finalement abordée, elle se transforme trop facilement en plaidoyer, sur la nécessité de réhabiliter les langues africaines, quand elle ne conduit pas à la mise en place de nouvelles structures de recherche ou d'alphabétisation qui sont, comme l'aurait dit Robert Chaudenson, autant d'éléphants « roses »[25], promis à la léthargie, faute de moyens conséquents.

---

25 Les « éléphants roses » sont des « éléphants blancs » immatériels, essentiellement institutionnels et bureaucratiques, dont le plus grand mérite, bien souvent, est simplement d'exister.

Pourtant des chantiers importants n'ont jamais cessé de s'ouvrir[26] en faveur de l'élaboration d'inventaires spécialisés, de la standardisation des orthographes ou de la production des manuels d'alphabétisation. Sur le plan de la terminologie, existe une importante collection de lexiques spécialisés, dans une dizaine de langues africaines, produites dans le cadre du réseau international francophone d'aménagement linguistique (RIFAL) et des structures qui l'ont précédé[27]. Bien diffusés, ces langages de spécialité sont d'ores et déjà disponibles pour enrichir les communications locales dans des domaines spécialisés des affaires, des élections, des sports ou de l'agriculture.

Ici se dresse alors une question de fond. Pourquoi ces efforts n'ont-ils pas produit une réelle avancée dans la pratique des langues africaines ? Auraient-ils globalement été insignifiants au regard de l'ampleur des problèmes ? Dans ce cas, on devrait déplorer que les actions menées n'aient pas toujours été concertées, qu'elles n'aient pas obéi à une planification rigoureuse permettant de s'attaquer d'abord à l'essentiel, avant d'aborder les accessoires. Hors d'un tel contexte, la démarche savante semble avoir poursuivi son cheminement, sans incidence réelle sur la pratique et la gestion au ras-du-sol de la langue.

Le temps est sans doute venu de tenter de prendre le taureau par les cornes et de situer la question des langues africaines dans le contexte politique. Deux défis majeurs handicapent le décollage des langues africaines. Le premier est incontestablement celui de l'aménagement linguistique de l'espace panafricain. L'Union Africaine naissante ne pourra pas pendant longtemps éluder cette question épineuse, ces langues étant vulnérables même au sein des espaces nationaux qui s'en réclament. A l'évidence, toutes les langues africaines ne peuvent pas être érigées en « langues nationales ». Il serait utile que chaque pays dispose d'un nombre

---

26 L'inventaire des réalisations et recommandations produites dans le cadre de l'UNESCO sont disponibles (cf., Alpha I. Sow, éd., *Langues et politiques en Afrique noire - l'expérience de l'Unesco*, Nubia/Unesco, 1977) ; de même que celles de la CONFEMEN (cf. *Promotion et intégration des langues nationales dans les systèmes éducatifs – Bilan et Inventaire*, Paris, 1986).

27 Le RIFAL est né de la fusion du RINT (Réseau International de Néologie et de Terminologie), créé en 1986 à la suite du Premier Sommet de la Francophonie et du RIOFIL (Réseau International des Observatoires francophones des industries de la langue) constitué à partir des observatoires nationaux dont les créations se sont étalées en 1987 à 1993 (Observatoire wallon en 1987, Observatoire français en 1988, Observatoire québécois en 1989, Observatoire canadien en 1996, Observatoire Suisse en 1993).

limité de véhiculaires, à la portée de ses populations, en plus au réseau des langues communautaires.

De ces langues nationales, quelques-unes devraient pouvoir obtenir le statut de « langues panafricaines », en plus du swahili, comme véhiculaires transfrontaliers couvrant des régions entières. A partir de l'Afrique francophone, certaines ont d'ores et déjà été identifiées. Le *Plan d'aménagement linguistique* (1993) déjà cité, en dénombre huit, en plus de l'arabe, à savoir : le *swahili* (Burundi, Rwanda, RDC, Kenya, Ouganda, Tanzanie), le *complexe mandeng* : malinké-bambara-dioula (Burkina-Faso, Côte d'Ivoire, Guinée, Mali, Sénégal, Guinée-Bissau), le *complexe kirundi-kinyarwanda* (Burundi, Rwanda, RDC) ; le *kikongo-monokoutouba* (RDC, Congo, Angola), le *peul-fulfudé-pulaar* (Burkina Faso, Guinée, Bénin, Mali, Mauritanie, Sénégal, Cameroun) ; le *wolof* (Sénégal, Mauritanie, Gambie) ; le *hawsa* (Niger, Nigéria) ; le *yoruba* (Bénin, Togo, Nigéria).

Un tel choix, consacrant la priorité de certaines langues sur d'autres, rendra enfin possible la mobilisation de l'ensemble des moyens disponibles sur les mêmes objectifs. Et ces véhiculaires panafricains pourraient alors prétendre être utilisés, concurremment avec le français/l'anglais/le portugais, comme langues de l'administration, de la justice et du commerce ; leur apprentissage deviendrait rentable. Sans réticences, ils pourraient alors être inscrits dans les systèmes éducatifs des différents pays.

Cet écueil dépassé, se dressera encore un autre défi, celui de l'insertion de ces langues dans l'environnement lettré et numérique. En la matière, on ne part pas du néant, puisqu'il existe des réalisations dans le domaine, qu'il s'agisse des livres ou des sites Internet en langues africaines.

Ce qui est moins certain, c'est leur usage effectif. Certes, les manuels scolaires et d'alphabétisation servent d'appoint dans les programmes d'éducation de base, formels et non formels. Une fois ce niveau dépassé, on trouve rarement, du moins en Afrique francophone, des textes de lois, des romans, des magazines ou des journaux, dans les langues africaines, comme si ces dernières n'étaient utiles qu'à un usage élémentaire. Pourtant l'alphabétisation aurait besoin d'être consolidée et complétée par des pratiques de lecture publique dans ces langues premières. Pourquoi la créativité en langues africaines, qui éclate si aisément dans le domaine de la chanson – au point de produire des Koffi Olomidé et Myriam Makeba – ne s'exerce-t-elle pas dans la littérature ?

La défaillance de l'édition sur le continent ne justifie pas à suffisance cette stérilité, puisqu'elle a cessé d'être balbutiante, surtout en Afrique de l'Ouest où elle déverse sur le marché des produits en langue française d'une quantité non négligeable, alors que ceux en langues africaines, s'ils avaient existé, auraient dû compter sur un public potentiel plus important. En réalité, l'accès à l'environnement lettré et numérique bute sur une difficulté concrète, celle du mode de transcription de ces langues demeuré problématique, au terme des décennies de pratique linguistique. Ce qui est écrit, est souvent inaccessible, y compris au locuteur habituel de la langue.

Un premier mode de transcription a prévalu naguère. Il était simplifié. Même s'il connaissait des différences internes, suivant les héritages coloniaux, comme on l'a noté plus haut, il présentait l'avantage de ne pas connaître l'usage des signes graphiques nouveaux, en plus de ceux de l'alphabet classique. L'évolution s'est effectuée dans le sens d'une complexification plus importante. Car, l'innovation linguistique a eu tendance à faire fi de cet avantage, pour rapprocher davantage l'orthographe des langues africaines de la retranscription phonétique, avec une multiplication des signes diacritiques impropres à la consommation courante. En somme, elle était préoccupée de la lisibilité de ces langues davantage par les spécialistes étrangers, que par les lecteurs locaux.

La difficulté de lire ayant engendré celle d'écrire, a créé une forme d'hermétisme qui a marginalisé ces langues du champ de l'écrit et continue à les spécialiser dans la pratique de l'oralité. Sans l'avoir souhaité, la linguistique aurait étouffé à la base une certaine créativité, par la confusion instaurée entre orthographe et transcription phonétique. Donc, puisque les langues africaines ne peuvent être écrites et lues que par des spécialistes, elles n'ont pu aboutir, jusqu'ici, à une réelle culture de l'écrit. Le défi revient à dépasser cette barrière, puisque le processus de ghettoïsation qui se poursuit, risque de s'accentuer.

A l'hermétisme graphique, s'ajoute la difficulté d'accès à la toile, du fait de la fracture numérique. L'informatisation des langues africaines, impliquant la mise au point des claviers spéciaux pour l'introduction de nouvelles polices de caractère, est un nouveau chemin de croix qui s'ouvre sous les pas de l'Afrique. Jamais les moyens ne seront au rendez-vous pour répondre à une telle exigence. Il faut donc miser sur une solution intermédiaire, qui serait l'adoption d'une orthographe simple avec, un nombre limité de caractères spéciaux.

On l'aura noté, la question linguistique est au cœur de la problématique du développement du continent africain. C'est donc une action conjuguée de l'Afrique comme de ses partenaires au développement, des politiciens comme des experts, de l'élite comme de l'ensemble des locuteurs, qui pourraient faire des langues africaines, un des leviers fondamentaux du développement du continent.

Chapitre V

Histoire d'une institution ancienne : la polyandrie dans le Bas-Kasaï

Cette étude[1] est un essai de questionnement d'un document anthropologique qu'on tentera de restituer à la fois en tant qu'élément de civilisation et de témoignage historique. Rappelons que tout fait culturel présente un intérêt double dans une démarche de reconstitution du passé. Il est *historique* par son essence même puisqu'il ne constitue pas le résultat d'une pure innovation récente mais plutôt le visage contemporain d'un trait culturel lequel, né à une époque donnée, a connu tout un cheminement qui l'a conduit à son état actuel. On procède donc à une telle rétrospection précisément à partir de ce visage contemporain. Un autre type d'exploitation possible, qui succède au premier, est de considérer l'histoire ainsi dévoilée comme une *source* qui permet d'éclairer un autre aspect de l'histoire demeuré jusque là obscur, et de confirmer ou d'infirmer une conclusion qui paraissant jusque là douteuse.

On s'en tiendra, dans cette analyse, à la première préoccupation qui apporte, comme on s'en rendra compte, un éclairage particulier sur l'importance du système de filiation dans l'organisation politique ancienne. Il s'agira donc de réfléchir sur les composantes de ce fait culturel en le replaçant dans une perspective diachronique. Consacrée à une institution ancienne, une telle étude pourrait constituer aussi l'occasion – espérons-le – d'enrichir une méthode qui a déjà été fort bien perçue au niveau théorique, mais qui gagnerait à être confrontée avec la réalité concrète[2].

---

1 *2000 ans d'histoire : le sol, la parole et l'écrit (mélanges offerts à Raymond Mauny)*, Paris, 1981, p.769-789. Texte revu et augmenté.

2 On s'inspirera ici des ébauches de méthodologie disponible sur l'utilisation du « document anthropologique ». Vansina, J., « Comment reconstituer la société bateke de la fin du XIXè siècle »,

Description

Le découpage du Congo en régions culturelles, tel que prôné par Vansina reconnaît l'existence d'une certaine spécificité aux populations qui occupent le Bas-Kasaï, depuis les Kuba du Kasaï Occidental jusqu'aux Teke du Pool Malebo (autrefois Stanley Pool)[3]. Ces populations ont été réparties suivant leurs traditions historiques en quatre groupes, si l'on excepte les populations mongo du Maindombe (Bolia, Sengele) : Teke (Tyo), Boma-Sakata, Yans-Ding (Yans, Lwer, Song, Mput, Mbuun), Kuba-Leele (Wongo)[4]. Retenons les années 1950-60 comme *présent ethnologique* des faits qui seront évoqués ici.

C'est au sein de ces deux derniers groupes que la pratique polyandrique (qualifions le phénomène provisoirement de « pratique ») a été repérée. L'ethnologue hongrois Torday avait relevé son existence chez les Kuba et les « peuplades apparentées » et Vanderyst fit chez les Ding orientaux[5] un constat similaire qui le dérouta beaucoup. Il s'agissait jusque là de simples observations, suivies plus tard d'un effort de compréhension et d'analyse. L'analyse de ce fait culturel inhabituel se retrouve dans certaines contributions, entre autres celles de G. Braush, de M. Douglas (M. Tew) et de J. Vansina consacrées aux sociétés Leele et Kuba[6]. Mais l'apport le plus remarquable est celui des natifs leele qui ont eu l'avantage d'unir l'observation scientifique à l'expérience de leur vécu[7].

Précisons le cadre dans lequel cette pratique s'observe, avant de la décrire et de déterminer ses composantes. L'espace polyandrique correspond

---

Revue française d'histoire d'outre-mer, 57, 1970, p. 253-267. ; « L'utilisation des données ethnographiques comme sources de l'histoire », Perspectives nouvelles sur l'histoire africaine, p. 70-101.

3 Cf. Cette classification (Vansina, J., *Introduction à l'ethnographie du Congo*, Kinshasa, 1966) demeure la plus « fonctionnelle » à la condition de tenir compte des critiques pertinentes qui en ont été faites (de Saint Moulin, L., « », Congo-Afrique)

4 Vansina, J., *Les anciens royaumes de la savane*, Kinshasa, 1965, p. 77-95.

5 Une distinction existe entre Ding orientaux (appelés aussi Ding Mbensie) et Ding occidentaux (Ding Lesie) et ceux du centre (Ding Kamtsha). Les premiers connaissent une organisation politique centralisée, contraire aux autres.

6 Brausch, G.E., « Polyandrie et mariage clanique chez les Bashi Leele (Kasaï) », *Problèmes d'Afrique Centrale*, 4, 12, 1951, p. 86-101 ; Tew, M., « A form of polyandry among the Leele of Kasaï », *Africa*, XXI, I, 1951, p. 10-12 ;Douglas, M., *The Leele of Kasai*, Oxford University Press, 1963, p. 128-140 ; Vansina, J., *Le royaume kuba*, Tervuren , MRAC, 1963.

7 Il s'agit surtout des travaux de fin d'études consacrés à ce problème : Mbaya Ngang, C., *Influence du droit écrit sur les coutumes leele*, Kinshasa, 1970 ; Lwashoro, E., *Etudes sociologiques sur la polyandrie chez les Leele du Kasaï*, Lubumbashi, 1972 ; Ngokwey, « Propos sans titre sur la polyandrie chez les Bashi Leele du Kasaï », *Voix Muntu*, 4, mai 1977, p. 50-60.

avant tout au domaine leele. C'est là qu'elle apparaît avec le plus de consistance. Toutefois elle s'observe aussi chez les voisins les plus immédiats : Wongo, Ding Orientaux, Kuba (groupe Kel et Kayung). Chez les Mbuun, le phénomène est apparemment inexistant, mais la présence dans le langage d'une terminologie particulière pour désigner l'épouse polyandre, par opposition à l'épouse monoandre ou polygine est la preuve qu'elle a préexisté[8].

La zone de la polyandrie serait donc essentiellement celle du groupe leele-kuba, avec extension dans le groupe yans-ding. Toutes ces populations sont structurées en clans matrilinéaires exogamiques, pratiquant, à l'exception des Kuba, des mariages dits préférentiels. La plus courante de ces unions est celle qui lie une petite-fille à son grand'père classificatoire, généralement le petit-neveu utérin du père de la mère de l'intéressée. De manière générale, toute alliance pouvait être monogynique ou polygynique à l'exception des Kuba. Chez ces derniers, la polygynie était interdite au commun des mortels ; elle constituait le privilège du roi et de ses dignitaires.

C'est dans ce contexte matrilinéaire, où l'uniformité matrimoniale était à peine interrompue à cause de la structure politique centralisée des Kuba qu'apparaît le phénomène polyandrique dont il est question. Cette réalité se présentait sous deux aspects stigmatisés par la terminologie bipartite d'« épouse du village » et d' «épouse de l'ethnie ».

L'institution *d'épouse du village* (traduction littérale de l'expression leele *nghal babola*) se réfère à la situation effectif de mariage polyandrique où la femme est liée à un groupe déterminé d'hommes de même génération (ding) ou d'une même classe d'âge (leele). On serait en présence d'une promiscuité coupable si une même femme était la compagne des « pères » et des « fils » de même famille. Ce type de catégorisation sociale, pour les mêmes raisons évidentes, se retrouve aussi chez les Ding Orientaux, voisins occidentaux des Leele. Les jeunes-gens, de 22 à 35 ans environ, formant la classe dite *Nzum*, constituaient le premier groupe d'hommes autorisé à avoir en commun une femme. Ils se distinguent ainsi des hommes, de 36 à 50 ans (*Tamnyor*) et de, 51 ans et plus (*Wang*)[9].

---

8 J. Martens, dans son dictionnaire de l'idzing déjà cité (Tervuren, p. 174) signale que le terme *mumbaam* signifie polyandre ; En langue mbuun, le terme *ombaam* a la même acception.

9 Malung'Mper Akpanabi, P., *L'éducation aux valeurs : le cas Ding Orientaux en RDC (de 1885 à nos jours)*, Lyon, Thèse de doctorat, Université Lumière Lyon 2, 2007, p. 44.

Dans le groupe des maris, on relevait toujours deux fonctions distinctes : celle du chef du groupe et celle de mari effectif de la polyandre. Le premier avait la charge de repartir les charges qui devaient être assumées par l'équipe des maris ; il déterminait aussi le calendrier de fréquentation de la polyandre : l'homme désigné déménageait pour s'installer chez cette dernière pendant les jours qui lui étaient indiqués. La seconde fonction était celle qui incombait au « mari » désigné pour s'occuper d'elle de manière plus particulière, notamment quand elle tombait malade ou qu'elle était enceinte. Il finissait par la prendre en union monoandrique lorsque celle-ci, avancée en âge, n'était plus en condition de continuer à vivre sa vie de polyandre[10].

Les modalités d'acquisition de la polyandre étaient variées. Cela pouvait se réaliser par séduction, par rapt, par filiation, par gage, par adoption ou par initiation. Les quatre premières n'étaient pas originales, puisqu'elles intervenaient dans toute forme de mariage. Seules les deux dernières, liées à l'adoption et à l'initiation, étaient spécifiques. Dans le premier cas, une polyandre répudiée par ses hommes pouvait être adoptée par un autre groupe le plus fréquemment d'un autre village. Le second cas était uniquement spécifique aux Leele du Nord. A l'issue des cérémonies d'initiation, la classe des initiateurs offrait au groupe des initiés une femme[11]. On n'y reviendra. Cette phase d'acquisition était l'occasion d'oppositions violentes qui ne s'éteignaient souvent qu'avec le temps.

Il existait généralement plus d'une polyandre associée à un même groupe d'hommes. Ce genre de cas permettait d'éviter des cas d'inceste entre les membres de ce groupe qui auraient les mêmes références claniques que l'unique polyandre qui existerait. Autre détail : le statut des enfants issus de ces unions communautaires obéissait au code social régissant les sociétés matrilinéaires. En principe, toute la classe d'âge concernée jouait le rôle de géniteur. Mais, en pratique, cela incombait surtout au « mari affectif » de la polyandre. Par ailleurs, l'enfant issu d'une polyandre ne pouvait épouser quelqu'un se réclamant d'un lien de parenté avec l'un des époux de sa mère.

---

10 Chez les Ding orientaux, les deux personnages avaient pour titre : *Mbung a Lung* (responsable du groupe des maris) et *Nkwil* (le confident de la polyandre, son futur mari en titre).

11 Brausch, G., *op. cit.* p.35-39; Lwashoro, op. cit.p.37.

En revanche, la petite-fille d'une polyandre était une polyandre présumée en raison du principe d'union des générations alternes. A moins qu'elle soit mariée en union polygamique ou polygynique avec l'un de ses grands-pères classificatoires.

La polyandrie fut combattue par l'autorité coloniale. L'ordonnance qui en porte l'interdiction en 1947 stipule que cette union était « incompatible avec l'ordre public », qu'elle était « désastreuse » et « compromettait irrémédiablement la natalité »[12]. Il ne s'agissait que d'un prétexte. Le phénomène n'avait aucun effet désastreux sur la démographie, comme l'ont révélé des enquêtes menées à ce sujet[13]. Plus réel était le fait de la propagation des maladies vénériennes qui s'introduisirent dans les milieux ruraux à la faveur des navettes des jeunes-gens entre les « centres extra-coutumiers » et les villages. A l'encontre de la loi, certaines stratégies de camouflage furent de règle. La polyandre, pour des besoins de contrôle, était toujours inscrite dans le livret d'identité d'un membre du groupe comme épouse monoadrique, mais dans la réalité elle conservait son statut. Ce qui a finalement ruiné cette institution, c'est l'exigence de la modernité qui s'est instaurée, créant l'exode vers la ville et prônant le nécessaire passage par l'école et l'accès au baptême.

Pourtant toute polyandre était entourée d'un certain prestige comparable à celle reconnue à une femme noble. Lorsqu'elle était élue et que toutes les difficultés liées à son statut étaient aplanies, elle était amenée à sa demeure en cortège ; l'événement constituait une fête non seulement pour ses fiancés mais pour toute la communauté villageoise. Une fois installée, elle se faisait servir par ses hommes. On dirait qu'on appliquait à la polyandre, quelle qu'elle soit, le cérémonial royal ; de même, on lui concédait quelques prérogatives politiques. Elle était souvent envoyée pour régler des conflits et servait donc d'ambassadrice en cas de différends entre villages, comme l'explique Mary Douglas : « If two villages had been fighting, one might send its villages wives on a diplomatic mission to the other. Their persons were held to be immune from danger on occasions when a man's life would have been taken if he had ventured into the enemy village. On arrival there, they should be welcomed, regaled with wine, fed and then they should sleep each with the man of her choice. Next morning,

---

12 Ordonnance-Loi n°37/AIMO du 31 janvier 1947 portant interdiction de la polyandrie.

13 Lwashoro, op. cit., p. 53-54

they would discuss the outstanding quarrels and be escorted having created the goodwill necessary for peace negociations to begin in earnest".[14] Le charme de la polyandre devenait un atout nécessaire pour apaiser les tensions. S'il ne résolvait pas en soi le conflit, du moins en facilitait-il le règlement en prédisposant l'adversaire.

Si l'épouse du village joue quelquefois ce rôle politique, ce qui est convenu de qualifier *d'épouse de l'ethnie* était par définition même un personnage politique. Ici, il ne s'agit plus d'une union mais d'une sorte de privilège polyandrique reconnu aux princesses, sœurs ou cousines du chef ou du roi. Les princesses kuba avaient la liberté de choisir elles-mêmes leurs époux en régime monogamique et ceux-ci leur devaient obéissance stricte. Aucune restriction sexuelle ne leur incombait. Elles faisaient même le tour du royaume, s'unissant à n'importe quel homme de leur choix et ne revenaient auprès de leurs maris qu'une fois enceintes. Elles étaient alors prises en charge par ces derniers jusqu'à ce qu'elles mettent au monde[15]. Les Leele reconnaissaient les mêmes droits à la sœur du chef. Bien que mariée, elle bénéficiait de la liberté sexuelle avec les hommes du village ou de la chefferie sur lesquels s'étendait le pouvoir de son frère. Le même privilège était reconnu à la sœur de *Munken a Mbel*, chef suprême des Ding orientaux[16]. Celle-ci choisissait elle-même son mari. L'élu devait obligatoirement l'épouser, fût-il obligé de répudier sa première femme s'il était déjà marié. Elle partageait la direction de la chose publique avec son frère et s'employait notamment à concilier les partis opposés à son frère, grâce à sa séduction. De même quand arrivait un hôte de marque, elle était chargée de l'accueil et de l'hospitalité.

On note ici une particularité chez les Ding Orientaux. Puisque la gémellité est liée à la royauté, le père et la mère des jumeaux sont soumis à postériori au traitement de leur rang, y compris au privilège polyandrique, du moins au niveau des symboles. Voilà pourquoi, après la naissance des jumeaux, ils sont soumis, tous les deux, à l'obligation d'une aventure extra-conjugale, pour confirmer leur nouveau statut et assurer à d'autres les

---

14 Douglas, M., *op. cit.* p. 129-130.

15 Vansina, J., *Le royaume kuba*...p.119-121.

16 Ndaywel è Nziem, I., *Organisation sociale et histoire : les Ngwiii et Ding du Bas-Kasaï*, Paris, Thèse de doctorat, Paris I –la Sorbonne, 1972, p. 142-144.

germes de la fécondité gémellaire[17].

L'observation de ces privilèges polyandriques permet de dégager quelques constats. D'abord il ne s'agit plus d'une union mais d'une liberté et d'un droit reconnu à une catégorie de femmes en vertu de leur statut dans la hiérarchie politique. Ce privilège s'explique parce que le mari présumé, quel qu'il soit, est un être inférieur par rapport à la femme. D'où l'exemption de sa tutelle. Ainsi se justifie la liberté d'une telle princesse à l'égard de tous les hommes, puisqu'ils sont des sujets de son frère. La princesse est donc en situation d'épouse de tous qui sont à sa disposition ; elle est donc la femme de la société politique sur lequel règne son frère.

Origine

Comment expliquer ces faits ? On ne pourrait nier le lien évident qui existe entre ces deux pratiques qui mettent ensemble une femme et plusieurs hommes, que ce lien soit institutionnalisé (mariage polyandrique) ou non (privilège polyandrique). Mais comment justifier ces faits ? Quelle en serait l'origine ? Faut-il croire que, pour prévenir et résoudre le penchant à l'infidélité des hommes, la société aurait institutionnalisé un lien avec une autre partenaire, cette fois-ci, occasionnelle, choisie pour ses qualités esthétiques ? Cette explication aurait paru satisfaisante si la polyandrie n'avait pu agir qu'à défaut de la polygynie. Ne pouvant s'offrir une seconde épouse pour soi, on en acquiert une à plusieurs. Mais les faits contredisent cette hypothèse. Là où la polyandrie aurait pu faire fonction de polygynie du roturier, celle-ci n'existe presque pas (Kuba). Ailleurs, les deux mariages polygamiques coexistent, sans que l'un puisse suppléer à l'absence de l'autre.

Faut-il se fier à l'interprétation d'ordre économique ? N'ayant pas de quoi constituer une dot, les jeunes gens rassemblent leurs économies pour « acheter » en commun une femme[18] ? Cette interprétation simpliste relève de la méprise. Une dot n'était pas le fait de l'individu mais d'une communauté. Elle était constituée essentiellement d'objets de prestige et non

---

17 Pour plus de précisions, se référer à Jean-Pierre Mayele Ilo, *Statut mythique et scientifique de la gémellité. Essai sur la dualité*, Bruxelles, éd. Ousia, 2008, pp. 383-388.

18 Mertens, J., *Les Badzing de la Kamtsha*, Bruxelles, 1935, p. 207 ; Lwashoro, op.cit., p. 50-51.

de la monnaie courante. Elle était réglée par des Aînés et non par des Cadets, fussent-ils en groupes.

On pourrait aussi évoquer, comme raison, la situation de pénurie de femmes. A priori cela paraît plus vraisemblable. Si chez les Ding orientaux, polygynie et polyandrie coexistent, cette situation n'est sans doute possible que parce que la petite polygynie et que la polyandrie est moins courante. Chez les Kuba, la capitalisation d'un grand nombre de femmes par l'aristocratie aurait pu créer une pénurie aigüe, chaque chefferie était tenue de fournir une femme au roi, mais la polygynie était interdite à la grande majorité des hommes. Chez les Leele en revanche, aucune précaution particulière ne semble avoir été prise : la grande polygynie n'était pas seulement le fait des nobles, puisque chaque Aîné du clan pouvait capitaliser un assez grand nombre de femmes. Il est donc symptomatique que la polyandrie paraisse la plus répandue et la mieux intégrée. Du reste, elle ne constitue pas uniquement un complément à la monogamie puisqu'il arrive qu'elle intervienne comme la seule forme d'union[19]. Le mariage polyandrique apparaît donc avant tout comme un phénomène Leele. Les voisins auraient subi de l'influence de leur part.

Il reste à déterminer à partir de quel élément se serait effectuée cette invention matrimoniale ? La culture Leele propose une interprétation possible. La polyandrie serait née comme conséquence de l'initiation : les jeunes initiés recevaient des adultes une jeune fille en commun. On peut supposer que, sur la lancée d'une telle coutume, les jeunes gens s'octroyaient d'autres épouses communes par rapt, par séduction ou même par gage. Mais il existe ici une objection de taille : l'émergence des classes d'âge chez les Leele constitue un corollaire de la polyandrie et non l'inverse. Si c'était le contraire, la polyandrie aurait façonné des classes d'âge homogènes sur le plan clanique, puisqu'elle aurait dû exclure de ce cercle, sur le plan structurel, des hommes qui auraient les mêmes références claniques que la

---

19 Vansina, J., *Les tribus bakuba*...p.41-45 ; les anciens royaumes...p. 93-94 Il aurait été intéressant de disposer de données statistiques pour évaluer le degré de pénurie de femmes chez les Leele. Lwashoro (pp.45-50) conteste une telle affirmation en évoquant le fait qu'il régnait souvent une situation de guerre entre Leele, ce qui devait éliminer un nombre considérable d'hommes. On pourrait objecter que ces violences constituaient précisément la preuve d'un tel déséquilibre puisqu'elles tournaient autour des questions de femmes.

polyandre ciblée. L'émergence du mariage polyandrique apparaît donc comme postérieure à la division par classes d'âge, mais il peut avoir accentué cette structuration entre générations. C'est l'initiation qui crée inévitablement des « classes ». La réalité Ding confirme cette explication. Cette population en effet n'est pas organisée en classe d'âge puisqu'elle ignore la pratique de l'initiation, sans que cela l'empêche de pratiquer la polyandrie.

A propos du rôle de l'initiation dans l'apparition de la polyandrie, on pourrait objecter que ce mode d'acquisition n'est plus guère pratiqué de nos jours. Il est connu uniquement dans le Nord du pays Leele et son existence ne serait pas du tout attestée au sud[20]. Cela signifie simplement que ce mode d'acquisition d'épouse polyandre était largement en voie de disparition au moment où il a été observé. On peut d'ailleurs affirmer qu'à l'époque où l'autorité coloniale décidait de la suppression de la polyandrie, cette forme d'union était déjà en crise, depuis même la veille de la colonisation. C'est du moins ce que suggère l'enquête menée par Brausch dans la région de Mapangu (autrefois Brabanta) : sur un ensemble de 127 cas de mariage polyandriques, 44 révélaient de l'acquisition par filiation, 41 par gage, 36 par rapt, 5 part initiation et 1 seul par adoption[21].

On constate ainsi qu'en 1951 la plupart des alliances polyandriques n'étaient que des renouvellements d'anciennes unions du même type (34%) ou encore des unions « forcées » en guise de gage (32%). En dehors de cette situation où l'ordre social mettait les parties en présence devant le fait accompli, il y avait apparemment un effort moindre de recrutement de nouvelles candidates. On peut donc estimer qu'en 1951 la polyandrie chez les Leele était déjà largement en déclin et que cette situation prévalait déjà bien avant 1947, car elle n'a pu, malgré la crainte des sanctions coloniales, se détériorer de la sorte en quatre ans.

Il nous semble donc admissible que le phénomène de l'initiation, lié au déséquilibre sexuel ait été à la base, comme on l'a déjà dit, de l'élaboration et de la généralisation du mariage polyandrique. S'il faut maintenant chercher l'élément qui a servi de point de référence à une telle innovation matrimoniale, on doit se tourner du côté du privilège polyandrique. Ce dernier trait paraît plus intégré auprès de ces populations

---

20 Ngokwey, *op. cit*, p. 53 ; Vansina, J., *Les tribus Ba-Kuba...*, pp. 43-44; Brausch, G., *op. cit.*, p. 93.

21 Brausch G., *op. cit.*, p. 93.

que le mariage polyandrique proprement dit. Il se trouve en effet partout, chez les Kuba comme chez le Ding orientaux en passant par les Leele, alors que le mariage polyandrique n'existait essentiellement que chez les Leele et qu'il était pratiquement absent chez les Kuba. De plus, l'émergence de ce privilège ne semble pas procéder d'une circonstance particulière qu'on pourrait tenter de cerner comme dans le premier cas : on est ici en présence d'une conception politique dont la pratique polyandrique ne constituerait qu'un reflet particulier. Suivant ce système politique, la sœur du roi ou chef serait « femme-roi » (personnalité qu'il ne faut pas confondre avec la reine). Elle est censée jouer dans le gouvernement du royaume un rôle de loin plus important que celui de la reine et qui rejoint celui de la reine-mère. La logique de cette conception est liée au principe de la filiation matrilinéaire. La sœur du roi est en effet une reine-mère en puissance[22]. Ce statut lui confère en lui-même par rapport aux hommes. En tant que sœur du roi, elle ne connaît qu'une seule personnalité qui soit au dessus d'elle, c'est le roi lui-même, personnage qu'elle ne se soumet que très partiellement à sa tutelle.

Il faut également relever qu'en tant que mère du futur héritier, le premier devoir qui lui incombe est celui de la maternité. La société ne pouvant manquer d'un héritier au trône, l'« oblige » à lui en donner. Pour ce faire, elle accumule autour d'elle de multiples possibilités de fécondation. D'abord on lui connaît le droit de choisir son conjoint parfois même parmi les hommes déjà mariés c'est-à-dire parmi ceux qui ont déjà fait preuve de leurs possibilités génétiques. Le privilège polyandrique lui offre ensuite une occasion de plus pour être fécondée au cas où son mari serait stérile.

Mais ce privilège polyandrique devait correspondre à une nécessité politique plus grande encore, celle d'assurer au futur roi l'avantage d'être affranchi de toute tutelle paternelle, prérogative qui lui est indispensable. Puisque non seulement la conception mais également le développement du fœtus étaient compris comme étant le résultat de multiples efforts sexuels masculins, le futur héritier né d'une femme polyandre devait donc être perçu comme étant le fils de tous. Dès lors tout en ayant un père affectif, le mari de sa mère, le futur roi était fondamentalement sans père, parce que fils de tous. Voilà une disposition qui avait pour conséquence d'affranchir le roi de la

---

22 A propos de Kuba, Vansina écrit : « La reine mère est encore plus sacrée que son fils, et elle doit être informée des affaires politiques ; on la consulte, mais cependant on la tient en dehors de la conduite active du royaume » (*Les tribus Ba-Kuba*..., p. 27). La soeur du roi est une future reine-mère, de même qu'une reine-mère n'est qu'une ancienne soeur du roi.

tutelle d'un clan paternel. Le roi n'était le fils de personne, puisqu'il était le fils de tous. Il pouvait servir contre quiconque, même contre son prétendu géniteur, sans que cela soit jugé comme un manque de pitié filiale.

Par ailleurs, on le sait, le futur roi effectuait, avant d'accéder au trône, un autre acte pour se démarquer également de la tutelle de son oncle utérin et de tout son clan maternel. Il commettait en effet un inceste (symbolique) avec la fille de l'oncle utérin. Cet acte entraînait en principe une malédiction de toute la parenté maternelle ; il introduisait symboliquement une coupure entre le roi et le clan de sa mère comme de son père. Le roi pouvait donc exercer son pouvoir en toute liberté, sans subir les pressions de la part de ses aînés[23].

Chez les Ding le rôle de la « femme-roi » impliquait également une participation à la gestion du royaume. Cela est normal puisqu'il s'agissait d'un personnage réellement politique, qui dans la hiérarchie royale se situait immédiatement après le roi. Ailleurs, le « roi féminin » jouait un rôle non moins important, mais de manière peu spectaculaire, lorsqu'elle passait dans la génération des reines-mères. D'une manière générale, les reines-mères ont joué un rôle plus prépondérant que ce qu'on en a dit jusqu'ici, notamment en matière de succession. Ce sont elles qui facilitaient la passation de pouvoir entre leurs frères au pouvoir et leurs fils qui en étaient les héritiers. Il n'était pas rare qu'elles aient contribué à écouter le règne de l'un pour hâter l'avènement de l'autre[24].

L'antériorité du privilège polyandrique par rapport au mariage polyandrique paraît de la sorte affirmée. Le premier trait culturel connaît non seulement une distinction plus équilibrée dans les trois populations concernées, mais elle se rattache aussi à la base plus stable et plus profonde d'un « système » politique. Etant donné le lien évident qui existe entre ces deux phénomènes, on peut donc affirmer que le mariage polyandrique est une excroissance du privilège polyandrique. L'origine de cette formule matrimoniale transparaît encore dans le cérémonial de type royal qui

---

23 A propos des Kuba, se référer ici à Vansina (*Le royaume Kuba*, p. 110-111) ; en ce qui concerne le Leele, le soir Douglas (op. cit., p. 199) qui explique l'inceste royal en référence avec l'ancêtre mythique Woot qui commit ce même délit. Nous pensons que cet acte reflétait également l'expression d'une certaine conception de la politique.

24 Il semble que plusieurs futures reines-mères chez les Kuba ont contribué à l'élimination du roi afin de hâter l'avènement de leurs fils (communication personnelle de Belepe Bope Mabinc).

entourait l'épouse polyandre[25]. Cette « création » matrimoniale ne s'est pas effectuée partout. Réalisée chez les Leele, elle n'a eu qu'une extension modeste qui dépasse à peine leur voisinage immédiat, probablement parce qu'ailleurs elle correspondait moins à une nécessité sociale.

Revenons sur la distribution spatiale de ces deux phénomènes : en différenciant résolument les deux aspects de la polyandrie, on constate qui si l'union polyandrique s'est limitée essentiellement aux Leele-Kuba, le privilège polyandrique connaît quant à lui une grande extension, bien au-delà du champ dans lequel il a été observé jusqu'ici. Nous considérons d'abord le groupe Yans-Mbuun, pour autant que le permettre la littérature ethnographique, bien qu'il faille se méfier de la qualité inégale de ces études. Dans le groupe Yans-Mbuun, quelques populations à savoir surtout les Yans, les Ding (orientaux) et le Ngwiii présentent une organisation politique assez forte.

Suivant l'excellente analyse que nous devons à la plume de G. de Plaen[26] et qui peut être enrichie des contributions de Malembe et J. Thiel[27], (routiers), c'est donc parmi le Kingom que se recrutaient les différents chefs (Bamwel)[28]. Quant à la sœur du chef (Ntwekar), elle jouissait d'un statut particulier. L'aînée des sœurs possédait un pouvoir particulier, dans la mesure où le chef était censé recourir à son avis. Lorsque le chef n'avait pas de successeur mâle, la plus âgée de ses sœurs pouvait même régner en attendant qu'un chef puisse prendre sa place. Il ne s'agit pas dans ce cas-là d'une simple régence, mais d'un règne réel car la Ntwekar prenait alors le titre de fumkar (chef-femme). Mais la sœur du chef avait surtout pour rôle de mettre au monde le successeur, rôle qui n'était pas aisé car il arrivait fréquemment qu'un chef tente d'éliminer physiquement ses prédécesseurs ou ses successeurs éventuels dans le but d'écarter tout rival, réel ou présumé. Il s'agit donc non seulement d'enfanter, mais aussi de conduire le successeur au pouvoir. A cause de ses prérogatives, le privilège polyandrique lui était

---

25 La contamination qui existe entre les deux formes de polyandrie transparaît aussi dans un usage particulier qui prévaut chez les Leele. Le chef peut offrir sa fille en tant que polyandre à un village. On assiste ainsi à un passage d'un cas privilège, à un véritable mariage polyandrique (cf. Vansina J. *Les tribus Ba-Kuba…*, p.46)

26 De Plaen G., *Les structures d'autorité des Bayansi*, Louvain, thèse de doctorat, 1969-70, publiée à Paris, Editions universitaires, 1974.

27 Malembe P., *Evolution du système politique Yanzi (1889-1960)*, Paris, thèse de doctorat, 1970 ; Thiel J., *L'organisation politique des Bambiim*, Paris, Mémoire EHESS, 1970.

28 De Plaen G., op. cit., p. 141-203.

reconnu d'office. C'est la sœur du chef qui choisissait son mari (Mubyal). Elle pouvait le prendre librement parmi les Bansaan (gens simples), mais celui-ci était soumis à des règles de vie très strictes : il devait aller résider au village de sa femme et ne pouvait en aucun cas prendre une deuxième épouse[29]. Ceci est tellement vrai que certains missionnaires ont tenté de déceler dans cette monogamie imposée un atout pour lutter contre la polygynie[30]. En réalité cette situation était plus complexe qu'elle n'apparaissait à première vue. Si la Ntwekar n'avait pas un statut reconnu de polyandre, on sait que le délit d'adultère n'avait pas de sens pour elle. Nous retrouvons chez les Yans cette conception du pouvoir qui accorde une place privilégiée à la sœur du roi, tant au niveau matrimonial que politique.

La situation qui prévaut chez les Ding a déjà été évoquée. Les Ding orientaux qui connaissent encore actuellement une organisation forte sous la tutelle d'une seule hiérarchie (Munken), reconnaissaient à la sueur du chef (Mokankur) les mêmes prérogatives. Toutefois dans les deux autres groupes Ding, cette réalité paraît peu évidente. Les Ding Kamtsha, qui ont subi une colonisation culturelle de la part des Mbuun, semblent ne pas connaître cette institution. On serait tenté d'en dire autant des Ding Lesie sur lesquels aucune étude sérieuse n'a encore été donnée. Cependant, comme ce groupe est très proche des Yans, il est vraisemblable qu'on y trouve le même phénomène. En ce qui concerne les Mbuun, aucune observation particulière ne semble avoir été faite dans ce sens. Il faut reconnaître ici que malgré les notes de Weekx, l'étude de Decker sur les clans et même le travail récent de Awak, nous ne disposons pas encore d'une étude fouillé sur le système politique Mbuun reconnaissaient jadis l'existence d'une seule autorité suprême, bien qu'aucune preuve n'en ait été apportée[31].

Le cas le plus divergent demeure celui des Ngwiii dont les traditions se réfèrent davantage à la culture Mongo qu'à la culture du Bas-Kasaï proprement dite[32]. Si leur système politique est semblable à celui des Ding orientaux, rien d'explicite.

On peut également remarquer que là où le privilège polyandrique

---

29 De Plaen G., op. cit., p. 153-156.

30 Descampe E. , « Notes sur les Bayanzi », *Congo*, XVI, 1935, p. 678/

31 Cf. Weekx J.-M., *Les clans ambuun (Bambunda) d'après leur littérature orale*, Bruxelles, 1950 ; Awak'Ayom, op. cit.

32 Ndaywel, « Note sur les structures d'autorité chez les Ngwii (Bas-Kasî) et leur origine », *Cultures*, n°2, 1973, p. 85-104.

existe, il n'affecte que la sœur du roi ou du chef suprême, par opposition aux chefs subalternes qui ne connaissent pas cet usage. En effet, si les sœurs du Munken et des chefs Kingom choisissaient librement leurs époux, celles des chefs de village ou d'une simple chefferie indépendantes Mbuun et Ding centraux et occidentaux où n'existait aucune disposition particulière dans le cas du mariage de la sœur du chef. On peut donc affirmer, jusqu'à preuve du contraire, que cet usage ne s'affirmait que dans le cas où l'organisation politique atteignait plus de deux niveaux : dans ce cas-là, le privilège n'affectait le plus souvent que la hiérarchie la plus élevée. En d'autre termes, si ce phénomène est absent chez les Mbuun et Ding centraux et occidentaux, c'est parce que ceux-ci ne connaissaient pas une structure politique d'une aussi grande envergure. Un problème est posé par les Ngwii dont l'organisation répond à la norme de la structure centralisée sans reconnaître pour autant ce privilège aux sœurs du Vwi. On pourrait alléguer ici le fait de l'influence ou de l'origine Mongo qui n'aurait pas permis l'adoption d'un tel phénomène. Excepté ce cas, la situation du groupe Yans-Mbuun paraît claire : le privilège polyandrique y existe et apparaît dans les mêmes conditions que chez le Leele-Kuba.

Au stade actuel de notre raisonnement, il était intéressant d'observer si on décèle dans les mêmes conditions les traces du privilège polyandrique chez les populations Boma-Sakata localisées de part et d'autres du Kasaï, faisant tampon entre le Teke et les Yans. Situés à une plus grande distance des Leele-Kuba, les Boma-Sakata peuvent apporter un témoignage déterminant dans l'observation de ce phénomène.

Les Sakata[33] étaient organisés en « chefferies royale » comme les ngwii, c'est-à-dire en chefferie qui connaissaient un déploiement politique semblable à un royaume, bien que celui-ci n'intervînt que sur un territoire plus réduit. Les Sakata connaissaient, au-delà du village, une forme de regroupement à base « terrienne ». Les lignages propriétaires de terre « Mbe » en imposaient en effet leur loi aux villages installés sur leurs terres, constituant des entités foncières (Imve). Cependant, les chefs mbe étaient soumis à un autre pouvoir spécifiquement politique, celui du Moju qui contrôlait un groupe de chefferies de ce type. Le privilège polyandrique, inconnu au niveau des Mbe, existait pour les sœurs Baju, selon les normes suivant lesquelles il a été repéré ailleurs. La sœur du Moju (Monkaju)

---

33 Cf. Focquet R. et Van Der Kerken G., « Les populations indigènes des territoires de Kutu et de Nsontin », *Congo*, II, 1924, p. 127-147 ; Bylin E., *Basakata*, Bruxelles, 1966.

choisissait toujours elle-même son époux parmi les nobles (Nsham). Cet époux prenait alors le titre de Nshole. Mais, à la différence des Yans, le mari de la sœur du Moju pouvait être polygyne et la femme-chef n'occupait nécessairement la position de première épouse. Toutefois, le mari choisi n'avait sur elle aucun droit sexuel exclusif. La Monkaju restait libre et tous les hommes du pays étaient ses époux[34].

Les mêmes constatations ont également été faites chez les Boma. L'organisation socio-politique de cette population est très complexe. On peut, de manière schématique, la présenter comme suit : il existait au-delà du village, une organisation « cheffale » de type archaïque, à laquelle se superposait une structure royale représentée par les Ngeli[35]. Les dynasties Ngeli représentaient donc la hiérarchie la plus élevée. C'est chez ces dernières que le phénomène polyandrique a pu être constaté. « Contrairement aux normes en usage dans les autres castes, écrit Tonnoir, c'est la noble demoiselle ou dame Ngeli, qui choisissait son époux et élu, s'il n'était pas lui-même Ngeli, ne pouvait se soustraire à un tel honneur sans risquer d'encourir la vindicte des clans dominateurs, car repousser la main d'une Ngeli était, à leur jugement, un affront inadmissible et intolérable »[36]. Les époux étaient généralement recrutés parmi les noblesses inférieures (Nkumu ou Ntole), mais le fait d'être l'élu d'une Ngeli gardait une noblesse particulière : on devenait alors Ntshooli[37]. Bien que Tonnoir ne nous apprenne rien de plus précis sur le comportement d'une Ngeli mariée, on peut supposer que, puisque un Ntshooli pouvait être polygyne, le seul élément désagréable à redouter était le fait d'être l'époux d'une femme qui pouvait s'accorder des libertés sexuelles et qui lui était hiérarchiquement supérieure.

Donc l'existence du privilège polyandrique caractérise un espace culturel beaucoup plus large que le groupe Leele-Kuba. Sans prétendre avoir déterminé les limites de cet espace polyandrique, puisque la littérature ethnographique ne nous permet pas de nous aventurer plus loin, il est d'ores et déjà évident que c'est dans le groupe culturel qualifié de « Bas-Kasaï » par Vansina que s'observe ce phénomène, apparemment inconnu tant chez

---

34 De Sousberghe L., « Classes et Génération nobles chez les Sâ », *Bulletin des séances de l'Académie royale des sciences d'outre-mer*, 1966, p. 675-690.

35 Tonnoir R., *Giribuma*, Tervuren, 1970, p. 261-287.

36 Ibidem, p. 272.

37 Ibidem, p. 268-279.

« les peuples de la Cuvette » que chez les peuples dits du « Kwango-Kasaï »[38]. On aura toute fois noté l'existence d'un vide au beau milieu de l'espace repéré comme étant polyandrique. Le cas Mbuun avait été expliqué par l'absence d'une structure de type royal. Bien qu'ils aient des affinités avec les peuples du Bas-Kasaï, les Mbuun appartiennent surtout, avec le Pende, à une culture de type méridional dont ils se réclament du reste dans leurs traditions historiques[39] : de ce fait, ils se rattachent davantage au groupe culturel « Kwango-Kasaï » au sein duquel le privilège polyandrique est inconnu. Les Ding centraux et sans doute aussi occidentaux ont vraisemblablement subi l'influence Mbuun sur cet aspect, comme il en est de plusieurs éléments. Les exceptions relevées peuvent donc être mises globalement sur le compte des influences des groupes culturels voisins émanant du Nord (Ngwiii) et du Sud (Mbuun). Ces influences caractérisaient surtout des structures politiques « non étatique ».

Essai de chronologie et d'histoire de la polyandrie

Nous allons tenter maintenant de situer dans le temps les différentes étapes conduisant à la situation qui vient d'être décrite. Comme la tradition orale, l'héritage institutionnel ne draine pas avec lui les éléments d'une chronologie certaine. Aussi la méfiance doit-elle être de règle dans ce domaine, en espérant que l'archéologie puisse fournir des données rigoureuses confirmant les hypothèses chronologiques existantes. Toutefois, on ne peut minimiser l'apport des approximations chronologiques. Elles permettent de fixer les idées et de conduire de proche en proche à des certitudes.

Commençons par rappeler la chronologie relative qui s'est dégagée spontanément de cette analyse. Si l'on admet que l'union polyandrique a démarré avec l'usage qui faisait accorder aux jeunes initiés une femme commune, on reconnaissait de ce fait que l'initiation chez les Leele-Kuba est antérieure au mariage polyandrique. Celui-ci s'est inséré dans une organisation déjà existante.

---

38 Leur histoire et leur organisation socio-politique peuvent être consultées, de manière résumée, dans Vansina J., *Introduction…*, p. 79-90, 145-157.

39 Les travaux plus récents insistent davantage sur cette interprétation (cf. Awak, op. cit., p. 46-82)

Le privilège polyandrique de type politique est également antérieur au mariage polyandrique, puisque la sœur du roi bénéficiait du droit de choisir son conjoint, sans avoir nécessairement un comportement polyandrique. On peut supposer, sans grand danger de se tromper, qu'elle a d'abord été libre dans son choix, puis exemptée du délit d'adultère (comme c'est encore le cas chez les Yans ou les Sakata), avant de devenir une réel femme de la communauté, forme qui est attestée chez les Leele-Kuba. Enfin, ce n'est que plus tard, à l'exemple de ce comportement, que des jeunes filles auraient été offertes au groupe de jeunes initiés. La porte fut ainsi ouverte pour la polyandrie classique. L'initiation qui antérieure au mariage polyandrique, est certainement postérieure à l'usage du privilège polyandrique, surtout dans sa forme la plus archaïque qui est le libre choix du mari accompagné de l'exemption du délit d'adultère. Une telle liberté serait en principe aussi ancienne que l'apparition de l'idéologie royale dans l'univers matrilinéaire. L'ordre des innovations est donc ainsi restitué : d'abord le privilège polyandrique, ensuite l'initiation chez les Leele-Kuba et plus tard la polyandrie.

Il reste, à présent, à apporter une précision chronologique. Les débuts de l'initiation chez les Leele-Kuba constituent sans doute le phénomène le plus facile à dater puisque, suivant la tradition, l'initiation fut introduite chez les Kuba par le Roi Shyaam à Mbulangoong ou par ses prédécesseurs[40]. Puisqu'il est par ailleurs précisé que cette institution provenait d'une région lointaine que le voisinage immédiat, on peut supposer qu'elle était jusque là inexistante dans le voisinage. L'innovation qui se produisit à l'époque fut donc valable également pour les Leele. Or on connait à présent, avec beaucoup moins d'hésitations les dates du règne de Shaam Mbulangoong. Les récentes études de l'historien des Kuba le situent entre 1618 et 1622, soit au cours du second quart du siècle[41]. Concluons que c'est en principe à cette même époque au plus tard[42] que l'initiation s'introduisit à la faveur de l'organisation nouvelle du royaume Kuba. Il n'y a pas de raison qu'elle ne soit introduite au même moment ou quelques années plus tard chez les Leele, surtout à cause de la résonnance qu'elle avait au

---

40 Vansina J., *Geschiedenis van de Kuba ongeveer 1500 tot 1904*, Tervuren, Musée royal de l'Afrique Centrale, 1963, p. 373-374.

41 Vansina J., « Les langues bantoues et l'histoire : le cas Kuba », in *Perspectives nouvelles sur le passé de l'Afrique noire et de Madagascar*, Paris, 1974, p. 179.

42 Il est probable que l'initiation se soit introduite, avant Shyaam. Le second quart du XVIIe siècle est un terminus ad quem (cf. Vansina J., *De geschiedenis…* , p. 374).

niveau militaire. On peut donc estimer raisonnablement que l'initiation devait déjà se pratiquer chez les Leele vers 1650 au plus tard.

Il s'ensuit donc que l'institution polyandrique était inexistante avant cette date et qu'elle naquit entre 1650 et 1900. Pour qu'elle ait pu avoir un tel impact chez les Leele jusqu'à prendre la forme d'une institution dotée de son cérémonial propre et qu'elle ait eu le temps nécessaire pour s'étendre chez les voisins Ding, Wongo et Kuba, elle a dû émerger à une date plus proche du XVIIème que du XXème siècle.

Les précisions chronologiques concernant le privilège polyandrique sont plus difficiles à trouver. La tradition orale ne peut en avoir conservé l'empreinte que de manière indirecte, puisqu'il s'agit là d'une donnée non événementielle qui peut certes attirer un « regard du dehors » mais qui doit avoir laissé indifférent le « regard du dedans ». Donc si quelques vestiges peuvent encore être trouvés, ils ne peuvent être que le fait des voyageurs étrangers. Fort heureusement, certaines « relations » nous rapportent l'existence de ce phénomène, au royaume de Loango sur la côte Atlantique[43]. Dapper (1668) est l'un des premiers à signaler qu'il ne faisait pas bon être l'époux de la mère de Maloango (roi de Loango) ou de ses sœurs car elles pouvaient « s'unir impunément avec qui leur plaisait ». « Songer à leur rendre la pareille serait exposé sa vie en danger »[44]. Mais c'est l'abbé Proyart (1776) qui apporte des précisions qui permettent d'identifier parfaitement ce cas de privilège polyandrique. Certes, prévoyant comme Dapper, n'est pas un témoin oculaire, mais on peut faire confiance à son sens d'objectivité comme le souligne Catherine Coquery-Vidrovitch : « s'il s'est penché sur un peuple africain, ce n'est pas seulement pour en jauger la valeur marchande mais pour décrire leurs mœurs »[45]. En matière de succession, Proyart explique le principe comme suit : « La noblesse ne se

[43] Le royaume de Loango était situé au nord de l'embouchure du Zaïre, dans l'actuel Congo. Ses origines demeurent obscures. On sait toutefois qu'avant de passer sous domination kongolaise, ses habitants étaient organisés en chefferies. Les institutions politiques du royaume, note Randles, ressemblaient à celles du Kongo, sauf en matière de succession. Celle-ci passait de l'un à l'autre fils des sœurs du roi. Loango devint indépendant du Kongo en 1587. Mais après la traite, aux environs de 1860, ce territoire passa entre les mains des Français (cf. Randles W., *L'ancien royaume du Congo*, Paris-La Haye, Mouton, 1959, p. 197-198).

[44] Dapper O., Description de l'Afrique, Amsterdam, 1686, p. 329.

[45] Coquery-Vidrovitch C., « A propos d'une source un peu oubliée sur l'histoire de l'Afrique Noire », in *Perspectives nouvelles*..., p. 187.

communique que par les femmes : en sorte que tous les enfants d'une mère princesse sont princes ou princesse quoique nés d'un père roturier ; comme au contraire les enfants d'un prince ou même ceux du Roi ne sont pas nobles, à moins que leur père n'ait épousé une princesse »[46]. Dès lors, la princesse au royaume Loango était censée jouer un rôle similaire à ce qui a pu être observé au royaume Kuba et dans les chefferies du Bas-Kasaï. On comprend alors qu'elle jouit d'un statut particulier dans le choix du conjoint.

Une princesse, note notre auteur, a le double droit de choisir parmi le peuple tel mari qu'elle juge à propos même celui qui est déjà marié et de l'obliger à n'avoir qu'elle pour épouse. Comme cette dernière condition paraît ordinairement trop dure aux principes, il est rare que les princesses en trouvent qui veillent les épouser. Les routiers eux-mêmes redoutent leurs alliances mais lorsqu'elle leur est offerte, ils sont obligés de l'accepter sous peine d'y être contrains par la confiscation de leurs biens et de leur corps. Elles ont encore la liberté de répudier un mari qui ne leur convient plus et d'en choisir un autre[47].

Plus loin, l'auteur ajoute : « Le mari d'une princesse est moins son époux que son esclave. Il s'engage en l'épousant à ne plus regarder aucune autre femme… Jamais il ne sort sans qu'il soit accompagné d'une importante escorte. Une partie de ses gardes prennent le devant pour écarter toutes les femmes du chemin où il doit passer »[48]. On retrouve ici l'exigence de la monogamie qui prévaut notamment chez les Yans bien qu'elle ne soit pas de règle partout. De même, on peut également relever le contraste qui existe entre le statut de la princesse et celui des épouses du prince et du roi. Ces dernières sont des femmes ordinaires non dispensées des travaux domestiques. « Souvent, écrit Proyart, on les voit occupées comme les autres à la culture de leur terre»[49].

Il y a une énigme qui ne peut être négligée ici, à propos des royaumes côtiers. Le privilège polyandrique, finalement assez souvent évoqué à propos de Loango[50], semble cependant inexistant dans le royaume

---

46 Proyart L.B., *Histoire de Loango, Kakongo et autres royaumes d'Afrique*, Paris, 1775, p. 128.

47 Ibidem, p. 90.

48 Ibidem, p. 91-92.

49 Ibidem, p. 94.

50 Cf. Maquet J., Kake I., Suret-Canale J., *Histoire d'Afrique Centrale*, Paris, Présence africaine, 1971, p. 76 ; Hagenburcher F., *Les fondements spirituels du pouvoir au royaume de Loango*, Paris, thèse de doctorat,

du Kongo, du moins pour autant qu'on peut juger d'après les « relations » existantes. Il n'est pas impossible que la sœur du Mani Kongo ait bénéficié jadis d'une faveur similaire et que la situation se soit modifiée très tôt, à cause des manipulations en matière de succession qui furent commandées par les portugais jadis d'une faveur similaire et que la situation se soit modifiée très tôt, à cause des manipulations en matière de succession qui furent commandées par le portugais. S'il était prouvé que ce phénomène n'y avait jamais existé, on serait devant un signe assez caractéristique. Parmi les matrilinéaire de l'Ouest de la savane du Sud, la polyandrie ne semble avoir été le fait que des locuteurs des langues de la zone B de Guthrie. Chez ceux qui usent des langues de la zone H (dans lesquelles s'insèrent les parlers Kongo), aucun phénomène similaire n'a été repéré[51]. On peut alors supposer que l'idéologie politique diffusée éventuellement à partir du foyer commun, s'est superposé à des pratiques préexistantes, sensiblement, divergentes. Une culture archaïque, plus spécifique au Nord (ce qui correspond à l'ancien Loango) se serait diffusée dans le Bas-Kasaï.

Quoi qu'il en soit, l'existence du privilège polyandrique est donc réellement attestée avant la date contemporaine de l'observation. Il était déjà pratiqué dans sa forme la plus courante en 1776 et même en 1968. Puisque l'antériorité par rapport à l'initiation a déjà été déterminée, on peut donc estimer qu'il existait chez les Leele-Kuba et chez les autres populations du Bas-Kasaï au moins au deuxième quart du XVIIème siècle et que son émergence était antérieure à cette date[52]. Chercher à déterminer l'origine de ce phénomène dans le temps revient à préciser l'origine du principe d'État centralisé dans la zone Ouest de la savane du Sud. L'analyse des traditions de cette région permet de conclure avec une certaine dose de certitude, que tous ces royaumes avaient tiré leur origine les uns des autres. La structure politique kongo provenait de Bungu, celle de Loango du Kongo etc.[53]. Par ailleurs, les traditions historiques des Leele-Kuba, Yans-Ding, Boma-Sakata, renvoient vers la région côtière (habituellement le nord de l'embouchure du

1970, p. 67 ; Bunseki Lumanisa (Fu Kiau Kia), *le Mukongo le monde qui l'entourait. Cosmogonie Kongo*, Kinshasa, 1969, p. 109.

51 Guthrie M., *The Classification of the Bantu languages*, Londres, 1948.

52 Cette date peut donc être retenue comme un *terminus ad quem*.

53 Vansina J., « Note sur l'origine du royaume du Congo », *Journal of African History*, IV, n° 1, 1963, p. 33-38.

fleuve Congo) sinon les alentours de l'actuel pool Malebo[54].

Cette zone est caractérisée comme on le sait par la même culture politique dont le foyer d'innovation se serait situé non pas sur la côte mais dans la région du Pool. C'est dans cette région qu'on a pu repérer la structure centralisée la plus ancienne (royaume *Nguun*) qui aurait donné naissance en disparaissant au royaume de Makoko. Puisqu'en 1491 le royaume Teke existait déjà, c'est que Nguun à l'époque était détruite. Donc l'émergence des structures centralisées dû précéder largement cette époque[55]. La fondation du royaume du Kongo calculée sur la base du nombre de règnes qui sépare Nzinga kuwu de l'avènement de Nyimi Lukeni, nous renvoie déjà au XIVème siècle au moins. Or la structure Kongo n'est pas la plus ancienne puisqu'elle est postérieure à l'organisation de Bungu. Il faut encore reculer dans le temps et proposer sans doute, comme Obenga, qu'au IXème et au Xème siècle il existait déjà dans cette région des structures politiques centralisées[56]. A défaut d'une datation rigoureuse, on pourra donc retenir que ce phénomène lié à l'organisation politique des sociétés matrilinéaires a dû se forger, avec ce type de structure politique vers le début du second millénaire mais certainement avant la fin du XVème siècle. Il prévalait partout où s'était diffusée cette culture politique, y compris chez les Leele-Kuba. C'est ainsi qu'il donna naissance, par influence, au mariage polyandrique chez les Leele au XVIIème siècle, sinon peu après.

En guise de conclusion, on peut tenter de reconstituer à partir de ces données l'histoire des institutions de ces populations. À une époque ancienne, difficile à déterminer, les populations matrilinéaires qui occupent actuellement le nord de la savane du Sud ne connaissaient sur le plan politique, qu'une organisation fort modeste. À cause de la mouvance due sans doute à une restructuration trop constante de l'espace, tout pouvoir politique demeurait limité spatialement et dépassait à peine le cadre de la communauté villageoise. Les chefferies étaient indépendantes et au sein de

---

54 Les Leele-Kuba situent pour une part, leur origine au Bas-Kwango ou au Kwango moyen, en provenance de l'Ouest (Vansina J., *Les anciens royaumes*… p. 91) ; Les Yans-Ding évoquent la région du pool (Kintambo) ou le secteur de la mer (*Kimput*) (De Plaen G., op. cit., p. 5-12 ; Struyf J., (« De Verhuizingen bij de Kamtsha », *Congo* , II,3, 1936, p.343-350) ; Les Boma-Sakata proviendraient de l'Ouest, de l'actuelle République du Congo, ou encore du Kwango (Tonnoir R., *La pierre du feu*, Léopoldville, p. 23-24 ; Van der Kerken G., *L'ethnie Mongo*, Vol. I, Bruxelles, 1944, p. 234 ; Focquet R. et Van Der Kerken G.,op. cit., p. 131).

55 Vansina J., Mauny R., Thomas L. V., *The historian in tropical Africa*, Londres, International African Institute, p. 43-44.

56 Obenga Th., *La cuvette congolaise. Les hommes et les, structures*, Paris, Présence africaine, 1976, p. 13.

celle-ci le pouvoir revenait au clan propriétaire terrien. Le dignitaire qui régnait sur la chefferie était nécessairement issu du lignage propriétaire.

Lorsque l'occupation de l'espace devint plus stable et que l'outillage devint plus perfectionné au point de diminuer les méfaits de la nature ambiante, les hommes eurent plus de temps pour s'occuper de la « politique ». La classe des prioritaires terriens allait donc doublée d'une autre classe, celle des chefs s'occupant plus spécifiquement du pouvoir. C'est ainsi que naquit la structure de type royal et qu'elle se mit à se diffuser progressivement. Cela se passa vraisemblablement à partir de la fin du premier millénaire de notre ère.

Le roi s'appuya sur un droit divin pour pouvoir en imposer aux chefs de terre, lesquels intégrés dans son administration, devinrent des « gouverneurs de provinces » et des propriétaires de terre. Il s'ensuivit que la sœur du roi, mère (effective ou classificatoire) du futur roi, ne pouvait être traitée comme une femme vulgaire. Son comportement était entouré d'un certain sens prophétique : elle choisissait le mari et le répudiait quand elle estimait opportun. Comme par ailleurs l'héritage royale se trouvait être transmise par elle et non par le mari, il n'y avait en principe aucune opposition à ce qu'elle change de partenaire conjugal ou qu'elle entretienne plusieurs hommes. Bien au contraire elle augmentait les chances de transmission du caractère royal tout en soustrayant le futur héritier à la tutelle d'un père éventuel.

Chez les Leele ce comportement allait provoquer d'autres implications. Le développement de la polygynie, permettant aux aînés de clan de capitaliser de plus en plus de femmes, créa une situation de déséquilibre au niveau des cadets. Mais les aînés prirent l'habitude de céder aux jeunes quelques femmes à l'issue de l'initiation. Celle-ci devenait ainsi polyandre, puisqu'elles étaient comme mariées à une classe d'initiés. Cet usage apparut chez les Leele au XVIIème siècle au plus tôt car l'initiation n'était guère répandue chez eux avant cette époque. A côte de la polyandrie « d'initiation », il y en eut peu à peu d'autres. L'institution qui venait ainsi de naître devait se perpétuer suivant la règle des mariages préférentiels : les petites-filles des polyandres étaient des polyandres présumées, qui ne pouvaient envisager une union monogamique qu'avec l'accord de leurs maris. Cette pratique gagna de proche en proche les populations voisines, à l'exception des Kuba, pour qui la polyandrie ne constituait pas une nouveauté, les princesses occupant suffisamment les sujets du Nyimi.

Mais la morale nouvelle s'introduisit dans la région, à partir du XIXème siècle ne pouvait tolérer une telle pratique. L'opinion du colonial « classique » est celle qu'exprime au début du siècle un missionnaire Jésuite estimant que si la polyandrie avait été autrefois le fait de certaines populations du monde, elle avait complètement disparu : il n'existait plus que « quelques cas glanés dans les champs de la barbarie la plus noire »[57]. Les autorités coloniales attendront cependant jusqu'en 1947, pour interdire officiellement dans la région. L'interdiction « officielle » ne paralysera pas complètement l'institution. Les polyandres continuèrent à recevoir leurs maris tout en dissimulant soigneusement leur identité devant l'agent colonial. Mais au-delà du fait d'une décision de l'administration, c'est l'ensemble des exigences de la modernité qui livraient des assauts répétés contre la polyandrie jusqu'à la rendre désuète. C'est ainsi qu'elle a pratiquement disparu de nos jours.

---

57 Vanderyst H., « La polyandrie existe-t-elle au Congo ? », *Congo* I, 1922, p. 353.

Manifestation du colloque de l'UNESCO à Lubumbashi (décembre 1972). De g. à d., Tshibangu Kabet Musas, Lufungula Lewono, L. De Saint Moulin et Kanyinda.

Une vue des participants aux Premières Journées d'Histoire Nationale ; au premier rang (de g. à d.), Pilipili Kagabo, ?, Mabika Kalanda, Mbwaki Nsokila, Maleso Ngyuwu zi Makanda, Ndaywel, Muhunza, Tshund'Olela

Premier Comité National de la Sohiza. Debout (de g. à d.), Malambu ma Kizola, Vice-recteur Koli, Commissaire de région assistant, Ndaywel, Commissaire urbain Dikitele, Mgr. Kajiga du Centre Ntu de Goma. Accoupis : Maleso Ngyuwu zi Makanda, ?, Mgr. Ntedika, Pilipili Kagabo.

Au sortir d'une conférence de Théophile Obenga en présence de Koli Elombe Motokoa, Vice-Recteur du Campus de Lubumbashi. On y reconnaît le prof ; Georges Ngal (2è à partir de la g.)

Avec deux diplômés en histoire au campus de Lubumbashi.

Trois historiens à Nsele pour réfléchir sur le discours du Chef de l'Etat à l'ONU : (de g. à d.), Lumenga-Neso (ISP/Gombe), Tshimanga wa Tshibangu (ISP/Bukavu) et Ndaywel è Nziem (Campus de Lubumbashi).

Symposium international sur *l'Afrique et son avenir* (avril 1986). Séance académique dans la salle des Affaires étrangères. De g. à d., J. Bomboko Lokumba, Mgr. Tshibangu, le prof. Nguya-Ndila et Ndaywel (à l'extrême-dr.).

Au Congrès de l'Association des Historiens Africains à Bamako en 2001 en compagnie de l'historien congolais Charles Tshimanga (à dr.) et Catherine Coquery-Vidrovitch (à g.).

Avec Elikia Mbokolo, Ambassadeur Edi Angulu, à l'inauguration de la rue Lumumba à Montpellier.

Présentation de l'ouvrage Histoire Générale du Congo (de g. à d.), Bernard Pongo d'Afrique éditions, Ndaywel et Sabakinu Kivilu.

Cérémonie de présentation des vœux de Nouvel An (2000) au couple Boutros Boutros-Ghali, Secrétaire Général de l'OIF.

A Dakar, en 1969, dans la délégation des jeunes écrivains congolais, saluant le Président Léopold Sédar Senghor. Devant en lunettes fumées : Panu-Panu ; à dr. : Eugénie Pongo ; derrière, Christophe Gudijiga.

Avec Martin Kalulambi (à dr.) et un collaborateur de l'OIF, Louis-Jean Rousseau (à g.) dans un café à Mexico au Mexique (2003).

Ouverture du Séminaire sur l'histoire nationale, rencontre constitutive de la *Société des Historiens Zaïrois* en février 1974 à Lubumbashi

« La conquête de l'Afrique prit quarante ans pour achever (dans les deux sens du verbe) la tradition équatoriale. Cette image passe sous silence la violence d'une conquête apocalyptique : une combinaison de guerre, de destruction par le feu, la maladie et la faim, qui réussit finalement (vers 1920) à briser la résistance déclarée des Africains, à un prix qu'on estime à la moitié de la population totale de la région (...) La seule concession des Européens aux genres de vie équatoriaux fut de récupérer quelques épaves culturelles avec lesquelles ils construisirent une structure étiquetée 'droit coutumier ' qui était complètement étrangère à l'esprit de l'ancienne tradition. Le droit coutumier fut la pierre tombale dont on décora sa fosse. »

Jan Vansina, *Sur les sentiers du passé en forêt*, 1991, pp. 307-308

Deuxième Partie

MUTATIONS ET QUÊTES DE MODERNITE

Chapitre VI

Essai d'histoire des violences au Congo

La trajectoire contemporaine du Congo a été marquée de manière incontestable par une succession de violences. De la période léopoldienne à nos jours, nombre de faits saillants ont été pris en charge, de manière particulière, par l'historiographie, qu'il s'agisse des retombées meurtrières de la récolte du caoutchouc rouge, de la déportation des adeptes de Simon Kimbangu, des rébellions mulélistes ou des effets de la Première Guerre mondiale africaine avec son cortège de rébellions[1].

Cette étude se propose de revisiter dans leur ensemble ces pages douloureuses de l'histoire du Congo pour tenter de comprendre les mécanismes récurrents de « production » des violences armées et les modes de connexion et d'enchaînement qui existeraient entre elles. Au demeurant, il paraît difficile, voire superficiel, d'isoler une partie de cette histoire, de la fin du XIXè siècle à nos jours, tant elle constituerait un tout. Cette période, qui correspond à latrajectoire de « modernité » depuis son ouverture aux innovations massives d'origine externe jusqu'à nos jours, est curieusement aussi celle des exportations massives, dans le monde, de ses produits naturels mais aussi, celle du calvaire ininterrompu de ses populations. Trois tableaux qui semblent former un triptyque : ouverture à la mondialisation, exportation des ressources naturelles, violences en spirale !

Aux origines des violences « hors normes »

D'abord un constat : cette longue période de près de treize décennies est marquée par une succession quasi ininterrompue de mutations. C'est bien

---

1 Cf., Ndaywel è Nziem, I. et Mudimbe-Boyi, E. éds., *Images, mémoires et savoirs : une histoire en partage avec Bogumil Koss Jewsiewicki*, Paris, Karthala, 2009, pp.565-594.

avant le XIXè siècle que l'espace du Congo a fait son entrée dans la mondialisation, du moins si l'on admet que ce phénomène est inscrit dans l'histoire de longue durée et que « le siècle des grandes découvertes » représente une étape décisive dans ce processus. La fin du XVè siècle marque le premier pas de l'ouverture des côtes congolaises. Cette première expérience de contact transcontinental allait être marquée par trois innovations majeures : la révélation d'une technologie plus avancée, l'introduction d'une cosmogonie nouvelle – le christianisme – et, l'invention d'une culture inédite de violence, produite par le traité des esclaves. En effet, les violences de la période léopoldienne ne sont pas exemptes d'antériorité.

Déjà dans l'Afrique ancienne, comme ailleurs dans le monde, le simple instinct de conservation de l'individu et de l'espèce, était à lui seul une motivation suffisante pour justifier l'invention quotidienne des actes de violence, que ceux-ci soient spontanés ou d'ordre institutionnel. Ainsi, la *violence domestique*, faite notamment de rixes entre individus ou familles, rivalisait avec les *violences politiques* (enterrement du chef avec des esclaves !), *culturelles* (imposition des usages des hommes « forts » comme modèles !), *judiciaires* (ordalies !) voire *économiques* (pratique de razzia). Si la guerre entre communautés n'était pas inexistante, puisque c'est le rapport des forces qui a façonné l'histoire du peuplement, les violences armées étaient prisonnières de la modestie de la technologie disponible qui alignait pour tout armement des lances, des flèches et des jets de projectile. Avaient cours également des techniques de prévention de conflit ou ceux de leur extinction à la base, comme le « *pacte de sang* », dont l'objectif était de faire l'économie des guerres.

A l'époque, la violence la plus redoutée au quotidien était d'un autre ordre. L'enjeu consistait à se prémunir contre les « attaques » des sorciers et autres manipulateurs de charmes, l'arme « supranaturelle », la plus meurtrière et la plus redoutée même dans la pratique de la guerre. Ainsi se justifia, au XVè siècle, lors de l'arrivée des prédicateurs religieux d'un genre inédit – les missionnaires -, l'empressement du roi du Kongo à se faire « baptiser » avant d'aller en guerre, pour s'approprier ce nouveau « charme », dont il aurait voulu être l'unique détenteur, puisqu'il suppliera les missionnaires, sans succès, de ne pas baptiser les autres rois du voisinage. Mateus Cardoso (c. 1624) rapporte que ce roi, Nzinga Nkuwu, trouvant l'attente de la cérémonie trop longue, à cause du retard de la construction de l'église, demanda s'il pouvait recevoir le baptême ailleurs que dans une église. « *Comme on lui disait que oui, il répondit ; puisqu'il en est ainsi, je dois le recevoir demain, sans défaut* ». Son zèle ne s'arrêta pas à ce niveau. Craignant que les missionnaires ne meurent (puisqu'ils étaient tous tombés malades), « *il demanda que la reine et ses fils soient baptisés. Il appréciait de les savoir chrétiens, au moment de les quitter pour la guerre, de peur de revenir vaincu et non vainqueur* »[2].

C'est, visiblement, la traite négrière qui inaugura les pratiques des *violences « hors normes »*. L'inédit résidait dans le caractère systématique de ces comportements brutaux, leur intensité, leur fréquence, et leur capacité à se démultiplier. Celles-ci agissaient, en effet, sous des formes diverses. La violence armée était reproduite et maximisée comme technique de capture des hommes, en groupe ou individuellement [3]; cette opération était sans cesse renouvelée d'autant plus que la demande était croissante, et que les esclaves de cette région d'Afrique, à en croire Degrandpre, étaient fort appréciés, parce « robustes, durs à la fatigue, doux, tranquilles et façonnés à la servitude »[4]. Personne n'était à l'abri de ce drame qui pouvait frapper n'importe qui, au mépris total des hiérarchies sociales, roi, homme libre, esclave, femme ou enfant. « *Les marchands enlèvent chaque jour nos sujets, enfants de ce pays, fils de nos nobles vassaux, même des gens de notre parenté !* », s'était indigné Afonso, le plus occidental des rois de Kongo[5].

Le scandale de la traite n'est pas seulement lié à l'importance numérique des déportations[6], qui constituait autant de ponctions opérées sur la démographie locale. Il résidait surtout dans la « manière » dont se réalisait la capture d'esclaves et dont ils étaient traités. Il s'agissait, comme dit l'adage Kongo, de ce qui « ne s'était jamais donné à voir, depuis le temps

---

2 Cf. « Histoire du royaume du Congo », traduction de F. Bontinck en collaboration avec J. Castro Segovia, *Etudes d'histoire africaine*, IV, 1972 (Nauwerlaerts), p. 106 et 108.

3 Le droit de « poignage » : l'action de saisir tout individu était exercé sur toute la région côtière. D. Rinchon, *La traite et l'esclavage des congolais par des européens*, Bruxelles, de Meester et fils, 1929, p. 172.

4 Et cet A. de préciser : « A Saint-Dominigue, ils sont fort estimés… leur jouissance est d'avoir du tabac et quelques bananes, moyennant quoi ils travaillent gaiement, chantent beaucoup et ne désire rien au-delà… » L. Degrandpre, *Voyage à la côte occidentale d'Afrique fait dans les années 1786-1787,* Paris, 1801, p. 5.

5 Cfr. L. Jardin et M. Dicorato, *Correspondance de Dom Afonso* 1506-1543, Bruxelles, ERSOM, 1974, p. 156.

6 K. Iko Kabwita, *Le royaume Kongo et la mission catholique 1750-1838 : du déclin à l'extinction,* Paris, Karthala, 2004, p. 138. Il évalue à 13 250 000, le nombre d'esclaves exportés des côtes congolaises, depuis les premiers contacts avec le Portugal jusqu'à la création de l'EIC.

des anciens ! »[7] La violence armée s'accompagnait d'une sorte de violence « crapuleuse », liée au traitement excessivement dégradant, infligée aux victimes appartenant toutes à une culture qui établissait une distinction stricte entre « l'humain » et « l'animal », comme si le vainqueur avait besoin de se prouver à lui-même la capacité et l'étendue de son pouvoir sur le vaincu. Un témoin décrit des esclaves des deux sexes arrivant à Benguela en provenance de l'arrière-pays : « *Beaucoup d'entre eux étaient des vrais squelettes en proie à tous les maux que peuvent occasionner la disette et la fatigue. Il y en avait chez qui l'action constante des fers avait déchiré les chairs et mis les os à nu ; la blessure ulcérée était devenue le réceptacle de myriades d'insectes qui avaient déposé leurs œufs dans ces cavités gangrenées* »[8]. Ce mode de violence n'agissait pas seul. Il s'accompagnait d'une forme de légitimation de ces comportements ignobles, sous des prétextes divers, comme celui de la méconnaissance supposée de l'humanité des nègres ou leur insensibilité à la douleur inscrite dans les imaginaires coloniaux.

Là ne s'arrêta pas l'innovation du XVIIè siècle dans l'art de destruction humaine. Se créa aussi une situation de *violence institutionnelle*, par des transformations dont la région devenait forcément le théâtre. La nécessité de créer un réseau d'Etats courtiers[9], pour faciliter et maximiser la « chasse » à l'esclavage, incita les marchands d'esclaves à susciter le bouleversement des institutions préexistantes, par incitation à la rébellion et à la sécession des entités sous dépendance politique, pour les voir transformées en hiérarchies autonomes, alliées à la traite. C'est ainsi que les entités satellites du Kongo, comme la province de *Soyo*, les royaumes de *Ndongo* et de *Loango*, devenus des marchés prospères d'esclaves, se détachèrent de la tutelle du Kongo.

Si cette longue période a été le siècle par excellence d'accumulation de violences, celles-ci se sont presque toujours exercées au moins sur deux registres, différents mais complémentaires, celui d'une déstabilisation permanente au niveau des imaginaires et, au-delà de cette atmosphère peu rassurante, celui de théâtre d'une succession de cycles de violences « hors normes », comme si le premier mode de violence avait était élaboré et

7 *Bu bukala bambuta, ka bwa tumwene ko : si nkodo nkadi !* (D. Rinchon, *op. cit.*, p. 125).

8 T. F. Buxton, *De la traite des esclaves en Afrique et des moyens d'y remédier*, Paris, 1895, p. 56.

9 Cfr W. Randles, *L'ancien royaume du Congo des origines à la fin du XIXè siècle*, La Haye-Paris, Mouton, 1968 ; K. Iko Kabwita, op. cit., 301-318.

planifié pour lui servir de soubassement. Parlons d'abord de cette violence « souterraine », aux allures symboliques, à la base de la démobilisation congolaise.

La plus importante a été cette *violence silencieuse* octroyée par l'ouverture au commerce mondial et qui résidait dans l'introduction des maladies nouvelles, contre lesquelles les populations étaient sans défense. Les maladies vénériennes furent, jusqu'à la découverte des antibiotiques, à la base d'une grave crise de natalité dans le Congo septentrional. La maladie du sommeil, au Bas-Congo et au Maniema, aurait causé la disparition de 80% de la population[10]. Les épidémies de variole et de grippe espagnole ont également fait de nombreux ravages et se diffusaient à la faveur de la multiplication des déplacements.

Sur le plan symbolique, les premières « agressions » subies auraient été liées à la prise de conscience de « retard » technologique par rapport aux nouveaux-venus. L'attrait irrésistible des produits importés a provoqué, en effet, plusieurs effets pervers, allant de la désorganisation des structures traditionnelles à l'atrophie des savoirs locaux. Par-dessus tout, il est à la base de l'intériorisation progressive et systématique de la conscience de la dépendance et de l'irréversibilité de cet état de choses, tant qu'elle ne sera pas contredite à suffisance par des faits concrets. Née sans doute au cours du XIXè siècle à la vue des premiers produits importés, la conscience populaire du « *Noir qui serait né trop tard, les Blancs ayant tout inventé* ! » s'est consolidée tout au long des premières décennies coloniales, au cours desquelles l'innovation avait été présentée, presque exclusivement, comme le produit d'une table rase et non celui de perfectionnement des maigres connaissances technologiques et philosophiques préexistantes. Rien des pratiques et comportements antérieurs n'était jugé digne d'intérêt pour le futur. Les missions ethnographiques s'attachaient à la récolte des « fétiches », pendant qu'ils étaient présentés comme « inutiles » et sans intérêt. La « religion traditionnelle », pourtant monothéiste comme le christianisme, était considérée comme « païenne » ; les institutions étaient vidées de leur contenu ; les danses traditionnelles étaient par définition « obscènes ». Au demeurant c'est, précisément, pour racheter les

10 Cf. L. de Saint Moulin, « Essai d'histoire de la population du Zaïre », *Zaïre-Afrique*, 217, 1987, p. 390.

« indigènes » de leur emprise qu'on aurait introduit la pratique et l'enseignement du sport[11].

En plus de la mise en place de l'idéologie de la dépendance, l'introduction de la « civilisation » s'est accompagnée de bien d'autres agressions silencieuses. L'une d'elles agissait comme technique de déstructuration du pacte social existant. L'indigène était constamment amené à transgresser ses propres interdits, à mettre en cause ses prescriptions sociales et à encaisser une violence morale d'une portée inédite. Un vieillard, subissant un fouet, nu, devant ses femmes et ses enfants, vivait, au-delà de la souffrance physique, une blessure morale qui demeurait ineffaçable. Pour les stratèges et les professionnels de la violence, l'exercice de l'art, comme on le verra plus loin, consistera, dans le choix des recettes qui permettait une combinaison réussie entre les blessures physiques et morales.

On a pu noter, par ailleurs, l'existence d'un éventail des pratiques conjoncturelles à base de la fabrication, dans les imaginaires, des multiples sources de violence. L'exercice de faire accréditer la primauté du colonisateur blanc, de mettre en valeur son seul prestige, a eu pour corollaire l'introduction de la culture de méfiance, voire de rejet, des étrangers non blancs. Cette perception semble avoir été courante, dès la période de l'Etat Indépendant du Congo, à l'égard des *afro-arabes* et des *volontaires* africains, initialement au service de l'Etat léopoldien[12]. La stratégie consistait sans doute d'empêcher toute possibilité d'alliances des Congolais avec leurs semblables, provenant de l'Afrique de l'Ouest ou de l'Afrique orientale, perspective qui aurait effectivement conduit à une toute autre histoire du Congo.

Ainsi, l'image Afro-arabe, comme de sa religion, l'islam, était volontairement noircie, dans la logique de la « guerre » qui lui était déclarée.

---

11 C'est pour arracher les enfants congolais de l'emprise des « danses obscènes » que le Père Raphaël de la Kethulle orienta son apostolat dans le développement du sport et réussit, coup sur coup à construire deux stades de football à Léopoldville en 1936-1937 et 1952. Il s'agit du stade *Reine Astrid* (actuellement stade cardinal Malula) et le stade *Prince Baudouin* (actuellement stade tata Raphaël).

12 De 1883 à 1901, l'entreprise léopoldienne aurait utilisé 12 452 Volontaires, dont 708 libériens, 491 d'Accra, 198 Dohoméens (béninois), 5585 Haoussa et 2745 de Sierra-Léone (F. Flament et al., *La Force Publique de sa naissance à 1914,* Bruxelles, IRCB, 1952, p. 510).

La littérature coloniale en garde une bien forte empreinte[13]. En témoigne, entre autre, le manuel d'histoire du Congo pour la 5è année primaire en Kikongo (*Nsi eto Kongo, Lweka luntete : nkanda mi nsi*) imprimée en 1955, cinq ans avant l'indépendance, qui se plaisait encore à vanter les campagnes militaires contre des chefs swahili. Tippo-Tip, qui a pourtant tant servi la cause de l'EIC, étant qualifié de « plus grand brigand » entre tous ![14] C'est dans le Maniema, la partie la plus islamisée du pays, que s'est exercée avec détermination cette violence idéologique. Le linguiste musulman libanais, Adnan Haddad, qui a séjourné dans cette région comme enseignant au cours des années 1960, a été témoin de cette campagne contre sa culture d'origine. Il témoigne : Avant d'entrer à l'école, les élèves chantaient en swahili : « *Il y a longtemps que le belge est venu /il est venu au Congo où il a trouvé Tippo-Tip/il l'a chassé, lui et ses soldats./Alors le vieil arabe composa un chant/un chant de pleurs et de lamentations/il y chanta 'laissez-moi là pour torturer les nègre/ laissez-moi les pourchasser, car ce sont des bêtes sauvages !/ Les Belges ont entendu le vieillard et lui répondu:/ Vous êtes un homme mauvais et méchant / les nègres sont nos frères/ notre devoir est de les protéger, de veiller sur eux ! / «'Si vous voulez en faire des êtres humains, vous échouerez sûrement./ Les nègres sont des bêtes sauvages/ il faut les fouetter/ les nègres sont des animaux/ il faut les humilier par la torture ! / Les Belges ont alors répondu/ 'Toi l'arabe, tu es un homme mauvais et méchant/ tu as un cœur de pierre et une conduite ignoble/ retourne chez toi, à la péninsule arabique'* »[15] !

Tout ne s'arrêtait pas à la cour. Une fois dans la salle de classe, toujours au Maniema, l'enfant apprenait la lettre /i/ par la phrase : *Islam ni dini ya bongo !* (L'islam est la religion du mensonge !). L'héritage de méfiance à l'égard des arabes, à qui l'étiquette d'esclavagiste n'a cessé de coller à la peau, a subsisté, au niveau de la mémoire populaire, jusqu'à l'âge

---

13 « *La pénétration arabe*, écrit R.J. Cornet (*Maniema, pays des mangeurs d'hommes*, Bruxelles, Cuypers, 1952, p. 17), *est l'œuvre d'individus entreprenants, sans scrupules. Ils étaient à la recherche de deux richesses si intimement liées, l'ivoire et l'esclave, l'esclave portant l'ivoire, l'ivoire créant l'esclave !* ».

14 *Mbuta gana bina bimpumbulu, si Tippo-Tip* !, D. Van Gool, *Nsi eto Kongo. Lweka luntete : nkenda mi nsi*, Ad. Wesmael-charleir Namur, 1955, p. 24.

15 Mobutu ira jusqu'à déclarer à la Tribune des Nations-Unies… qu'entre un frère (entendez « l'arabe ») et un ami (entendez « le juif »), le choix est clair !). Cette rupture fracassante des relations diplomatiques avec Israël n'avait pas fait long feu.

postcolonial, en dépit de la rhétorique politiquement correcte qui a été parfois empruntée[16].

Quant aux « *Volontaires* » africains, ces auxiliaires provenant essentiellement des colonies britanniques[17], ils devaient eux aussi, être tenus à distance des populations congolaises, y compris des soldats du cru. Cette chanson de la Force Publique a conservé les empreintes de cette méfiance planifiée, à l'antipode de la confiance totale qui devait être réservée, en principe, aux seuls Européens. « *Salut, salut, saluez (bis). Nous saluerons tous les blancs (bis). Nous les congolais, nous sommes venus montrer ce dont notre courage est capable. Aujourd'hui, nous allons voir. Les Haoussa, les Haoussa sont trop cupides (bis). Nos shillings sont terminés à cause de leur cupidité (bis). Nous les congolais, nous sommes venus démontrer ce dont nous sommes capables. Aujourd'hui, on va voir !* »[18]

Les relations avec les Ouest-Africains, qualifiés de « *Coastmen* » dans les années qui suivirent l'époque de l'EIC, ne furent pas d'avantage encouragées, le colonisateur ayant opté pour l'isolement de « l'indigène du Congo belge », afin qu'il ne soit pas contaminé par ceux d'autres colonies. Pour preuve, les premières grèves africaines qui aient été enregistrées au Congo, comme celle des dockers à Matadi en 1922[19], avaient été ressenties comme le produit de leur influence néfaste sur les indigènes de la « colonie modèle ». Il n'est guère étonnant que la marginalisation des Africains, surtout ceux des pays du Sahel, ait continué à faire carrière au Congo. Vers les années 1960, les vagues migratoires des maliens, nigériens, béninois, qualifiés globalement de *ndingari* (déformation locale de « sénégalais »), en quête des pierres précieuses, n'ont trouvé sur place qu'un accueil mitigé. De ces voyageurs et hommes d'affaires, la mémoire populaire a retenu surtout la

---

16 Cf., A. Haddad, *L'Afrique entre les Arabes esclavagistes et les Européens capitalistes. Vérités et contrevérités : cas de la RDC*, Lubumbashi, 2002, pp.105-106.

17 J. Marchal, *L'Etat libre du Congo : paradis perdu : l'histoire du Congo 1876-1900, vol.* I, Bruxelles, éd. Pula Bellings, 1996, pp. 99-100. L'auteur précise qu'il s'agissait, pour l'essentiel, des Africains « britanniques ». De manière générale, ils étaient fort exigeants et donnaient du fil à retordre aux « coloniaux ».

18 « *Saluti, saluti, pesa saluti (bis) / tokopesa saluti na mindele banso (bis)/ Biso bacongolais toyei kotalisa : makambo ma motema makasi mwa biso/ Lelo tokotala. Baussa, Baussa, lokoso mingi (bis)/ Silingi esili mpo na lokoso la bango/ Bi so bacongolais toyei kotalisa/ makabo ma motema mokasi mwa biso/ lelo tokotala !* » K.K. Masandi et M. Depaepe, *La chanson scolaire du Congo belge,* Paris, L'Harmattan, 2004, p. 179-180.

19 J. Wauters, *Le Congo au travail*, Bruxelles, 1924, p. 217-218

mémoire de leur cupidité, leur égoïsme et leur sens élevé de la fraude[20]. Le personnage du *marabout* (religieux musulman) a acquis, dans le langage congolais, une connotation de charlatan, spécialisé dans une forme particulière d'occultisme (« *maraboutage* »), dont nombre d'hommes politiques congolais se seraient rendus victimes au cours des années du « mobutisme »[21].

Cette forme singulière de violence, non contente d'avoir réussi à isoler l' « indigène congolais », lui aurait inoculé une bonne dose de mépris de soi, comme conséquence du clivage racial *Blanc/Noir* qu'on faisait coïncider avec celui de *civilisation/barbarie*. Pour l'autochtone noir en quête de civilisation, cette aspiration avait forcément pour corollaire celui du rejet de son état de « noir » et, de redoublement d'effort pour se rapprocher du Blanc, lui ressembler, à défaut d'arriver à se confondre avec lui. La séparation savamment entretenue, dans les villes coloniales, entre « résidences européennes » et « quartiers indigènes »[22], avait pour effet d'attiser cet attrait.

Le racisme colonial avait en réalité ses appuis solides. Rien que l'enseignement biblique colonial était à lui seul porteur d'une agression particulière. C'est lui qui aurait introduit une nouvelle symbolique des couleurs si peu intéressant à la cause locale : il a fait de la couleur « noire », traditionnellement couleur de la vie, le symbole de la « mort » et du « diable », métamorphosant le « blanc », en principe couleur de la mort, en symbole de la beauté, de la pureté et, partant, de la vie. Coupable de la déchéance du genre humain en tant que descendant de Cham, le Congolais, parce que noirs, se devaient d'assumer cette triste situation. Les Sœurs Missionnaires de la Congrégation du Précieux Sang de *Banania* ne s'interdisaient pas de diffuser ce curieux chant en lomongo – *Esisozelo ea Kam* (la punition de Cham) – révélation à la fois de cette auto-culpabilisation imposée « d'en haut ». « *O Père Cham, qu'as-tu fait, Nous souffrons beaucoup. Par Dieu nous sommes punis durement sans pitié. La punition*

---

20 Le théâtre populaire « *Salongo* » en a largement fait état dans des pièces de théâtre, comme « Diallo contre Sans-souci ». Dans son roman : *La chorale des mouches*, Paris, Présence Africaine, 2004, Mukala Kadima-Nzuji décrit l'une de ces scènes de fraude dont l'aéroport de Mbuji-Mayi a souvent été le théâtre.

21 Voir E. Dungia, *Mobutu et l'argent du Zaïre*, Paris, L'Harmattan, 1992/

22 On consultera ici l'intéressante thèse de Johan Lagae sur l'architecture coloniale. *Kongo zaals het is : Drie archetectuurverhalen uit de Belgishe kolonisatiegeschiedenis* (1920-1960), Thèse de doctorat, Universiteit te Gent, 2002, 3 vol.

qu'il t'avait infligée est héritée par nous tous/. Quelle pitié pour ton peuple maudit avec toi ! Tous les noirs regrettent ta faute. »[23]

Puisque le salut du Noir supposait la « fuite » de son état, l'enjeu consistera donc à démontrer son degré de rapprochement avec le Blanc par la distance à créer par rapport aux autres Noirs. Déjà les « sentinelles », premiers auxiliaires des agents de l'EIC et des Compagnies Concessionnaires, à la fin du XIXè siècle, se réclamaient de cette différence par rapport aux « autres » indigènes. Le scénario fut le même, quelques années après, pour les Evolués qui accumulaient volontiers des gestes d'aliénation, comme le port du casque colonial (sous le prétexte de se protéger, eux aussi, de la chaleur torride des tropiques !), le défrisage des cheveux ou l'européanisation des noms, pour négocier leur insertion dans le monde civilisé[24]. La « noblesse » d'être noir ne fera l'objet de découverte et de réappropriation que plus tardivement, davantage par révolte contre le refus d'assimilation que par conviction profonde de la pertinence de cette prise de position. Effectivement c'est la déception qui a été au rendez-vous de la quête de l'Evolué, comme l'a expliqué Mabika Kalanda : « *Se présentait-il plus ou moins impeccablement vêtu au comptoir d'un magasin réservé ou à l'entrée d'un cinéma, le colon le repoussait avec plus de mépris et de répugnance. Qui pourrait jamais mesurer le degré du bouleversement de ces consciences cruellement déçues mais paradoxalement attachées à ceux-là même qui les vilipendaient ? Aussi est-ce avec amertume et virulence que les congolais se mirent à faire de la politique et demandèrent l'indépendance en 1956*[25].

Mais les réminiscences de la malédiction de Cham ne sont pas totalement dissipées pour autant ; surtout qu'elles possédaient des multiples ramifications, comme celle du mythe de la paresse congénitale du Noir, de sa sexualité « bestiale » (qu'on croyait attestée par la pratique de la polygynie), de son goût excessif pour l'amusement ou, de son « retard » dans la conquête de la rationalité. Il n'est pas sûr que ces images d'infériorisation

---

23 P. Kita, Masandi et M. Depaepe, *La chanson scolaire*… p. 87-88.

24 Léon Kasa devenait *Léon Cassa*, Likwangola s'est métamorphosé en *Dericoyard* (puis en *Derikoye* au cours de la période de l'Authenticité). Les noms de scène des chanteurs étaient du genre « *De Piano, De la Lune, Rossignol* ». Mobutu s'était surnommé « *De Banzy* ». Même Patrice-Emery Lumumba n'a pu s'empêcher, à l'époque, de se tailler une raie dans la chevelure et de signer « *Patrice-Hemery Mumbard* ». J.M. Mutamba Makombo, *Patrice Lumumba, Correspondant de presse 1948-1956*, Paris L'Harmattan, 2005, p. 9.

25 Mabika Kalanda, op. cit. pp. 346 et 47.

du Noir n'aient pas été intériorisées par les Congolais eux -mêmes. Ce qui est en tout cas certain c'est le fait qu'elles soient à nouveau inscrites dans l'actualité, au vu de l'échec de la gestion de la postcolonie et la démonstration, par la permanence de la crise, d'une certaine forme d'incapacité congolaise à s'autogérer. Déjà en 1948, Antoine-Roger Bolamba écrivait ce propos « rétrograde » auquel répond en écho, en ce début du troisième millénaire, l'appel du pied d'une certaine élite congolaise pour une recolonisation du Congo par l'ONU ou par l'Union européenne : « *… supposons un instant que non tuteurs nous abandonnent. Pourrions-nous nous diriger sans guide ? Une telle hypothèse nous fait sourire, car nous sentons combien nous serions désemparés, et il n'est pas difficile d'entrevoir à quelle pagaille notre Congo serait instantanément livré. Il faudra donc les remplacer. Par qui ? Par d'autres Blancs ? Mais la tutelle des belges est la plus bienveillante et la plus humanitaire que nous puissions trouver* »[26].

Cette marque de désarroi, lié à la crise de confiance en soi, avait trouvé, par ailleurs, un certain écho dans les initiatives religieuses locales. Situation encore et toujours d'actualité. En mai 1980, lors de la visite de Jean-Paul II au Zaïre, une délégation des notables congolais avait fait la démarche de demander au pape s'il ne pouvait pas, en tant que Vicaire du Christ, lever la malédiction de Cham qui continuerait à peser sur les peuples d'Afrique noire[27]. Pour sa part, l'église Kimbanguiste ne s'était pas empêchée d'organiser à Kinshasa, en 1992, au cours des mois de la Conférence nationale souveraine, une cérémonie particulière au cours desquels les fidèles, en tenue de deuil, se sont imposés des heures de prière, sous le soleil, les yeux tournées vers l'astre brûlant, en guise de demande de pardon pour le péché originel dont la race noire porterait la responsabilité. La conséquence de cette violence métaphysique qui a agi insidieusement au cours des longues décennies coloniales, serait à la base de la forte tendance à l'auto-flagellation, sentiment qui ne serait pas étranger à l'idéalisation a posteriori de l'âge colonial, bien que ce fait ne soit pas le seul en cause. De même, le mythe colonial du « nègre paresseux » rejoindrait ici celui de

---

26 Editorial de la *Voix du Congolais*, 1948, n° 22, p. 3-4.

27 Cf. D. Nomanyath Mwan-a-Mongo, *Les Eglises de réveil dans l'histoire des religions en République Démocratique du Congo*, Lille III, thèse de doctorat, 2005, pp. 57-58. Déjà en 1870, rapporte O. Bimwenyi, *Discours théologique africain*, Paris, Présence Africaine, pp. 117-127, pendant le premier concile de Vatican, soixante-huit évêques missionnaires avaient signé la supplique *Postulatum pro Negris Africae Centralis Sacro Concilio Oecumenico Vaticano* qui se rapporte à cet antique anathème qui continue d'écraser les malheureuses populations issues de Cham.

l'incapacité à s'organiser de manière rationnelle, pour transformer les richesses potentielles en richesses réelles.

Une autre variante de ce désarroi a apparu très clairement dans la perception des hostilités avec le Rwanda. Puisque la « guerre des Grands lacs », dans la manipulation des catégories raciales qui a prévalues dans la région, a été vécue comme une attaque des « *hamites* » (tutsi) contre les « *bantous* » (hutu et congolais), l'imaginaire populaire a tendance, au Congo, à surestimer discrètement les forces adverses qui, pour des raisons congénitales, ne pouvaient être que supérieures. Les clichés véhiculés sur les Tutsi, les situeraient dans un univers excentrique et supérieur, en tout cas éloigné des pratiques congolaises courantes. En tant que « hamites », ils seraient insaisissables, calculateurs, tacticiens, cyniques, insensibles à la violence qu'ils reproduisent à souhait. On poussa l'aberration jusqu'à croire que leurs femmes seraient d'une grande beauté ; leur sens de séduction est tellement irrésistible que ces amazones serviraient d'armes de guerre. Plusieurs officiels congolais auraient été victimes de leur attrait. Au demeurant, raconte la radiotrottoir, chaque grand de ce monde aurait une compagne tutsie, ayant pour mission de collecter auprès de lui des informations utiles pour la défense de la « bonne » cause. Conséquence : la communauté internationale, prisonnière de cette armada de charmes et otage du remords d'avoir été complice d'un génocide qu'on aurait pu éviter, serait acculée, malgré elle, à soutenir les « forts » contre les « faibles ». Une situation révoltante qui incite à penser à un réel « complot international ».

Retenons que c'est sur fond de ce manque d'assurance en soi que s'opèrent les violences « d'en haut » Il va de soi que si la reconnaissance de la pleine humanité du noir avait été d'application dans la « colonie modèle », celle-ci aurait fonctionné comme antidote efficace contre le venin du racisme. La vie coloniale, fondée sur la ségrégation a donc laissé de multiples séquelles.

Cycles des violences à l'ère coloniale et postcoloniale

De la fin du XIXè siècle à nos jours, la permanence des violences « hors normes » semble effectivement s'être organisée en cycles[28] successifs. Loin d'être des assemblages hétéroclites, ils constituaient au contraire des séries d'actions, enlacées les unes des autres et, formant des ensembles homogènes. De la période léopoldienne à l'indépendance, se décèlent au moins trois cycles du genre. D'abord, celui de la *guerre de conquête*, ensuite celui de *la mise en valeur économique* et, enfin, celui de la *lutte contre les mouvements messianiques*. L'âge postcolonial se chargea de produire quatre autres : le cycle de la *décolonisation*, celui des *rébellions mulelistes*, des *guerres du Shaba* et de la *guerre des grands lacs*.

Le cycle de la conquête coloniale fut inauguré le 24 novembre 1876, lorsque l'expédition de Stanley tira ces premiers coups de feu, sur le Lualaba, au cours d'un combat avec les Kusu, à la hauteur de la Lueki. L'exploit fur réédité au cours des trente-deux batailles qu'il engagea dans la suite de ce voyage. Pendant près de trente ans, une guerre fut engagée contre les résistants autochtones et concurrents arabes, une guerre « classique » qui aligna officiers, troupes et armes perfectionnées de l'époque. En 1882 déjà, deux mitrailleuses furent envoyées à Vivi, suivies de douze canons, l'année suivante. En 1882, on parlait déjà de la création d'une « *Force publique* », forte de 2 à 300 personnes[29]. Les Congolais en plus des violences subies par l'attaque directe des envahisseurs européens, furent également victimes des campagnes antiesclavagistes, puisque ces batailles se sont déroulées sur leur territoire et qu'eux-mêmes se trouvaient dans les rangs des deux groupes de belligérants. Les colonnes des vainqueurs n'étaient jamais à l'abri des surprises désagréables, comme dans le cas de la mésaventure de Ngongo Leteta et les révoltes des troupes gouvernementales en 1895, en 1897 et en 1900[30]. Ces mutins, qui se désignaient sous le nom de *baonis*, une fois libérés des contraintes coloniales, croyaient avoir tous résolus, ne connaissant pas encore le degré d'acharnement des maîtres européens. Aussi

---

28 Nous empruntons ce terme à J.-L. Vellut, « Résistances et espaces de liberté dans l'histoire coloniale du Zaïre : avant la marche de l'indépendance ca. 1876-1945 », C. Coquery-Vidrovitch et al. (éds.), *Rébellions-révolutions au Zaïre 1963-1965*, t. 1, Paris, l'Harmattan, 1987, pp. 24-73.

29 C.f. J-L. Vellut, « La violence armée dans l'Etat Indépendant du Congo », *Cultures et Développement*, XVI, 1984, 3-4, p. 675 ; F. Flament et al, op. cit., pp. 24-25.

30 Il s'agit de la révolte de Luluabourg, celle de la colonne du baron Dhainis et du fort de Shinkakasa près de Boma (cf. F. Flament et al., op. cit., 349-465.

leurs activités ne réussirent-elles qu'à étendre considérablement l'ampleur des pressions, puisqu'ils firent l'objet des poursuites, tant qu'ils n'avaient pas encore été arrêtés[31]. L'invention des « centres de relégation » fut réalisée pour punir (éduquer) des chefs traditionnels récalcitrants ou des révoltés qui avaient apporté atteinte à la sûreté de l'état.

En cette même période, le cycle de la mise en valeur économique commença à se mettre en place avec l'expropriation des terres et de l'ivoire, les corvées de potage[32] et de production de nourritures[33]. Ce cycle atteignit son sommet avec le régime d'exploitation du caoutchouc rouge[34], occultée dans l'historiographie coloniale du début du XIXè siècle[35], mais fortement étudiée et dénoncée de nos jours[36] pratiquement dans les mêmes termes qu'à la fin du XIXè siècle. Pourtant, le scandale que ces faits suscitèrent à l'époque, n'avait apparemment pas réussi à évacuer des pratiques qui en ont suivi. Le cycle des violences de la mise en valeur économique se poursuivit avec le régime des « cultures obligatoires » avec son cortège de brutalités, dans l'exploitation du coton[37] et de l'huile de palme[38]. Le Congo belge conserva, du reste, un certain nombre de techniques de violence qui avait fait leur preuve dans le passé. Les expropriations foncières pour des raisons d'exploitation minière et agricole, l'impôt et les corvées sont autant d'éléments qui justifièrent le recours massif à la chicotte, à des

---

31 G. De Boëck, Baoni, *Les révoltes de la force publique sous Léopold II*, 1895-1908, Bruxelles, EPO, 1987, p. 347-349.

32 Stanley, à la recherche de Livingistone, transportait moins de 6000 kg et un bateau comme l' »En avant », avec lequel avec lequel avait été exploré le lac Léopold II pesait environ 6 tonnes. S. Cornelis et al. *H.M. Stanley, Explorateur au service du roi*, Tervuren, MRAC, 1991, p. 8 et 44.

33 La production des pains de manioc (*chikwangue*), exigeant plusieurs jours de travail, constituait une offre insuffisante par rapport à la demande. Les méthodes coercitives n'y pouvaient rien. Les paysans étaient voués à des sanctions, à cause du caractère rudimentaire de la production, comme l'a vécu un missionnaire protestant en 1894 : « *Un village devait envoyer des vivres et négligea un jour de la fournir. Les habitants dormaient tranquillement quand ils entendirent tirer un coup de feu. Voyant que les soldats entouraient le village, leur seule pensée fur de s'enfuir. (Ils) furent impitoyablement fusillés et leur village fut complètement détruit. La seule raison de ce massacre était que les gens avaient omis d'apporter la chikwangue de l'Etat.* » M. Massoz, *Le Congo de Léopold II 1878. Récit historique*, Liège, Autoédition, 1989, p. 461.

34 D. Van Groenweghe, *Du sang sur les lianes*, Bruxelles, Didier Hatier, 1986.

35 P. Marchal note qu'il « régnait autours des sujets susceptibles de porter atteinte à l'image de la Belgique un climat de silence et de secret », *La mémoire du Congo : le temps colonial*, Bruxelles, éd Snoeck-MRAC, 2005, p. 49.

36 Hochschild, A., *Les fantômes du roi Léopold. Un holocauste oublié*, Paris, 1998.

37 Sur l'exploitation colonial du coton, on se référera à Ousmaka Likaka, *Rural Society and Cotton in colonial Zaire*, Wisconsin, The University of Wisconsin Press, 1997.

38 Sikitele Gize, C., *op. cit.*, 1986.

emprisonnements et à des expéditions punitives. L'inventaire complet des révoltes, comme résistance au régime d'exploitation coloniale belge, n'a jamais pu être établie. On s'est toujours borné à signaler les plus importantes, comme celle qui se sont passées au Katanga, dans le Haut-Uelé, à l'Equateur, dans le Sankuru, au Kwilu et dans la région du lac Léopold II (Maindombe actuelle), alors qu'en réalité, il s'agissait d'une réaction plus généralisée, attisée par le climat général d'insécurité à cause du recrutement forcé de la main d'œuvre. Même les groupes messianiques, par l'organisation des séances de prières et de guérison, étaient jugés coupables de détournement de la main d'œuvre de ses obligations de production.

Ce cycle *messianique* fait ici référence aux mouvements paysans à prétention religieuse, sectes et sociétés secrètes, qui se développèrent dans les quelques espaces de liberté disponibles, non encore quadrillées par les forces coloniales, particulièrement, l'Etat et les missions. Face aux rigueurs du colonialisme, se développèrent des stratégies de « libération dans l'imaginaire ». Le discours messianique avait pratiquement le même contenu. Il annonçait le « retour » imminent des ancêtres, ce qui sonnerait le glas du règne des Blancs. L'annonce d'une telle « révolution », incitait à la préparer, pour en hâter l'avènement, par la contestation des obligations économiques et culturelles coloniales. On s'interdisait alors de payer l'impôt, de se soumettre à des corvées et, parfois d'envoyer les enfants à l'école. On a identifié plusieurs prophétismes du genre, comme le *Lukoshi/Lupamba*[39] dans les régions du Kasaï et du Kwilu ou celui de *Maria Nkoyi* (Marie aux léopards)[40] dans le secteur du lac Léopold II.

Le *kimbanguisme* qui, démarra avec l'enseignement du Simon Kimbangu en 1921, fut promis à un triste destin. La même année, le 3 octobre, le modeste catéchiste de Kamba eut droit aux honneurs d'un « conseil de guerre », comme s'il avait été un officier de la Force Publique, après avoir été l'objet des tirs croisés de l'administration coloniale et des missions. L'acte de condamnation précise, dans ses attendus, que dans son enseignement, « *Les Blancs avaient été l'objet « d'une haine profonde et cette doctrine aurait été la cause « d'abstention au travail d'un certain*

39 Cf. Vansina, « Lukoshi/Lupamba : histoire d'un culte religieux dans les régions du Kasaï et du Kwango », *Etudes d'histoire africaines*, V, 1973, p. 51-97 ; G. Sikitele, op. cit., 1986.

40 Cf. A. Collignon, *La véritable histoire de Marie aux léopards*, Paris, 1933.

nombre de travailleurs »[41]. Cette condamnation à mort, commuée en détention à perpétuité, fut suivie de déportation de ses adeptes. L'historiographie militante kimbanguiste parle de 37000 familles envoyées en relégation entre 1921 et 1957[42]. Même destin pour les disciples de *Tom Nyrenda,* alias *Mwana Lessa,* à cette nuance que son mouvement, le *kitawala,* s'était déclaré, à l'antipode opposé, au Katanga. Les adeptes allèrent s'additionner[43] aux kimbanguistes pour constituer la clientèle la plus courante des camps de relégation.

Les *cycles de l'âge postcolonial* furent, comme on le verra dans un prochain chapitre, plus bref dans le temps et portant, non moins meurtriers. Cela commença par celui de la *décolonisation* qui inaugura la culture de reproduction des violences de type colonial par les congolais eux-mêmes. A la suite de l'échec de l'expérience électorale de 1957-1958, des conflits entre communautés, comme ceux entre Lulua et Luba, conduisirent à des actes de violences, comme à Luluabourg en octobre 1959, violences qui suivirent celle du 4 janvier à Léopoldville. Les tensions latentes éclatèrent, au lendemain de la proclamation de l'indépendance, en une succession d'opérations de violence armée : mutineries de la Force Publique, expulsion des Kasaïens du Katanga en sécession. Pour la première fois, on parla de « génocide » luba dans la région. Le Congo fut morcelé en quatre parties autonomes : le Sud-Kasaï et le Sud-Katanga, la province orientale et le Kivu sous l'autorité du pouvoir de Stanleyville en sécession, et le reste du pays sous la dépendance de Léopoldville. Au cours de cette période, fut inauguré le règne des assassinats politiques, le plus spectaculaire ayant été celui de Lumumba, Okito et Mpolo. On aurait cru que ces violences anomiques venaient clôturer la spirale née avec le démarrage du régime colonial. Il n'en

---

41 J. Chomé, *La passion de Simon Kimbangu*, Bruxelles, 1959, pp. 66-71. Pour un aperçu complet de l'histoire de ce prophète, voir E. Mbokolo et Sabakinu Kivilu, éds., *Simon Kimbangu prophète de la libération de l'homme noir*, Paris, l'Harmattan, 2014, 2 vol. Jean-Luc Vellut a publié les sources récentes inédites (*Simon Kimbangu 1921 : de la prédication à la déportation*, Bruxelles, ARSOM, 2005-2010, vol.1 : Fonds missionnaires protestants : alliance missionnaire suédoise (Svenska Missionsförbundet, SMF), vol. 2 : Fonds missionnaires protestants : missions baptistes et autres traditions évangéliques : le pays kongo entre prophétismes et projets de société).

42 D. Kuntima, *l'Histoire du kimbanguisme*, Kinshasa, éd. Kimbanguistes, p. 169. Et l'auteur de noter : *« Les geôliers n'ont rien à envier aux nazis, sauf qu'en lieu et place des chambres à gaz, ils ont utilisé des techniques plus subtiles : la faim, le fouet, le refus de dispenser des soins médicaux aux relégués malades. Amnesty Internationale aurait dû exister plus tôt…* » (pp. 195-196)

43 Les chiffres que j'ai relevés dans les « *Rapports aux Chambres* » sont éclairants : 1272 relégués en 1932, 4895 en 1944 et 5138 en 1956, I. Ndaywel, *Histoire générale du Congo…*, p. 425

était rien. La fin de la sécession katangaise, en janvier 1963, ne fut qu'une brève accalmie.

La même année, démarra le *cycle des rébellions* avec le début du maquis de Pierre Mulele dans le Kwilu. L'opposition lumumbiste, chassée du gouvernement Adoula, contrainte au silence par la dissolution des Chambres, le 23 septembre 1963, se regroupa à Brazzaville d'où fut lancé un second front de guérilla à l'est du pays. En 1964, la guerre civile avait gagné l'ensemble du pays, à l'exception du Bas-Congo et d'une partie de l'Equateur. Prise en otages, la population eut à subir une double série de violences. Celle émanant des deux maquis : viol, expropriation, exécutions sommaires, enterrement des personnes vivantes ; comme celle émanant des forces gouvernementales et leurs alliés les mercenaires : bombardements, tortures, exécutions sommaires. Systématiquement, l'armée nationale, avec ses « affreux »[44] pratiqua la tactique de la terre brûlée, pour forcer les paysans à « sortir des forêts ». Le point final de ce cycle fut tout autant infernal : l'exécution de Pierre Mulele dans des conditions inhumaines, la mort mystérieuse de Moïse Tshombe le vainqueur des rébellions dans les geôles de Boumediene à Alger, la disparition discrète de Kasa-Vubu, coupable de son laisser-faire et de sa confiance aveugle en son Commandant en Chef de l'armée devenu son remplaçant, le général Mobutu.

On se ménagea un intermède qui fut la période dite de la « *paix retrouvée* », une paix symbolique car si la violence déserta provisoirement le champ de guerre, ce fut pour mieux prendre la forme policière, d'arrestations arbitraires, de musellement des forces sociales et de répression des grèves estudiantines. Trois types de pressions furent d'application systématique, au cours de ce *cycle policier*. D'abord, l'imposition des pratiques sociales déstabilisantes non issue des choix individuels ou collectifs, du simple mode d'habillement à l'organisation de l'Etat pris en otage par le parti unique[45] de l'identification individuelle à des formes d'organisation de la société[46]. Ensuite, la criminalisation délibérée de l'économie nationale, le pillage des fonds publics, l'organisation d'une prédation généralisée au profit des privilégiés, acculant la population à chercher sa survie dans l'informel.

---

44 Schramme, J., *Le bataillon Léopard*, Paris, Robert Laffont, 1969.

45 A l'instar de l'exigence du port du pagne et de l'abacos, tout zaïrois était membre du MPR, Mouvement Populaire de la Révolution, « qu'il le veuille ou non »

46 La suppression unilatérale des prénoms a posé d'énormes problèmes non encore complètement résolus jusqu'à ce jour (voir 5è partie du présent volume).

Enfin, l'accumulation des violations des droits humains, détention illégales[47], assassinats, exécutions sommaires, répression des complots réels ou présumés tels[48] qui créèrent une atmosphère de peur viscérale généralisée.

L'opposition, en exil, ne tarda pas de prendre de l'initiative. Se déclencha alors le *cycle des guerres du Shaba* amorcé par la guerre d'indépendance de l'Angola en 1975, dans laquelle les Congolais se trouvèrent impliqués à la fois comme partenaires et adversaires dans chacun des deux camps antagonistes. Finalement, cette guerre angolaise se « congolisa » ; elle se commua en hostilité entre partisans congolais des deux camps, les forces gouvernementales alliées de la coalition FNLA-UNITA et les anciens Gendarmes katangais, alliés du MPLA. Ces derniers s'organisèrent en un *Front de libération nationale du Congo* (FLNC).

Les premières batailles entre les deux groupes donnèrent lieu en 1977 à la *guerre de quatre-vingts jours*. La seconde offensive, la *guerre du Shaba*[49], qui éclata en 1978, fut plus meurtrière que la précédente. Les anciens Gendarmes Katangais poussèrent l'audace jusqu'à prendre d'assaut Kolwezi, la plus importante ville cuprifère du pays. Le monde occidental ne pouvait tolérer que le « poumon » de l'économie congolaise bascule dans le camp « adverse » auquel était affilié l'Angola d'Agostino Neto. Aussi, cette situation provoqua-t-elle une réaction musclée de la France protectrice qui fit sauter la Légion étrangère sur Kolwezi, au motif de libérer les familles européennes prises en otages par les « rebelles »[50]. Le même théâtre de violence armée changea de décor, les années suivantes, pour se porter sur les

---

47 Les centres de détention étaient multiples. A ceux hérités du régime colonial (*Ekafera, Angenga, Buluwo, Makala, Kassapa*) se sont ajoutés quelques autres. Pour un aperçu des tortures les plus pratiquées, voir : P. Kamba-Nzalalemba, *Stratégies du pouvoir et comportements des acteurs sociaux au Congo-Kinshasa*, Paris, Thèse de doctorat, Université Paris I – La Sorbonne, 2005, p. 420-421 et 425.

48 Au plus fort de la « crise », certains « compagnons » en rupture de ban (provisoire) avec le prince, se sont plu à dénoncer ces pratiques. Tel a été le cas de C. Kamitatu Massamba, *La grande mystification du Congo-Kinshasa. Les crimes de Mobutu*, Paris, Maspéro, 1973, de D. Monguya Mbenge, *Histoire secrète du Zaïre*, Bruxelles, éditions de l'Espérance, 1977, de N.K. i Bond, *Mobutu ou l'incarnation du mal zaïrois*, London, rex Collings, 1982, de P. Yambuya, *Zaïre l'abattoir. Un pilote de Mobutu parle*, Bruxelles, EPO, 1991, et d'E. Dungia, op. cit. Plus récemment, une poignée de « collabos » d'hier se sont engagés à leur tour dans cette démarche : H. Ngbanda Nzando-ko-Atumba, *Ainsi sonne le glas. Les derniers jours du maréchal Mobutu*, Paris, 1998 ; F. undwawe te Pemako, *A l'ombre du léopard. Vérités sur le régime de Mobutu Sese Seko*, Bruxelles, éd. Zaïre Libre, 200 ; V. Nagifi, *Les derniers jours de Mobutu à Gbado-Lite, Congo-Zaïre*, Paris, L'Harmattan, 2003.

49 Cf. J.-C. Willame, « La seconde guerre du Shaba », *Genève-Afrique*, XVI, 1977-1978, 1, p. 9-26.

50 P. Yambuya, *Zaïre, l'abattoir : un pilote de Mobutu parle*, Bruxelles ; EPO, 1991, p. 91. Cet ancien pilote d'hélicoptère de Mobutu affirme que le massacre des expatriés avaient été le fait des forces gouvernementales, pour hâter l'intervention des troupes étrangères.

rives du Tanganyika où s'opérait la guérilla de Laurent-Désiré Kabila. Dans cette région, il produisit coup sur coup, en 1984 et 1985, les guerres connues dans l'historiographie congolaise sous l'appellation de guerres de *Moba I* et de *Moba II*[51].

C'est à la suite de ces multiples pressions que Mobutu amorça une démocratisation en trompe-l'œil, par la reforme de l'armée, la nomination d'un Premier ministre et, surtout, l'organisation des élections générales. En 1977, pour la première fois depuis 1965, un parlement élu fut mis en place. Très vite, la liberté octroyée par le prince devint irréversible, comme le prouva le groupe d'Etienne Tshisekedi qui allait narguer la dictature monopartite jusqu'à la création d'un parti politique « hors-la-loi », *l'Union pour le Démocratie et le Progrès Social* (UDPS)[52]. Leur revendication ouvrir la voie au retour au multipartisme et à la tenue d'une *conférence nationale souveraine* dont les effets bénéfiques eurent tort de se faire attendre indéfiniment. La roue du changement continua à tourner.

S'imposa alors le *cycle des Grands Lacs*, au lendemain du génocide au Rwanda en avril 1994, suite au transfert de la guerre rwandaise sur le territoire congolais, celle-ci fut recyclée dans ce nouveau contexte pour devenir une guerre de libération du Congo-Zaïre en 1996-1997. Mais la connexion avec le « bourbier » rwandais comportait bien d'ambiguïtés[53]. Contraint par le « devoir d'ingratitude »[54], Laurent-désiré Kabila, le nouvel homme fort de Kinshasa, mit les feux aux poudres en tenant de se soustraire de l'emprise de ses alliés, ougandais et rwandais. L'initiative ne tarda pas à aboutir à la « Première guerre mondiale africaine », opposant entre eux, les deux noyaux des parrains d'hier, d'un côté l'Ouganda et le Rwanda, de l'autre le Zimbabwe et l'Angola, entrainant au passage quelques autres pays, comme la Namibie et Tchad. Au total, un peu plus d'une demi-douzaine d'armées différentes croisèrent le fer dans cette guerre. L'accalmie décrétée

---

51 Cf. W.B. Cosma, *Fizi 1967-1986. Le maquis de Kabila,* Bruxelles, Cahiers africains n°26, 1997 ; E. Kennès, *Essai sur Laurent-Désiré Kabila*, Paris-Tervuren, L'Harmattan-Institut Africain CEDAF, 2003, Cahiers africains, n)57-59, p. 280-297.

52 Willame, J.C., « Union pour la Démocratie et le Progrès Social (UDPS) : chronique d'une opposition politique », *Cahiers du CEDAF*, 1987.

53 La soi-disant « poursuite » des génocidaires a conduit à des massacres des réfugiés hutu. Une espèce de contre-génocide venu venger le génocide. Le récit de M.B. Umutesi (*Fuir ou mourir au Zaïre. Le vécu d'une refugiée rwandaise*, Paris L'Harmattan, 2000) ou de M. Niwese (*Le peuple rwandais un pied dans la tombe*, *Récit d'un refugié étudiant*, Paris, L'Harmattan, 2001), est fort éclairant à ce sujet.

54 L'expression est C. Braeckman, *L'enjeu congolais. L'Afrique centrale après Mobutu*, Paris, Fayard, 1999, p. 297.

d'en haut, par la série d'accords de Lusaka, de San City et de Pretoria[55], n'a réussi qu'à faire « pourrir » une guerre peu pressée de s'estomper de manière définitive, d'autant plus qu'elle entretient une atmosphère si propice au déploiement des activités maffieuses qui ont produit une série de rébellions. Dans cette région, de 1997 à nos jours, des scènes de violence crapuleuse n'ont pas cessé de s'additionner : massacres de civils, incendie des villages, enterrement des personnes vivantes, viol systématique des femmes[56], recrutement forcé des enfants, et autres déportations, tortures et mutilations de prisonniers[57].

Violences : instruments du politique et stratégies économiques.

En dépit des particularités liées aux contextes spécifiques de leur production, ces violences en cascade présentaient de nombreuses similitudes. Sans s'attarder sur ce qui semble relever des évidences, on a pu noter qu'elles se sont exercées, à chaque coup, de manière multiforme, combinant des pures brutalités à des violences psychologiques ; la plupart ayant été opérées de manière discrète, ne mobilisant les condamnations de l'opinion internationale qu'après coup et, dans la mesure où elles auraient été dénoncées par des regards indiscrètes. Dans ce cas, ces violences suscitaient débats et polémiques, dont certains se prolongeaient dans la durée. Ainsi, les atrocités du *caoutchouc rouge* auraient pu continuer à « dormir » dans le silence de la mémoire, s'il ne s'était trouvé des missionnaires protestants pour en faire écho et un consul anglais, Roger Casement[58], pour les dénoncer. Les « palabres » suscitées par l'ouvrage d'Adam Hoschchild ou par celui de Ludo De Witte[59] pour ce qui concerne la mort de Lumumba,

---

55 Pour plus de détails, voir J.-C. Willame, *L'accord de Lusaka. Chronique d'une négociation internationale*, Cahiers africains, n°51-52, Paris-Tervuren, L'Harmattan-CEDAF, 2002 et P. Bouvier, « *Le dialogue intercongolais, anatomie d'une négociation à la lisière du chaos* », Cahiers africains, n°63-64, Tervuren-Paris, 2004.

56 Ce fléau a inspiré un essai d'un romancier congolais au titre bien significatif. Bolya, *La profanation des vagins, Le viol, arme de destruction massive*, Paris, Le Serpent à Plumes, 2005.

57 Cf. Bulambo Katambu, *Mourir au Kivu, Du génocide tutsi aux massacres dans l'Est du Congo-RDC*, Paris, l'Harmattan, 2001.

58 Cf. « Le rapport Casement », *Enquêtes et Documents d'histoire africaine*, Centre d'Histoire de l'Afrique, université catholique de Louvain-la-Neuve, 6, 1985, 174p.

59 L'intervention de L. De Witte, *L'assassinat de Lumumba*, Paris Karthala, 2000, a eu pour objectif de corriger la version défendue par Brassinne et largement diffusée (J. Brassinne et J.M. Kestergat, *Qui a tué Lumumba ?*, Louvain-la-Neuve, 1991). Sur la critique de cette double démarche, se

opposant les lecteurs « à charge » contre les « inconditionnels » des circonstances atténuantes, ont eu au moins pour mérite d'avoir produit, au niveau de l'opinion mondiale, une prise de conscience de l'ampleur des violences qui jalonnent l'histoire du Congo, le pays des holocaustes à répétition.

Sur ces drames, un des points permanents des débats porte sur la statistique des victimes, comme critère d'évaluation des terreurs du passé, comme s'ils seraient de grande ou de moindre importance, suivant le nombre de morts qu'ils auraient entraînés. Il existe ainsi de controverses, jamais clôturées sur le nombre des victimes du « massacre » des étudiants de Lubumbashi[60], ou celui des « chrétiens » lors de la « marche d'espoir »[61] en 1992 pour la reprise des travaux de Conférence nationale souveraine. Les mêmes débats concernent le nombre des creuseurs morts dans les événements de Katekelayi en 1977[62], celui des étudiants tombés lors des échauffourées du 4 juin 1969 ou des victimes des manifestations du 4 janvier 1959[63]. Le scénario est rigoureusement identique pour l'évaluation des victimes de l'exploitation du caoutchouc rouge, de la révolte pende, de la répression de la grève des mineurs à Elisabethville en 1941 ou de la relégation des adeptes de *Kimbanguisme*[64]. Pourtant, l'intensité des violences ne relève pas de cet unique critère. L'assassinat du seul Lumumba n'a-t-il pas été à la base de la révision totale de la trajectoire postcoloniale du Congo ?

Violences soutenues, encouragées ou provoquées à distance, elles ont eu également pour particularité le fait d'utiliser des *exécuteurs locaux*, transformant ainsi une partie des victimes en bourreaux. La technique a fait

---

rapporter à l'analyse de Gauthier de Villers (« Histoire, justice et politique : à propos de la commission d'enquête sur l'assassinat de Patrice Lumumba instituée par la chambre belge des représentants », *Cahiers d'études africaines*, XLIV (1-2), 2004, 173-174, pp. 193-220).

60 Alors que le premier ministre d'alors affirmait qu'il n'y a eu qu'un seul mort (V. Lunda Bululu, *Conduire la première transition au Congo-Kinshasa*, Paris, L'Harmattan, 2003) d'autres voix dénonçaient des « massacres » d'étudiants (V. Digekisa Piluka, *Le massacre de Lubumbashi, Zaïre 11-12 mai 1990 : dossier d'un témoin accusé*, Paris, L'Harmattan, 1993 ; M. Ngalamulume Nkongolo, *Le campus martyrs, Lubumbashi 11-12 mai 1990*, Paris, L'Harmattan, 2000).

61 Cf. de Dorlodot, *Marche d'espoir (Kinshasa, 16 février 1992), Non violence pour la démocratie au Zaïre*, Paris-Kinshasa, L'Harmattan-groupe Amos, 1994.

62 Cf. Marysse et T. De Herdt, « Les massacres de Katekelayi et de Luamuela (Kasaï oriental) », *Politique africaine*, 6, 1982, pp. 72-106.

63 Voir rapport de la commission *Assassinats et Violations des Droits de l'homme* de la CNS.

64 37000 familles auraient été déportées, selon la version kimbanguiste ; il n'y aurait pas eu plus de 4000 déportés, selon l'administration coloniale. D. Kuntima, *L'histoire du kimbanguisme*… p. 195.

recette depuis le temps des *pombeiros*, ces intermédiaires locaux dont se servaient les marchands négriers pour les envoyer dans l'arrière-pays attraper ou acheter des esclaves et les acheminer à la côte[65]. C'est à eux qu'incombait la charge d'exécuter les actes de barbarie sur les esclaves capturés, allant jusqu'à « désacraliser », par leurs actes, le code de bonne conduite de nos sociétés traditionnelles. C'est sans doute l'écart qu'ils étaient obligés de prendre par rapport à ce code social qui leur donnait la réputation d'être des « bandits » et des « maudits», autant qu'il les acculait en même temps dans une sorte de fuite en avant, à s'accrocher à ces pratiques antisociales. Celles-ci leur assuraient des dividendes immédiates mais aussi des faveurs des trafiquants portugais, en compensation de celles qu'ils avaient perdu de manière irrémédiable. Ainsi s'acquérait le goût de continuer à transgresser les interdits, par la pratique de la violence, parfois sans autres objectifs que de se confirmer à soi-même son appartenance à la classe d' « intermédiaires » qui se voulait distante de celle des autres « indigènes » (*wasenji* ou *basenji*)[66]. Les *sentinelles* de la période de l'EIC furent victimes des mêmes illusions. Trop sûrs de leur supériorité par rapport aux autres « indigènes », ils ne pouvaient se douter qu'ils ne servaient que garants de la bonne conscience des stratèges de la violence et de leurs commanditaires.

Le soldat de la *Force Publique* prit à son tour la relève des exécuteurs des comportements brutaux. En dépit de l'existence, pendant la colonisation, d'une multiplicité de « chansons patriotiques » exaltant la bravoure militaire, le métier n'avait quasi pas d'adeptes. Puisque l'enrôlement militaire était forcé, la société traditionnelle avait inventé tout un éventail de charmes de « résistance » contre ce recrutement. Ces alchimies avaient pour vertu, entre autres, de baisser sensiblement le poids physique, quant ils n'aveuglaient pas les agents chargés de la capture des candidats soldats au moment où ils commettaient leur forfait. Les jeunes ayant « consommé » les charmes se sentaient en sécurité. Une fois

---

65 *Pombeiros*, ce néologisme forgé à partir du mot *pumbu* (désignant le grand marché situé au pool) serait à la base du mot kyombe (kikongo) : *kiphumbulu* signifiant « bandit » (A.E. Yengo-ki-Ngimbi, « emprunts portugais et français en Kyombe » in P. Mabiala Mantuba-Ngoma, *La nouvelle histoire du Congo*, Tervuren-Paris, L'Harmattan-MRAC, 2004, p. 191).

66 Le terme *musenji* (pl. *basenji* ou *wasenji*), si courant dans les langues congolaises, serait une forme altérée de l'injure colonial « *mon signe* !», du moins selon l'interprétation du linguistique congolais Sesep Nsial, *La Francophonie au cœur de l'Afrique : le français zaïrois*, Paris, ACCT, 1993, p. 85. Cette injure était également utilisée par les « intermédiaires » locaux, « sentinelles et autres ». Finalement, il s'est généralisé pour signifier « paysan non édiqué ».

« arrêtés » pour devenir militaires, ils étaient finalement relâchés parce inaptes, leur poids à la balance contredisant leur apparente bonne santé.

Le recrutement militaire fut toléré dans la suite, mais les familles y envoyaient de préférence les « têtes dures » et les « cas désespérés ». En retour, ces « têtes brûlées »[67], intériorisaient des capacités inouïes de pratique de la violence sur les « civils » considérés comme une catégorie inférieure[68]. Voilà un fantasme qui aurait servi de prétexte au coup d'état militaire de 1965, quand l'armée décida de « discipliner les éternels indisciplinés » qu'étaient les civils. Ces professionnels de la violence, au temps de Mobutu, finirent par devenir manipulables à souhait, sous l'appât du gain, à cause de la paupérisation générale du pays et les conditions déplorables dans lesquelles ils vivaient.

La situation ne s'est guère améliorée dans l'après-Mobutu. Dans la guerre mondiale africaine[69], déclaré en août 1998, qui s'est forgé une légitimité politique grâce au ralliement d'une partie de l'opposition au régime de Kabila, plusieurs groupes politico-militaires[70] se sont constitués, s'opposant les uns aux autres, ne ménageant pas les populations prises en otage. Ces milices armées, baignant dans la culture de l'impunité au Kivu et en Ituri, et aguerris dans l'exercice de reproduction des actes insoutenables, parfois par simple plaisanterie ou sans autres objectif que de rechercher un peu d'amusement, n'ont pas cessé d'accumuler des abus. L'exercice est à mettre au compte d'une sorte de raffinement de la pratique de la violence, par combinaison d'ingrédients de pure barbarie, avec ceux de transgression de tabous culturels ou sociaux. Comme dans l'art culinaire, on ne cesse d'expérimenter des nouvelles recettes, comme celle de renfermer quelqu'un dans un sac rattaché à une pierre qu'on jette dans le fleuve ; faire coucher à plat ventre des prisonniers, afin que les militaires puissent marcher sur leurs dos ; arracher le sexe d'une personne vivante, lui couper les oreilles, le nez,

---

67 Le général Mahele, lors de sa harangue rapportée dans le film le *Cycle du serpent* de Thierry Michel, déclarait aux troupes : « l'armée n'est pas une poubelle ! » (*armée eza ekunde te* !)

68 Plusieurs mots d'ordre militaire confirment ce « mépris » du civil, du genre : « le civil n'est qu'une femme » *Civil azali kaka mwasi* ! ou encore « le civil c'est le champ du soldat ! » *Civil azali elanga ya soda.*

69 Cf. G. Villers et al., *République démocratique du Congo : guerres et politique. Les trente derniers mois de L.D. Kabila (août 1998-janvier 2001)* Tervuren-Paris, Institut Africain CEDAF-L'Harmattan, 2001.

70 Le mouvement d'opposition armée, le *Rassemblement des Congolais pour la Démocratie* (RCD), a fini s'émietter : en plus du MLC (*Mouvement pour la libération du Congo*), se sont créés le RCD/ML (*Rassemblement des Congolais pour la Démocratie/Mouvement de Libération*), RCD-N (*national*) ou RCD-ML/K (*Mouvement de Libération-Kisangani*)

l'amputer de ses membres et la laisser dans cet état pour prolonger la douleur avant que la mort n'intervienne. Les recettes les plus « douloureuses » seraient d'ordre sexuel : violer une mère devant son mari et ses enfants ; violer une fille pubère avec un bâton ou la pointe d'une kalachnikov, inciter des groupes de séropositifs à des viols massifs et systématiques[71].

Soumettre les différents cycles en une seule lecture globale permet aussi de déceler les différences évidentes, notamment entre les *violences primaires* et les *violences secondaires*. Les primaires sont celles qui sont initiales, inscrites dans le temps long et productrices de celles qui seraient des conséquences ou des excroissances des précédentes. Les violences de la mise en valeur économique ont été ainsi à la base des éléments du cycle messianique voire ceux de la guerre de conquête. Les violences de la décolonisation ont produit celles des rébellions et des guerres du Katanga.

En réalité, de manière globale, ce sont les impératifs économiques et stratégiques qui ont servi de matrices aux multiples cycles de violence identifiés. Reprenons ici la formule heureuse de David Van Reybroeck qui a si bien qualifiée cette situation singulière du Congo. « *Ces cent cinquante dernières années, chaque fois que le marché international a exprimé une demande pressante pour une certaine matière première, le Congo s'est avéré disposer de gigantesques réserves de la matière première convoitée : l'ivoire à l'époque de la reine Victoria, le caoutchouc après l'invention du pneu gonflable, le cuivre lors de la forte expansion industrielle et militaire, l'uranium durant la guerre froide, le courant alternatif pendant la crise pétrolière des années 70, le coltan à l'ère de la téléphonie mobile* »[72]. De manière permanente, ce triste privilège est à la base des violences hors normes.

L'acte premier aurait donc été la conférence de Berlin qui a décrété, en son temps, à la fois le principe de la « liberté du commerce » et celui de la « colonie sans métropole ». L'économie de « chasse au trésor » qui s'est instaurée était donc une forme de « mise en valeur » unilatérale sans

---

71 Pour le romancier congolais, Bolya, *La profanation du vagin*, 2005, le viol est « une arme de destruction massive ». Il écrit (p. 84) : « le cycle infernal des viols collectifs de masse des femmes et de jeunes filles est le gage de la pérennité de l'ordre cannibale instauré par les saigneurs d'Afrique. La manipulation des grossesses forcées est le viatique de ces nouveaux prédateurs sexuels. »

72 Van Reybroeck, D., *Congo une histoire*, Paris, Actes Sud, 2012 (traduit du néerlandais : Congo *een geschiedenis*, Amsterdam, De Bezige, 2010).

l'adhésion des autochtones, une opération de « cueillette » dépendante de la commande de celui qui s'était arrogé le droit de « propriétaire ». Ainsi, après l'esclave, cette « chasse au trésor » s'était-elle focalisée sur l'ivoire tant revendiqué sur le marché européen de la fin du XIXè siècle. Entre 1891 et 1895, précise Jean-Luc Vellut, les importations d'ivoire à Anvers avaient sextuplé, passant de 60 à 362 tonnes grâce à des rafles opérées lors des « campagnes arabes »[73]. Puis, vint le temps du caoutchouc correspondant à la demande internationale pour la fabrication des pneus dont la technique venait d'être découverte.[74] L'insuffisance de l'offre brésilienne pour répondre à ses besoins nouveaux, avait créé l'opportunité, pour Léopold II dont l'entreprise frisait la banqueroute, de transformer sa situation de misère à celle de prospérité. Si la terreur vint au rendez-vous, c'est en tant que technique de maximisation de la production. Loin de la rentabilité économique.

Le processus s'est poursuivi, en se complexifiant à partir de 1910, avec l'apport possible du Congo en produits miniers et agricoles. Il fallait du cuivre, de l'étain et d'autres minerais, particulièrement pendant les deux guerres mondiales successives. Côté agricole, le coton et l'huile de palme dominèrent la politique des « cultures obligatoires ». La production congolaise, soumise aux mêmes pressions internationales, a continué à s'illustrer comme chantiers privilégiés de la violence. L'exemple de l'huile du palmier élaeis, exploitée par le trust anglais *Lever* et fort éclairant. A partir de ses concessions du Kwilu (*Leverville*), de l'Equateur (*Alberta*) et de la province orientale (*Elisabetha*), sa filiale congolaise, la société des *Huileries du Congo belge* (HCB) entreprit une exploitation systématique, au mépris des intérêts des paysans, dans le but de soutenir la compétition internationale dans la fabrication du savon et de la margarine. Ces abus furent à la base de la révolte paysanne du Kwilu en 1932. De même, ce furent les exigences de la maximisation de la production du cuivre, dans le

---

73 J.L. Vellut, *La violence armée*…, p. 688. L'auteur précise que c'est à partir d'Edourd Bunge à Anvers en 1850 que démarra le négoce colonial d'Anvers. Dès 1892, ce commerçant détenait des participations dans l'ABIR et l'Anversoise. « Réflexion sur la question de la violence dans l'histoire de l'EIC » (P.M. Mantuba-Ngoma, *La nouvelle histoire du Congo*… p. 282). On se rappellera que l'un des principaux attraits de l'expédition Emin Pacha a été la nouvelle que celui-ci détenait 4000 tonnes d'ivoires (S. Cornelis et al. *; H.M. Stanley*… p. 70).

74 Le premier brevet de pneu date de 1845 (Robert W. Thomson) ; celui du pneumatique de la bicyclette est de 1888 (John B. Dunlop). Cf. G. Messadié, *Les grandes inventions de l'humanité*, Paris, Bordas, 1988.

cadre de l'effort de guerre, qui furent à la base de la grève des mineurs à Elisabethville et de répression brutale qui s'en suivit en 1941.

La logique de ce système est loin d'avoir évoluée. Elle semble inscrite, en lettres d'or, au cœur des drames du présent. L'économie de guerre, entamée au soir du régime de Mobutu dans un Kivu qui dévoilait sa nouvelle identité de région minière, en plus de celle, traditionnelle, de région agropastorale, s'est vite transformée, après la chute de la SOMINKI (Société Minière du Kivu)[75] en un vaste marché où l'auto-appropriation de l'or, du diamant, de la cassitérite, du Wolfram et du coltan[76], rivalisait avec la vente, la distribution ou le partage de ces produits. L'opération exigeait l'implication d'une multiplicité de réseaux d'intermédiaires, ceux chargés de la production (rebelles, Maï-maï, agents gouvernementaux congolais), comme ceux chargés du transit (ougandais, rwandais, burundais) de ces produits miniers. On n'a pas tort d'insister sur le poids local de ce « pillage », perpétrée suivant des logiques militaro-commerciales africaines (rwandaises, ougandaises, zimbabwéennes, sud-africaines) et sur les turpitudes des Congolais, complices des fossoyeurs de leur propre économie nationale. Il ne reste pas moins vrai que ces « nouveaux prédateurs » n'étaient, en réalité, que des *prédateurs par procuration*, dépendant de manière directe ou indirecte des réseaux d'affaires internationaux[77]. Il ne pouvait en être autrement, car si derrière les « négociants locaux », il y a les « exportateurs », derrière ces derniers il y a bien d'autres personnes, des « industriels » et des « métallurgistes »[78]. Comme l'a noté Roland Pourtier, « *la dénonciation des irrationalités économiques locales n'est souvent qu'un moyen de « détourner l'attention afin de masquer l'énorme asymétrie entre les producteurs et les acheteurs des produits miniers* ». A l'intérieur de la

---

75 Créée en 1976, la société minière du Kivu (SOMINKI) a cessé de fonctionner en 1996 et fut liquidée, l'année suivante. Aussitôt, l'exploitation minière artisanale, légalisée en RDC depuis 1982 par l'ordonnance-loi n°82/093 du 5 novembre 1982, prit son envol dans cette région.

76 Le coltan (colombo-tantalite), minerai dont seuls les spécialistes avaient jusqu'alors connaissance, a acquis dans cette guerre, une notoriété incontestable, comme symbole du pillage des ressources naturelles du Congo, en raison de la montée vertigineuse de son cours sur le marché international entre 1999 et 2001. D. De Failly, « Coltan : pour comprendre… », *L'Afrique des Grands Lacs, Annuaire 2000-2001*, Anvers-Paris, CERGL-L'Harmattan, p. 280-306.

77 L'étude d'un cas d'une chaîne commerciale concernant ce produit est révélatrice de l'ampleur et de la profondeur de ce pillage. Cf. *Rapport final du groupe d'Experts sur l'exploitation illégale des ressources naturelles et autres formes de richesse de la République Démocratique du Congo*, New York, Nations-Unies, 2002, p. 18.

78 Pour le cas du coltan, les métallurgistes, auprès desquels ce produit est vendu, seraient au nombre de huit. Les principaux sont : *H.C. Starck*, filiale de Bayer (Allemagne) ; *Cabott Inc.* (USA) ; *Ningxia* (Chine).

filière coltan, « *les gains ont pour unité de compte le dollar pour les creuseurs, la centaine ou le millier de dollars pur les commerçants, le million de dollars pour les courtiers internationaux* ».[79] Que dire des métallurgistes à qui ce produit est destiné, en finale ? Finalement, que le terrain congolais ait été déserté par les entreprises « major » au profit des entreprises « juniors »[80], cela ne modifie nullement la donne, puisque les produits collectés finissent par arriver à bon port, entre les mains des mêmes métallurgistes.

Les violences dictées par les impératifs économiques ont donc ainsi pris la relève de celles qui se donnaient pour des conséquences des stratégies politiques commandées par la guerre froide. Le premier objectif avait été, en son temps, le fait de mettre Lumumba hors d'état de nuire. Cet état de guerre s'exprima dans la manipulation des autorités congolaises, dans les contradictions de la politique de l'ONU de Dag Hammarkjöld, l'assassinat de Lumumba, la poursuite de ces lieutenants et leur élimination. Dans cet affrontement, même les interventions directes des belligérants de la guerre froide, sur le terrain congolais, n'avaient pu être évitées. C'est ainsi que le largage des parachutistes belges à Stanleyvillle, avec la logistique américaine, en novembre 1964, eut entre autres pour conséquence l'arrivée de Che Guevara dans le maquis du Sud-Kivu, à la tête d'un fort contingent des cubains envoyés par Fidel Castro[81].

Cette étape réalisée, on pensa à l'avenir. Pour éviter un nouveau risque du soi-disant basculement du Congo dans le camps ennemi, la mise en place d'un pouvoir allié, grâce au coup d'état de 1965, commanda d'assurer sa consolidation, son contrôle et sa rentabilisation, autant que faire ce pouvait, sur le plan économique (exportation massive du cuivre au cours des années fastes) et stratégique (contrôle sécuritaire » de la région). La tolérance des violations massives de droit de l'homme de ce régime politique

---

79 R. Pourtier, *L'économie minière au Kivu et ses implications régionales (Rapport suite à une mission au Nord-Kivu, Sud-Kivu et au Rwanda)*, Paris, INICO, 2004, p. 40.

80 E Kennès (« Le secteur minier au Congo : 'déconnexion' et descente aux enfers », F. Reyntens et S. Marysse, éds., *L'Afrique des grands Lacs. Annuaires 1999-2000*, Paris, L'Harmattan, 2000, pp. 305-348) a tenté d'établir l'inventaire des entreprises actives au Congo en économie de guerre. Il identifie, parmi les cinq « majors » : *L'Aglo Américain* (d'origine sud-africaine), *l'Ashanti Goldfields* (entreprise ghanéenne), *Barrick Gold* (américaine) ; et, parmi les « juniors » : *America Mineral Fields* (canadienne*), Anvil Mining* (australienne), *Banro* (canadienne), Cluff Mining (britannique), Colmet international (bitanico-polonaise), East Asia Gold (canadienne), *First Quantum Minerals* (canadienne), *PTM Minerals International Panorama Ressources* (britannique), *Melkior Ressources* (canadienne), *Rhodes Mining* (australienne), *Tenke Mining* (congolo-suédoise).

81 W. Galvez, *Le rêve africain de Che Guevara*, Bruxelles, EPO, 1998.

débridée, sans garde-fous parlementaire, passait pour la rançon de ce choix politique. Au lendemain de la fin de la guerre froide, un concours de circonstance permit à la fois de mettre un terme au régime de Mobutu devenu plus qu'encombrant par l'accumulation des excès, de réconforter le nouveau pouvoir de Kigali et de faire amande honorable pour le laisser-faire qui avait conduit au génocide de 1994, en fermant les yeux sur le coût humain d'une telle opération. L'implosion du Congo « par le haut » qui aurait dû rendre aisé l'accès aux nouveaux minerais stratégiques – à la fièvre du coltan s'ajouta la promesse du supposé boom pétrolier du lac Albert et de la Semliki[82] – imposa un réajustement tactique, celui d' « accompagner » le processus d'« informalisation » de la région, une sorte d'implosion territoriale, politico-administrative et commerciale. Une implosion par le bas sans doute attendue et programmée, pour rendre possible des recompositions politiques et commerciales plus conformes aux intérêts de la mondialisation.

En conclusion

Nul doute que les violences initiales, à la base des violences « secondaires » sont des conséquences de la structure économique congolaise basée quasi exclusivement sur l'exportation des matières premières. L'ensemble du territoire national semble être un assemblage d'espaces spécifiques des matières premières. Et, l'histoire économique du Congo s'apparenterait à une longue histoire de « cueillette » opérée au cours de ces treize dernières décennies qui nous sépare de la conférence de Berlin : « cueillette » de l'ivoire, du caoutchouc, de l'huile de palme, du café et du coton ; « cueillette » du cuivre, de l'étain, du cobalt, de l'uranium, du diamant, jusqu'à celle, toute récent au Kivu, de la cassitérite, du coltan, de l'or, et du diamant. D'une prédation à une autre, avec ici et là une plus grande intervention humaine comme dans le cas de la politique des plantations ou celle des usines d'exploitation minières, il n'y aurait finalement rien de neuf sous le soleil congolais, à cette seule différence que la notion d'un « *Congo utile* »[83], distinct du reste du pays et de son immense

[82] R. Pourtier, « L'Afrique centrale dans la tourmente, Les enjeux de la guerre et de la paix au Congo et alentour » *Hérodote géographie et de géopolitique*, 111, 2003, p. 11-40.

[83] Terme utilisé lors de la « première guerre mondiale africaine » pour qualifier l'Est du Congo, distinct de l'Ouest.

périphérie, aurait eu l'avantage de la clarté dans l'affirmation des logiques du pillage.

Le *Congo utile* n'aurait cessé de changer d'identité géographique, suivant les caprices du marché international, mettant en vedette tantôt tel produit tantôt tel autre. A la fin du XIXè siècle, c'est globalement l'axe Boma-Stanleyville, le Bas-fleuve et le Haut-fleuve qui était la région « utile » à cause de l'exploitation de navigation et l'écoulement des produits de cueillette. Presqu'en même temps, ce fut l'Equateur et le Bandundu septentrional à cause du boom occasionné par le caoutchouc rouge. Puis, pendant de longues décennies, le « Congo utile » était délocalisé au Katanga-Kasaï à cause du cobalt, du cuivre, de l'étain, de l'uranium et du diamant. De nos jours, il s'est largement étendu, du nord-Kivu au sud-Katanga.

Dans ce schéma d'évolution, les violences se seraient toujours imposées comme conséquences des besoins de maximisation de la production, dans le but de répondre au mieux à la demande extérieure. Il n'est donc guère étonnant que le régime des terreurs ait connu lui aussi une certaine forme de circulation et, que celui-ci ait pratiquement toujours coïncidé avec celui de la succession des « Congo utiles », en se focalisant particulièrement dans l'espace du produit en vedette. D'abord la côte au XVIIè et XVIIIè siècle, à cause de la recherche des esclaves, le régime de terreur s'est ensuite « logé » dans la région forestière allant du Kasaï à la Mongala et du Haut-fleuve au Lomami, à cause de l'ivoire et du caoutchouc au XIXè siècle. Puis, ce fut l'espace de l'huile de palme et du coton comme le Kwilu, pays de la révolte pende, puis le Katanga paradis de l'exploitation minière et le Kasaï comme « grenier » du Katanga au XXè siècle. Enfin, de nos jours les Kivu et l'Ituri, qui ont fait une entrée fracassante dans les actualités de l'histoire tumultueuse du Congo, à la fois comme espaces de violence et comme marchés des matières premières.

Il est impossible de faire l'inventaire des formes des violences subséquentes qui aient été produites du fait de ce système économique. Elles sont plus importantes qu'à première vue. Rien que le principe de la politique de « cueillette » des matières premières a introduit des inégalités entre régions du pays à cause de l'implantation discriminatoire des infrastructures coloniales. Etaient privilégiées les régions à matières premières en vedette. Ainsi les *régions du sud* (du Bas-Congo au Katanga) ont été mieux pourvues par le régime colonial que *celles du nord* (Equateur, province orientale) et, au sein de chacune d'elles, les mêmes types de discriminations ont élu domicile. Ces inégalités ont conduit à des tensions intercommunautaires, toujours perceptibles dans le paysage politique congolais, y compris de nos jours.

C'est l'issue des élections communales de 1957-1958 que s'est manifestée, presque dans toutes les villes congolaises, l'opposition entre les ethnies « étrangères » et « propriétaires » des villes parce que celles-ci étaient bâties sur leur terroir ! Des groupes ethniques dits « étrangers » ou « envahisseurs » étaient accusés d'avoir occupé, illégalement, des positions enviables par rapport aux « ayant-droit ». Au nom de ce principe de rétablissement des « originaires » dans leurs droits, les Lulua « chassèrent » les Luba de Luluabourg ; les « Katangais » tentèrent de se débarrasser des « Bakasaï » au Katanga ; les « Mongo » en firent autant des « Bangala » à Coquilhatville (Mbandaka) etc. Les racines des violences « tribales » contemporaines résidèrent entre autres dans des tentatives de « corriger » ces inégalités.

Une part de la violence du régime de Mobutu était liée précisément à une tentative de « rectification » de cet état d' « injustice » d'origine coloniale. Les régions du nord (Equateur, Province orientale) se retrouvaient dans une situation moins avantageuse que des régions du Sud (Bas-Congo, Bandundu, Kasaï ; Katanga), riches des infrastructures portuaires et ferroviaires et de l'expertise intellectuelle léguée par des congrégations missionnaires spécialistes de l'enseignement (jésuites, bénédictins etc.). Les « corrections » unilatérales, introduites par le pouvoir mobutiste, ont pris des formes multiples, allant de la *politique des quotas* pour l'accès à l'université, aux velléités de « déménagement » de certaines infrastructures du sud vers le nord[84], en passant par l'accumulation des violations des droit de l'homme dans ces régions méridionales, comme pour leur faire payer le « juste » prix de leur situation de privilégiées.

Voilà jusqu'où a pu conduire la politique d'exportation des ressources naturelles. Non seulement elle a eu recours, de matière systématique, à la pratique de la terreur ; mais elle a ouvert la voie à des tensions intercommunautaires, instrumentalisées à souhait de nos jours, dans la pratique politique contemporaine. Sortir de cette permanence de la violence suppose, de manière incontestable, l'effort, en plus de la répression

---

84 C'est ainsi que les jésuites fondèrent un collège à Gbadolite, loin de leur « territoire ecclésiastique » du Bas-Congo-Bandundu., vidant un établissement du sud (Kiniati) de son personnel religieux.

judiciaire et exemplaire de ces actes, de guérir l'imaginaire congolais meurtri par les assauts des violences symboliques. Il passe surtout par la mise en cause du système économique en place, si peu soucieux des impératifs du développement durable autocentrée.

Chapitre VII

Le crépuscule d'une mémoire : Léopold II, roi-souverain du Congo

La perception du roi Léopold II[1] par les Congolais aurait été de peu d'intérêt s'il n'avait cumulé son statut de souverain belge avec celui de roi-souverain du Congo pendant vingt-trois ans[2] - situation inédite qui ne s'est répété pour aucun de ses successeurs – et, si ces années-là n'auraient pas rendu le Congo tristement célèbre par le régime de terreur qui y a régné. Une autre raison justifiant l'intérêt de ce questionnement est lié à l'avenir de cette œuvre coloniale. L'Etat qui a été fondé dans des conditions aussi particulières, subsiste jusqu'à ce jour, pratiquement dans les limites frontalières négociées à l'époque. C'est la *république démocratique du Congo* d'aujourd'hui, l'un des cinquante-quatre Etats du continent africain. Puisque le Congo subsiste, il est normal que le nom de son fondateur soit associé à cette évocation et que la part congolaise de son histoire personnelle soit revisitée, quand bien même ce chapitre de l'histoire n'aurait été qu'une étape, suivie par bien d'autres[3].

---

1 Cf. Du jardin V. et al., éds., *Léopold II entre génie et gêne. Politique étrangère et colonisation*, Bruxelles, Racine, 2009, pp. 351-372. Texte revu.

2 Par les résolutions du 28 et 30 avril 1885 respectivement de la Chambre et du Sénat belges, « Léopold II, roi des Belges, fut autorisé à être le chef de l'Etat fondé en Afrique… ! » (Salmon, J., « La nature juridique de l'Etat Indépendant du Congo et des entités qui l'ont précédé », *Le centenaire de l'Etat Indépendant du Congo : recueil d'études*, Bruxelles, ARSOM, 1988, p. 167). Le 15 novembre 1908, l'Etat léopoldien devint le « Congo belge ». Sur les circonstances de cette décision, se référer à Jean Stengers (*Congo, mythes et réalités*, Paris-Louvain-la-Neuve, Duculot, 1989, pp. 168-178).

3 Cf., « Le Congo : Isidore Ndaywel évoque Léopold II », Mercier, J. et al. Eds., *Les Belges au XXè siècle*, Charleroi, la Renaissance du livre, 1999, pp. 43-52.

Un inconnu nommé Léopold II ?

Affirmons d'entrée de jeu qu'il n'existe pas un discours congolais consacré à Léopold II. De manière globale, l'espace du discours congolais, y compris dans sa composante savante, est encore fort limité. Jusqu'ici, en effet, l'élite universitaire congolaise s'est fort peu exprimée ; elle passerait même pour moins expressive que les Evolués qui avaient à leur portée une multiplicité de revues disponibles de nos jours disparues. Réduite très tôt au silence sous l'emprise des logiques autoritaires de l'ère de Mobutu, cette élite est devenue prisonnière des faits d'actualité politico-militaire qui remplit pleinement la mémoire au quotidien et qui laisse peu de place pour d'autres préoccupations. Dans ce contexte, au sein d'une population à majorité fort jeune, ne comptant dans ses rangs que peu de témoins de l'époque des Belges, l'image de ce passé révolu se présente plutôt comme une totalité. Aux yeux du Congolais, le Blanc n'était-il pas « un », qu'il soit missionnaire, agent colonial ou commerçant, flamand ou wallon, belge, italien ou allemand ?

Mobutu est probablement l'un des seuls acteurs politiques congolais qui se faisait une image plus précise de la personne de Léopold II par la culture acquise de ses conseillers belges[4] et l'admiration discrète qu'il témoignait à ce fondateur d'empire qui aurait inspiré ses propres choix politiques[5]. Mais sa lecture de cette histoire semble avoir été trop prisonnière de celle de la Belgique « officielle » pour qui Léopold II était un génie, un stratège, un fin diplomate. Mobutu s'est fait l'écho de ce discours ne relevant pas une seule fois le régime de violence qui s'était instauré à cette époque, alors que cela se déroulait essentiellement dans L'Equateur, sa province d'origine.

En 1969 à Bruxelles, en réponse à l'adresse du roi Baudouin au banquet offert en son honneur, le futur maréchal-président reprit à son compte ce refrain. « *...d'une main de génie, le grand Roi Léopold II traçait,*

---

4 Mobutu fut pris en charge dès 1960 par des anciens officiers de la Force Publique, notamment le comandant Powis de Tenbosch, ancien officier d'ordonnance du gouverneur général Cornelis puis du président Kasa-Vubu qui demeurera pendant longtemps à ses côtés (cf.,Mpoyo Kasa-Vubu, J., *Kasa-Vubu et le Congo indépendant 1960-1969*, Bruxelles, Le Cri, 1997, p. 35 ; Ilosono, B.B., *L'épopée du 24 novembre : témoignage*, Kinshasa, AS éditions, 1985, pp.78-80).

5. Gauthier de Villers (*De Mobutu à Mobutu, trente ans de relations Belgique-Zaïre*, Bruxelles, De Boeck Université, 1995) a démontré, de manière implicite, que Mobutu avait une parfaire maîtrise de la politique belge de son époque, ses enjeux et ses principaux acteurs.

localisait et commençait à construire et à organiser un grand Etat en Afrique centrale, Etat qui devait, dès le départ, constituer par le commerce et l'industrie, un cadre idéal de coopération internationale, et qui, par la suite, devait former l'une des meilleures promesses de l'Afrique dans la contribution de cette dernière au concert des nations en vue de la prospérité et la paix. C'est le Roi Léopold II qui a défini, négocié et défendu les frontières géographiques de la RDC. Pour ce faire, il lui a fallu déployer toute son énergie et ses hautes qualités intellectuelles et diplomatiques[6].»

Trois ans plus tard, le propos qu'il tient devant le Conseil législatif (parlement) est hautement significatif ; même loin de la Belgique, hors des contraintes du protocole royal, Mobutu n'affiche pas une appréciation négative de Léopold II. La politique foncière du monarque est citée en exemple, pour légitimer la sienne propre qui est similaire. « *A la fin du siècle dernier,* expliqua-t-il, *le Royaume de Belgique était gouverné par le Roi Léopold II. Celui-ci était parvenu à acquérir, à titre personnel, un grand Etat en Afrique centrale, sans trop attirer l'attention des puissances coloniales d'alors (...) Pour rentabiliser ce grand territoire, le monarque fit appel à deux puissances : l'argent et la religion. D'une part, il utilisait les capitaux privés pour suppléer à son manque d'économies personnelles et, d'autre part, il préparait sa pénétration économique et politique en exploitant le côté sentimental et religieux de nos populations, par l'apostolat des missions. Malgré les énormes précautions, Le Roi Léopold II eut maille à partir avec ses propres compatriotes qui voulaient exploiter en fraude les richesses du Zaïre sans contre- partie. C'est pourquoi, en 1888, le souverain belge décréta que tous les produits du sous-sol appartenaient à l'Etat. Mais, comme les fraudeurs ne sont pas nés d'aujourd'hui, il s'en trouva alors assez pour tourner le problème en abandonnant le sous-sol pour exploiter le sol. Un an après, en 1889, le Roi, ne se laissant pas prendre au piège, décida également que le sol appartenait à l'Etat. Ses ennemis ne s'avouèrent pas battus. Ils s'adonnèrent à la chasse pour se procurer peaux de bêtes et ivoires précieux. C'est pourquoi, achevant sa législature en la matière, le monarque décréta, en 1891, que tout ce qui était sur le sol, tous ses fruits, appartiendraient désormais à l'Etat (...) Le Roi défendait, contre ses propres sujets, ce qu'il appelait l'Etat indépendant du Congo. Qu'on ne soit donc pas étonné qu'en 1972 un nationaliste zaïrois défende les intérêts du Zaïre, luttant – non point contre, mais pour ses compatriotes – contre les*

---

6 Mobutu, op. cit., p. 462.

intérêts abusifs des étrangers[7] ». On n'est pas davantage fixé sur la perception congolaise de Léopold II.

Mais descendons au cœur du peuple, interrogeons les formes d'expressivité populaire les plus en vogue, pour tenter de glaner les bribes de souvenir que pourrait avoir laissé Léopold II. Au niveau de la peinture populaire[8], la moisson n'est pas concluante. Ici, le colonial est certes convoqué, mais sous les traits des scènes d'administration du fouet, de transport en tipoy, d'enchaînement de prisonniers ou de pendaisons publiques, comme celle d'un chef Lumpungu ou d'un François Musafiri, coupable d'avoir assassiné le « patron » devenu l'amant de son épouse. Presque pas de silhouette du roi-souverain à l'horizon[9] !

J'ai eu beau feuilleter également les pages disponibles du grand livre de la chanson congolaise[10], mais n'ai trouvé nulle part ce nom. Les arts du spectacle sont tout autant muets. Pourtant, entre le roi-souverain et Simon Kimbangu ou Patrice Lumumba, les artistes congolais auraient pu imaginer plusieurs scènes de rencontre dans l'au-delà : un genre littéraire dans lequel excelle le bédéiste kinois, *papa Mfumu'Eto Premier*[11]. Cet artiste est spécialisé, en effet, dans la production des bandes dessinées sur des rencontres dans l'imaginaire des personnalités historiques. Son art consiste dans l'élaboration des discussions orageuses qui s'engagent entre elles, les justifications qu'elles donnent de leurs comportements passés et les regrets qu'elles en expriment. Ainsi, a-t-il reproduit l'entretien entre Lumumba et son ancien secrétaire Mobutu devenu dans la suite son bourreau, de même entre Mobutu et son tombeur Kabila assassiné quelques années plus tard, celui des chanteurs qui se détestaient ici-bas mais qui, une fois au « village de la mort », ont réglé à posteriori les litiges d'ici-bas.

---

7 Mobutu, *Discours, allocutions et messages, tome 2*, Paris, éd. Jeune Afrique, 1975, pp 261-262.

8 Cf. Jewsiewicki, B., *Art pictural zaïrois*, Quebec, CELAT, 1992; Fabian, J., *Remembering The Present: Painting and Popular History in Zaire*, Berkeley, University of California Press, 1996.

9 Sur la centaine de peintures de Tshibumba Kanda Matulu étudiées par Johannes Fabian, seules trois font référence à Léopold II. Il s'agit de la peinture 8 (Stanley fait son rapport à Léopold II), 20 (Etat Indépendant du Congo) et 27 (Le monument de Léopold II à Léopoldville) (Fabian, J. op. cit., pp. 27, 46, 57).

10 Manda T., *Terre de la chanson*, Louvain-la-Neuve, Duculot, 1996 ; Ginzanza u-Lemba, *La chanson congolaise moderne*, Paris, l'Harmattan, 2005 ; Nimy Zonga J.P., *Dictionnaire des immortels de la musique congolaise moderne*, Louvain-la-Neuve, Bruylant-Academia, 2007.

11 Ses textes récents les plus populaires concernent la défenestration de Mobutu : cf., *Saddam akomi koteka mayi na Maroc* (Saddam, le fils de Mobutu vend de l'eau au Paroc), Kinshasa, 1997 ; *Bobi Ladawa akomi koteka ndunda* (Bobi Ladawa, l'épouse de Mobutu vend des légumes au Maroc, Kinshasa, 1997)

Mabika-Kalanda, en son temps, s'était également essayé dans le genre, par la reproduction de son entretien imaginaire avec Henri-Morton Stanley[12]. Ce dernier se serait justifié auprès de lui pour son comportement peu édifiant à l'égard des Africains, alors qu'aucune occasion similaire n'a été donnée à Léopold II pour s'expliquer :

Wua Mbombo (Mabika Kalanda) : *Monsieur Stanley, un auteur belge, Pierre Daye, se couvrant de l'autorité d'Alexandre Delcommune, vous accuse, si j'ose dire, du fait que lors de vos traversées de l'Afrique, vous vous seriez peu soucié des « peuplades » rencontrées, sauf en ce que vous pouviez en retirer pour arriver à votre but. En agissant ainsi, Daye affirme que vous laissiez percer malgré vous un dédain profond pour la race nègre. Quelle est votre opinion sur ce problème ?*

Stanley : (souriant en signe de mépris pour Daye) *Oui, j'ai appris que Pierre Daye qui m'accusait de traiter de même ceux qu'il appelle « les petits Belges », me qualifiait de comédien accompli qui savait en retirer momentanément des profits que j'en voulais[13].* (D'un air légèrement courroucé, il poursuit) *C'est vraiment mal me connaître que d'écrire pareils commentaires. Bien entendu, je n'étais pas venu en Afrique en ethnographe. J'étais plutôt un géographe et un journaliste-reporter. Dans tous mes livres, vous noterez la place donnée à la description des mœurs des hommes est minime. Je me suis occupé surtout de l'objet de ma mission : la géographie et l'hydrographie. Mes vues sur les hommes sont, je le reconnais, superficielles. On ne peut tirer prétexte de cet état de choses pour insinuer que je suis raciste. Je ne suis pas plus raciste que n'importe qui, à commencer par ce Pierre Daye. On s'en convaincra en lisant le chapitre 21 d'un livre qu'il a écrit après moi*[14] ».

Comment, en définitive, interpréter cette amnésie collective ? Elle serait visiblement la résultante de plusieurs facteurs, en commençant par le fait d'être le produit d'une certaine politique coloniale. En effet, dans l'histoire officielle de la colonie, l'évocation du roi fondateur de l'Etat du Congo semble s'être toujours réalisé d'un ton mesuré et dans une sobriété étonnante, en contraste avec celle de ses successeurs. Cette retenue passait

---

12 Kalanda Mabika, « Entretiens avec H.M. Stanley », *Analyses sociales du LASK* (Laboratoire d'Analyses Sociales de Kinshasa), VI, Janvier-Décembre 1989, pp. 20-41

13 Daye, P., *Stanley*, Paris, Grasset, 1936, p. 146.

14 Daye, P., *L'empire colonial belge*, 1923, pp. 205-228.

pour inexpliquéé et, l'on s'en est accommodé pendant des décennies, au point que le concept « Léopold II » avait davantage acquis une connotation aquatique (lac Léopold II) ou administrative (district du lac Léopold II). Que son nom ait été utilisé pour désigner la capitale, Léopoldville, le fait n'était pas exceptionnel ; il ne le rendait pas plus présent. Nombre de prénoms de la famille royale ont connu le destin de désigner les villes congolaises : *Albertville* (Kalemie), *Baudouinville* (Moba), *Charlesville* (Djokopunda), *Elisabethville* (Lubumbashi).

Son absence de la mémoire collective était perceptible jusque dans la chanson scolaire, cette pratique qui était censée inculquer aux enfants un certain civisme belgo-congolais dès l'âge scolaire. Ainsi, sur les 172 chansons collationnées et éditées par De Paepe et Kita, curieusement aucune d'entre elles ne fait explicitement allusion à Léopold II. Toutes les traductions congolaises de la *Brabançonne*, réalisés, il est vrai, au début des années 30, n'évoquent qu'un nom de roi, celui d'Albert I. En swahili, cet hymne, dans les Missions Adventistes du Septième Jour, se terminait par cette affirmation : « *Vous les pauvres (Noirs) qui avez été condamnés/Nous venons vous aimer tous/Les Belges, cultivons l'amitié/Albert, et la liberté/Les Belges, cultivons l'amitié/Albert, et l'amitié* »[15].

La *Brabançonne* lingala mettait plutôt en honneur les hauts faits de la guerre mondiale 14-18 et ceux de l'avènement du « nouveau roi », chacun de ses couplets martelant, en finale : *Albert, le roi légitime ! « Auparavant, le Roi des Belges avait aménagé/De ses forces son pays/ Ici au Congo, il a mis fin/A la traite des Noirs/Et à la lutte et au massacre/Maintenant chantons, enfants et vieux/Albert, le roi légitime*[16]. Dans sa version kikongo, l'insistance portait également sur le « nouveau roi », sur la mutation qui s'est opérée, sur le renouveau de la vie au Congo. On effleura ici, dans un des couplets, le passage entre Léopold II et Albert I, sans que les deux monarques ne soient nommés explicitement : « *Eh ! Congolais, viens que nous nous réjouissions/ Le nouveau pouvoir entre en fonction/Gaiement, gaiement, dans la joie il descend/ Les guerres se sont apaisées/Au Congo belge, la paix règne/C'est un beau pays qu'il est en train de créer/Dans les*

---

15 « *Kama mutoto anayo na mama moja, Mwikalayi na inchi moja. Ninyi Masikini, waliotengwa, Tunakuja kuwapenda wote, Wabeljiki, tuwe na urafiki, Albert, na ufungulifu. Wabeljiki, tuwe na urafiki, Albert, na ufungulifu* » (Kita K. Musandi, P. et Depaepe, M., *La chanson scolaire au Congo belge*, Paris, l'Harmattan, 2004, p. 209)

16 « *Kalakala, Bulamatari wa Belji, abongisi na ngufu, ya yeye mokili : aw'o Kongo asilisi bwa batu baïndu, boumbu mpe bobundi na bobomi. Bebe yemba, bana mpe bato Albert, mobeko bonsomi* » (id. ib., p.124)

règles, dans l'intelligence, dans le respect/ Le pouvoir est en train de s'asseoir/[17].

Une autre raison justifiant cet écart manifeste entre Léopold II et ses sujets du Congo est liée à des circonstances historiques. Le roi-souverain n'avait jamais mis pied dans le territoire de son Etat[18]. Ses contemporains du Congo n'ont jamais pu l'apercevoir et inscrire dans les traditions, pour les générations montantes, ses traits physiques ou les particularités de son caractère. Même la proclamation de l'indépendance du Congo à Vivi, le 1 juillet 1885, avait été faite par son Administrateur général, Sir Francis de Winton et non par lui-même. Au demeurant, elle s'était limitée à la notification du nouveau statut, non pas aux populations autochtones, mais plutôt aux étrangers, commerçants et propriétaires des factoreries.

Seuls ses successeurs ont pu laisser des empreintes de leur passage dans la vie sociale congolaise. Au Kasai, *alube* (Albert) était le nom d'une coiffure d'homme en souvenir de la chevelure d'Albert 1. Baudouin I était le *Bwana kitoko* (un beau monsieur !) dont le nom est encore si souvent prononcé par des Congolais et intervient dans des possibles rétrospectives élaborées dans les imaginaires. Le film, le *Cycle du Serpents* de Thierry Michel, restituant les réactions de la population à la suite de la mort d'un jeune-homme, fauché par la soldatesque de Mobutu, fournit une illustration bien caractéristique. Une femme s'est indignée: « *Que fait le roi Baudouin ? Pourquoi tolère-t-il de tels actes ?* »

D'ailleurs, l'arbre généalogique de la famille royale s'inscrivait, par génération, dans le registre des prénoms choisis lors du baptême ou attribués aux enfants à la naissance. A la vague des *Albert* et *Elisabeth*, avaient succédé des *Léopold* et *Astrid* (d'avantage le second que le premier), puis les *Baudouin* et *Joséphine-Charlotte*. On ne connaît rien des deux premiers Léopold, encore moins des prénoms féminins qui y correspondaient. Même Léopold III a laissé si peu de trace dans la mémoire collective congolaise, condamnant les trois Léopold à une sorte de marginalisation mémorielle.

---

17 « *E mwisi Kongo, nda tuyangalala luyalulu lumpa luyilama ; Luge, luge, mu ngemba kadilanga ; Mavita si matoma gengama. Mu Kongo belzi ntinu uyala; Yo nsi impwena sa kagangila, Mu nsiku, ngangu, nkanda ye luzitu; Kimfumu kio kitoma kindama*" (id. Ib., p. 81).

18 Tous ses successeurs effectueront des voyages au Congo : le prince Albert et l'altesse royale Elisabeth en 1908-1909 puis en 1928 en tant que roi et reine ; le prince Léopold en 1925 et en 1932 ; le prince régent Charles en 1947 ; le roi Baudouin en 1955 et en 1959 (J.M. Mutamba Makombo,., *Du Congo belge au Congo…* pp. 174-175)

Finalement le souvenir de Léopold II se limite à la simple image, de surcroît une image ambiguë. Un « *vieillard barbu* !», ce portrait, pour autant que je m'en souvienne, faisait peur aux élèves que nous étions, à la fin de la période coloniale. De plus, il était loin de correspondre au canon d'esthétique politique congolais qui veut, qu'au paraître, le chef soit par définition un bel homme, pétillant de santé et d'énergie. Dans les structures politiques anciennes, comme au royaume Kuba[19], ne procédait-on pas jusqu'à la mise à mort rituelle ou réelle (empoisonnement) du roi qui devenait trop vieux, afin que le déclin de sa santé n'entraîne pas celui de la prospérité du royaume ?

Plus vieux que tous ceux qui l'ont succédé, Léopold II n'avait aucune chance de leur faire concurrence sur le champ mémoriel. A ces handicaps, s'ajoutait un autre lié à la confusion que suscitait sa représentation. Vieillard barbu, il passait pour un vieux missionnaire, puisqu'il avait la barbe et la « soutane », le manteau collé à son personnage, comme sur le monument du roi équestre. Avec une casquette pour couvre-chef, il avait une toute autre allure, celle d'un missionnaire. C'est en tout cas la perception du peintre lushois Tshibumba qui l'a peint en le confondant avec Mgr. Jean-Félix de Hemptinne, Vicaire épiscopal d'Elisabethville, pendant la période coloniale, apparemment plus connu que lui[20]. Ressemble-t-il à un explorateur ? Dans ce contexte, il n'égalait pas Henri Morton Stanley. Ce dernier avait au moins un nom africain – le *boula matari* – alors que le roi n'en avait pas. Pendant la période coloniale, en effet, il était de coutume, pour les Congolais de donner des noms aux Européens, en fonction de leur physique, de leurs habitudes ou leurs caractères. Ainsi y a-t-il eu, parmi eux, des « lions ou léopards » (*Nkashama*), des « cheminés » fumeurs de pipe (*mbombo*), de « corpulents » (*Mufuta* ou *Mafuta*), des « fouets » (*Fimbo*), ou simplement de « bons patrons » (*Bwana Muzuri*). Puisqu'il n'a jamais été aperçu, observé, expérimenté au vécu, Léopold II était le parfait inconnu.

On comprend donc que la distance qui sépare son époque de la vie congolaise contemporaine, le civisme anticolonial de l'ère de Lumumba auquel a succédé la politique d'authenticité de Mobutu qui a procédé au déboulonnage de son monument de la place de la Nation (à Kinshasa) et

---

19 Vansina, J., *The Children of Woot: Essays in Kuba History*, Madison, The Wisconsin University Press, 1978.

20 Fabian, J., *op. cit.*, pp. 57, 189.

gommé, de la toponymie nationale, les noms coloniaux, notamment « Léopoldville » et « le boulevard Léopold II », tout cela aurait contribué à effacer les dernières traces de sa représentation. Finalement, la dernière évocation solennelle de son nom, dans le vécu politique congolais, remonte au 30 juin 1960, quand Baudouin I, dans son adresse d'indépendance qui a suscité tant de critiques dans l'historiographie de la décolonisation, a rappelé : « *L'indépendance du Congo constitue l'aboutissement de l'œuvre conçue par le génie du Roi Léopold II, entreprise par Lui avec un courage tenace et continuée avec persévérance par la Belgique…* ! »[21]

Léopold II dans l'histoire : point de vue de la jeunesse congolaise

Tout ne s'arrête pas là. Depuis la fin des années 80, on a noté également une forme de « retour » à Léopold II dans le discours savant congolais, en écho à la vision politiquement correcte qui se diffuse à partir de l'ancienne métropole et des capitales occidentales. Effectivement, l'épisode léopoldien de l'histoire du Congo est fort souvent convoqué dans le cadre de l'historiographie mondiale des violences. L'on en connaît les ouvrages fondateurs, ceux des belges, Daniel Vangroenweghe et Jules Marchal[22], et le « classique » de l'américain Adam Hotschild, traduit en plusieurs langues, qui en a assuré la vulgarisation[23]. Bien que les manuels d'histoire au Congo[24] soient discrets, voire muets sur les abus de l'exploitation du caoutchouc au cours de la période léopoldienne, ces données sont de moins en moins inconnues au Congo.

Le souvenir de ces violences a commencé à dévoiler l'identité du bourreau à qui les rattacher. Léopold II serait donc la source du « *mal congolais* », « l'ancêtre » des prédateurs du Congo, le personnage d'une

---

21 « Discours prononcés lors des cérémonies de l'indépendance du Congo par le Roi Baudouin, par M. Kasa-Vubu et par M. Lumumba », *Congo-Meuse*, 2-3, 1998-99, p. 317

22 Cf. Vangroenweghe, D., *Du sang sur les lianes : Léopold II et son Congo, Bruxelles*, Hatier, 1986 (première édition en néerlandais, *Rood rubber : Leopold II en zijn Kongo*, Bruxelles, Elsevier, 1985, réédition, Louvain, Van Halewyck, 2004) ; Marchal, J. *E.D. Morel contre Léopold II*, 2 vols., Paris, l'Harmattan, 1996 (traduction révisée de l'original néerlandais, Anvers, EPO, 1985).

23 Hotschild, A., *King Leopold's ghost. A story of Greed, Terror, and Heroism in Colonial Africa*, Boston-New York, Houghton Mifflin Co., 1998 (*Les fantômes du roi Léopold. Un holocauste oublié*, Paris, 1998)

24 Cf., *Regards sur l'histoire : panorama des civilisations*, Kinshasa, CRP, sd (1è année secondaire) ; Van den Steen, L., *La RDC, l'Afrique et le monde*, Kinshasa, éd. Loyola, 2005 (2è année cycle secondaire) ; Longo Kazumba, S., *Histoire* (classes terminales), Kinshasa, New Scolot, 2006.

cruauté exceptionnelle qui ordonnait de « couper les mains » des enfants congolais. David Van Reybrouck rapporte que lors de sa visite au quartier général du CNDP (Congrès national pour le défense du peuple) de Kundabatware, il fut abordé par un officier sur cette question: « *Pourquoi les Belges ont-ils tranché les mains des Congolais ? Etait-ce pour avoir plus de café* ? (de « caoutchouc » chuchota une personne dans l'assistance) ». Ceci prouve que l'histoire léopoldienne a de plus en plus d'assises dans le peuple[25].

A partir du « dehors », deux perceptions politiquement correctes de Léopold II cohabitent dans l'imaginaire des Congolais d'aujourd'hui : celle du grand roi et celle du roi cynique. Une situation qui, loin d'être en contradiction avec l'état d'ignorance de ce personnage, en constitue une forme de confirmation. C'est du moins la conclusion que j'ai tirée de l'enquête que j'ai menée auprès des élèves du *Groupe Scolaire du Mont Amba* : le Complexe Scolaire rattaché à l'université de Kinshasa. Deux questions furent posées aux élèves finalistes et pré- finalistes de la section littéraire et scientifique (6è et 5è) du cycle secondaire : *Qui est Léopold II ? Que représente-t-il pour les Congolais ?* Une soixante- dizaine de copies ont pu ainsi être recueillies[26].

Les réponses, à la première question, ont été sans surprises. Ayant « le Congo » pour matière du cours d'histoire, sortant des examens trimestriels où il avait été question entre autres de Léopold II, tous les élèves interrogés avaient une idée relativement précise de notre personnage. Certains ont même été capables de reproduire son histoire personnelle jusque dans ses moindres détails : nom du père, de l'épouse, date de naissance et de la mort. Cet acquis s'est interprété ici comme un avantage qui rendait possible la formulation, en connaissance de cause, d'une opinion plus personnelle à la deuxième question.

A celle-ci, précisément, les réponses ont été variables. La première observation qui s'impose est que tous les élèves questionnés, reconnaissent dans l'initiative léopoldienne, le rôle « fondateur » de l'Etat congolais ; ils usent d'une pluralité de formules pour l'exprimer. Léopold II…c'est « *le père du Congo* », son «*patriarche*», « *le grand et premier bâtisseur* », son

---

25 Van Reybrouck, D., op. cit., p.556.

26 Je remercie le Directeur du Groupe Scolaire du Mont Amba ainsi que le professeur d'histoire de l'établissement, Franck Mukena, pour sa collaboration efficace.

« *architecte* », « *la première autorité politique* », « *la première personnalité politique congolaise* », celui qui a marqué le début d'une ère nouvelle, « *le père de l'unité du Congo* », le « *libérateur* ». Un élève écrit : « *il a été pour le Congo un tremplin pour son ouverture au monde* » ; un autre va jusqu'à affirmer : « *C'est un héros... il a donné la forme au Congo en se taillant au cœur de l'Afrique un grand empire, l'actuelle République démocratique du Congo, malgré qu'il en avait fait sa propriété privée.* » Il est, précise un autre, « *la tête de l'histoire congolaise* », « *le père de son historique politique, administrative et économique* », « *sans Léopold II, le Congo actuel n'existerait pas* ! ».

Pour le reste, malgré la bonne maîtrise de la trajectoire de Léopold II qui n'a pas dépassé 1919, celui-ci est considéré comme incarnant l'ensemble des « bienfaits » et des « méfaits » de la colonisation, voire ceux de la postcolonie en plus. Ainsi, il serait un personnage important « *parce qu'il a ouvert les portes à la civilisation en construisant les routes et en introduisant le christianisme* » ; « *parce qu'il a utilisé sa diplomatie et son argent pour acquérir le Congo » ; parce qu'il a permis que son bien privé connaisse des changements : l'évangélisation prit de l'ampleur, il eut construction des chemins de fer* ». « Malgré les abus qu'il a commis, écrit un élève, *il est l'homme qui a entraîné les premiers pas du Congo vers le développement ; bref, il est l'homme qui a fait connaître le Congo auprès des puissances du XIXè siècle ; il a implanté les racines du modernisme au Congo* ».

Ces réactions « édifiantes » ne sont pas uniques ; elles ne constituent en réalité qu'une partie des textes rassemblés. D'autres alignent des jugements sévères voire impitoyables. Léopold II, c'est… un « *sanguinaire* », un « *raciste* », un « *oppresseur qui n'a apporté que souffrances et peines ! Un tyran, un barbare qui se cachait sous l'argument de la civilisation mais qui ne poursuivait que ses propres intérêts !* »; C'est « *un grand pilleur, celui qui a fait qu'on soit dépendant de la Belgique jusqu'à ce jour !* ». « *C'est le diable incarné ! Il pratiquait l'esclavage, prenait des Congolais pour des animaux ! Il demeure le symbole de la cruauté de l'homme blanc !* » Lui rendre hommage, c'est « *rendre hommage à un homme impitoyable, abominable, un diabolique personnage pour les Congolais* ». Et ce dernier auteur de préciser : « la simple mention du mot *matope* (cartouche), déclenche des souvenirs de mort, d'horreur ! (…) Un jour, sa statue a fait une courte apparition sur les boulevards de Kinshasa, faisant resurgir inopinément sur son passage une violente période de l'histoire congolaise. Son retour a été le plus bref. Revenue, la nuit, dans les rues de la capitale, la statue a disparu en fin d'après-midi, sans que les autorités aient expliqué (le pourquoi) de cette réapparition ![27] ».

On retrouve ici quelques opinions bien particulières, liées à la situation du Congo contemporain, du moins tel qu'il est perçu par l'opinion : « *Léopold II nous a rendu un mauvais service en appliquant le paternalisme qui a fait de nous des personnes dépendantes de la Belgique et des grandes puissances, jusqu'à ce jour. Nous sommes incapables de voler de nos propres ailes.* » Un autre élève écrit : « *Il (Léopold II) aurait dû vendre l'EIC à la Grande Bretagne ou à la France au lieu de la donner à la Belgique, pour que nous ne soyons pas dans la souffrance actuelle.* » Une autre opinion note : *« il représente le malheur des Congolais, parce qu'il ébranla nos valeurs traditionnelles et détruisit nos coutumes et traditions ».*

L'évangélisation, généralement considéré comme un « bienfait » est, sous certaines de ses plumes, source d'aliénation. « *Léopold II a joué sur l'infériorité intellectuelle des indigènes,* écrit un élève. *Il demandait aux Belges d'utiliser la sainte bible, particulièrement le passage qui dit 'heureux les pauvres !' on apprenait aux Congolais à apprécier la pauvreté pour les exclure du partage des richesses. Ces enseignements étaient propagés par de faux missionnaires qui étaient même des soldats sous les ordres de Léopold II. D'ailleurs, pour mieux casser les autochtones, on leur donnait une instruction élémentaire* »[28].

L'histoire léopoldienne était soumis, ici et là, à d'étranges contextualisations qui permettaient aux concernés d'aborder le « terrain » contemporain, comme dans cet extrait : « *Léopold II a détruit le Congo ; il est responsable de la souffrance que le peuple congolais subit pour le moment. Il n'est donc pas mort. Il dirige toujours le Congo et verse le sang des Congolais. Des Belges, comme Louis Michel, représente Léopold II et sont en train de manipuler le Congo, les richesses du Congo représentant jusqu'aujourd'hui la propriété privée des Belges* ».

---

27 L'auteur fait allusion à l'initiative d'un ministre de la culture de la période de transition (Christophe Muzungu) qui se décida, un jour, à remettre en place le monument du roi équestre. L'initiative dura l'espace d'un matin. Ce fait divers à Kinshasa a fait rêver plus d'un en Belgique.

28 Allusion aux prétendues « *instructions de Léopold II aux missionnaires belges* ». Pourtant, il suffit d'une brève application de la critique historique pour se rendre compte qu'il s'agit d'un « faux » !

La plupart des copies sont celles qui font la part des choses entre les deux opinions radicales, précisant que Léopold II avait à la fois une image « positive » et « négative » auprès des Congolais. Reproduisons, plus longuement, ici, trois textes suffisamment représentatifs de cette partie du corpus.

« *Léopold II est un personnage qui a marqué, de manière certaine, le début d'une ère nouvelles. Il a participé aux délimitations des frontières ; il a civilisé les Congolais, leur a appris à lire et à écrire (...) D'autre part, il a déraciné le Congolais de sa culture, il l'a privé de sa liberté en faisant de lui un esclave. Il l'a fait clandestinement car les autres Etats ne savaient pas qu'il pratiquait l'esclavage au Congo étant donné qu'il avait donné des raisons de recherche scientifique et d'exploration (...) Cette exploitation s'est fait sans souci de la survie de la population dont plusieurs sont morts d'épuisement, de travail forcé et de violence de la Force Publique* ! »

Un autre texte précise : « *Léopold II c'est le père fondateur du Congo, celui qui a rassemblé tous les territoires, toutes les tribus et tous les peuples qui composent le Congo. C'est lui qui a fixé toutes les frontières de la RDC et le proclama Etat indépendant du Congo, sa propriété privée. Mais il est considéré par les Congolais de l'époque comme le diable incarné à cause de sa cruauté, ses punitions inhumaines qu'il infligeait à ceux qui ne produisaient pas assez. Il ne respectait pas le droit de l'homme ; il considérait les Congolais comme des animaux ; il pratiquait l'esclavage. Il est haï par les Congolais de l'époque et même ceux d'aujourd'hui. On ne lui rend jamais hommage, comme les Brazzavilois le font pour Savorgnan de Brazza. On a enlevé toutes ses statues qui se trouvaient dans les lieux publics* ».

Un autre texte explicite l'embarras à trancher entre deux avis qu'il choisit finalement d'assumer en tant que tel: « *Je suis marqué par deux aspects de Léopold II : un aspect positif et négatif. Il a créé l'EIC, organisé la Force Publique, qui était à la fois une armée et une police nationale pour la défense du territoire. Il a aboli la traite mais pratiqué lui-même l'esclavage. Il était un homme riche, mais pas suffisamment pour supporter les dépenses nécessaires au développement du territoire congolais. Il voulait au contraire, non point se ruiner mais tirer les richesses du Congo. Il a causé la mort de nombreux autochtones, comme le chef tetela Ngongo Leteta en 1893. Il a fait tuer M'Siri parce qu'il refusait de se soumettre. Il a fait vider le village de Baringa pour faire place à une plantation de caoutchouc.*

Il ordonna à la Force Publique de menacer les chefs coutumiers pour qu'à leur tour ils puissent donner l'ordre à leurs sujets d'aller récolter le caoutchouc sauvage dans la forêt ; il utilisa aussi la tactique de prise d'otage. Il fit couper les mains des indigènes qui ne produisaient pas assez, afin de prouver le bon usage des cartouches fournies. Il ne voulait pas notre développement futur (...) Il avait dit : 'Je leur donnerai mon Congo mais ils n'ont pas le doit de savoir ce que j'y ai fait !' Il est allé jusqu' à brûler les archives qui pouvaient dévoiler ce qu'il a fait du Congo. »

En conclusion

Au terme de cette analyse, trois situations retiendront notre attention.

La première est celle liée à l'atrophie singulière que connaît l'histoire congolaise de Léopold II. Au lieu de se nourrir à la fois des « eaux » de la mémoire et de l'apprentissage des connaissances, ce fleuve du savoir est orphelin de la première composante. D'où son caractère insipide, limité et, réservé à une certaine élite. Visiblement, il n'existerait donc aucune proximité particulière entre Léopold II et la république née des cendres de son Etat indépendant, dont il a été le roi-souverain pendant plus de deux décennies. A preuve, comme on l'a vu, quelques-uns de ses successeurs, simples souverains régnant sur la métropole, y ont acquis dans la suite une plus grande audience mémorielle que lui.

Cette « absence » mémorielle – deuxième observation - est compensée, de manière implicite, par une sorte de « présence institutionnelle » forte du personnage. La permanence du formatage initial de l'Etat congolais, dont il a été l'initiateur à la fin du XIXè siècle, semble agissante jusque de nos jours. Colonie sans métropole à ses débuts, propriété d'un roi « inconnu de ses sujets », bâtie sur le principe de la liberté de commerce, le Congo contemporain, étranger à tout pré- carré néocolonial, est demeuré l'espace de rencontre et de confrontation des intérêts commerciaux divers[29]. La gestion unitaire qu'il y a instaurée, continue à

---

29 Prendre connaissance, à ce sujet, de l'intéressant exposé de Guy Vanthemsche, *La Belgique et le Congo. Nouvelle Histoire de Belgique*, vol. 4, Bruxelles, éd. Complexe, 2007, de même que de l'exposé de Gauthier de Villers sur l'ampleur des implications étrangères dans les guerres du Kivu (*RDC : guerre et politique. Les trente derniers mois de L.D. Kabila, août 1998-janvier 2001,* Tervuren-Paris, MRAC-l'Harmattan, 2001 ;*RDC. De la guerre aux élections. L'ascension de Joseph Kabila et la naissance de la Troisième République : janvier 2001-août 2008*, Tervuren-Paris, MRAC-l'Harmattan, 2009).

faire recette ; les processus de décentralisation et de fédéralisation, décidés à grands renforts de publicité, s'enlisent presque toujours, aujourd'hui comme hier, dans leur mise en œuvre effective, notamment à cause du poids historique de la centralisation. Il n'est jusqu'à la terminologie administrative[30] qui soit demeurée permanente, trahissant par là le choix virtuel de promotion du changement dans la continuité, qui a caractérisé l'âge postcolonial, malgré son caractère radical et la volonté de « rupture » qu'il a affichée, sans parvenir pour autant à la mettre en œuvre.

La troisième situation est liée à la réminiscence des violences et du régime de terreur qui ont accompagné la mise en valeur de l'Etat colonial. Grâce à la fréquentation des lectures diverses et à la pratique scolaire, l'opinion congolaise n'est plus tout-à-fait ignorante du contenu du nouveau discours politiquement correct, venu contredire totalement l'ancien. Cette opinion comprend mieux de nos jours la retenue coloniale qui a accompagné le souvenir du « grand roi ».

Face à cette situation, la réaction de la jeunesse congolaise peut surprendre. Dans la logique de la condamnation du colonialisme, on se serait attendu à ce qu'elle emboîte le pas à la dénonciation effrénée de « l'holocauste oubliée ». Il n'en est rien. Cette étonnante lucidité, qui amène les élèves interrogés à reconnaître en Léopold II, à la fois le « bourreau » mais aussi, selon leur propre terme, « le bienfaiteur », correspondrait à l'air du temps, révélateur de ce second âge de la postcolonie. Ces élèves, certainement plus sensibles aux séquences de la tragédie postcoloniale et au désarroi qu'elles génèrent au quotidien, sont peu motivés à faire le procès de l'âge léopoldien, quand bien même il constituerait, avec l'âge colonial, le soubassement des crises contemporaines qu'ils déplorent. Rien n'affirme, cependant, que cet état de choses soit définitif. On est à l'époque où se développe dans le monde une historiographie de « réparations, restitutions, réconciliations » entre Afriques, Europe et Amériques[31].

L'éveil à la revendication d'une forme de justice internationale se fait par contagion, surtout que ce sentiment est aiguillonné par le discours néocolonial de banalisation des violences coloniales qui incite à la réaction.

---

30 La terminologie de « *Province, District, Territoire* » du début du 20è siècle, remplacé à l'ère de Mobutu par « *Région, Sous-région, Zone* », a reconquis son droit de cité par la Constitution de 2006.

31 Voir numéro spécial des *Cahiers d'études Africaines* consacré à ce thème (173-174, 2004), particulièrement le texte introductif de Bogumil Jewsiewicki, « Héritages et réparations en quête d'une justice pour le passé et le présent », pp. 7-24.

Ce révisionnisme, qui développe une forme d'intolérance face à la critique des faits coloniaux, par l'accumulation des circonstances atténuantes pour tenter de justifier l'injustifiable et l'imputer à la seule partie africaine, passerait pour une nouvelle forme de légitimation de la violence coloniale. Nul doute qu'elle est appelée à être la matrice d'une nouvelle violence anticoloniale, en guise de réponse[32]. L'effet de contagion ne serait pas impossible dans l'avenir. Sur la question, il me paraît plus réaliste de prendre acte de ce que Léopold II, dans l'historiographie africaniste, demeurera un personnage ambigu et controversé ; situation qu'il faut assumer en reconnaissant que, dans les débats engagés et qui se poursuivent, personne ne détient le monopole de l'objectivité, encore moins de la vérité. Pas même des historiens belges.

---

32 La projection du film *White King, Red Rubber, Black Death* de Peter Bate, en avril 2004, a suscité une réaction révélatrice de cette tendance (Vannès, P. et Grimard, P., *Pourquoi ce pamphlet TV contre Léopold II ?,* Charleroi, Mémoire du Congo, sd). Pour justifier l'origine africaine des violences léopoldiennes, on y trouve des arguments du genre : « Les Congolais faisaient travailler les femmes » (p. 136) ou que les tirailleurs sénégalais, pourtant en contact avec la civilisation occidentale depuis le 17è siècle, coupaient des oreilles des cadavres allemands pendant la guerre 14-18 » (p. 143)

Chapitre VIII

Le manifeste « Conscience africaine » et le Congo indépendant

La relecture[1] du manifeste *Conscience Africaine*, à la lumière des consciences politiques qui en ont découlé, démontre que celui-ci a pratiquement servi de paradigme à la grammaire politique congolaise. En effet, pendant les cinq décennies de l'ère postcoloniale, son contenu n'a cessé d'inspirer, de manière discrète mais suffisamment explicite, les choix posés par les états-majors politiques qui ont eu en charge le destin national et féconder les imaginaires locaux, même si la conscience de la filiation se soit émoussée au cours des temps.

Comme pilier de la culture politique qui allait se mettre en place, ce manifeste serait, en effet, à la base entre autres, de la proclamation de la primauté de deux principes majeurs de la vie publique au Congo : celle de la revendication de *l'unité nationale*, à la fois comme valeur absolue et comme nécessité pratique, et celle de l'exaltation du « *nationalisme* », retenue comme la seule idéologie pertinente dans l'ancien « *empire du silence* ». Cette double conviction aurait plusieurs corollaires, notamment la méfiance viscérale à l'égard du pluralisme, qu'il soit politique, économique ou culturel, le rejet de ce que Mobutu qualifiait des idéologies « importées », et la quête permanente de la manière la plus efficiente possible, pour mobiliser toutes les forces sociales nationales. La présente étude tentera de revisiter la « longue marche » de ce credo, au travers des méandres des événements de la postcolonie congolaise.

---

1 Toussignant, N. et al., éds., *Elites congolaises et société coloniale : regards croisés,* Bruxelles, Publication des Facultés Universitaires de Saint-Louis, 2009, pp. 207-228.

Conscience africaine et unité nationale

Abordons ce manifeste par son contenu, sans nous attarder sur son histoire propre[2]. Elaboré sous le mode ecclésiastique d'une « lettre pastorale », voire d'une « encyclique », ce texte en treize points, comporte en réalité deux parties essentielles : la première, qui se veut une adresse aux belges et aux institutions coloniales, se termine par « l'appel aux Européens ! » ; quant à la deuxième, qui s'achève par « l'appel aux congolais ! » elle leur est destinée ; d'où le fait qu'elle ait choisi de faire l'économie de la langue de bois, usant d'un langage plus direct, et d'un contenu plus politique. Choisissant d'interpeller leurs compatriotes, les auteurs du manifeste commencent leur propos par l'affirmation d'une conviction, sur un ton quelques peu brutal : « Nous n'avons qu'une chance de faire triompher notre cause : c'est d'être et de rester unis. Unis, nous serons forts, divisés nous serons faibles. C'est l'avenir de la nation qui est en jeu ».

Replacer dans son contexte, ce message est ambivalent. Il est à la fois typiquement congolais et typiquement clérical. Cette dernière caractéristique est liée au conditionnement de l'époque. Depuis la fin deuxième guerre mondiale, la bataille des idéologies s'était en effet invitée sur le territoire congolais. La *guerre scolaire*, inaugurée au Congo dès 1946 par le ministre des colonies, fut amplifiée par Auguste Buisseret qui, en 1954, ouvrit les portes de l'enseignement non confessionnel aux autochtones. A lui seul, le coup était fatal car l'institution scolaire constituait le principal outil d'évangélisation missionnaire. De plus, le succès des « amicales » libérales et socialistes, l'anticléricalisme croissant du discours des évolués, la montée du protestantisme, les lueurs de la reconnaissance du culte Kimbanguiste, tout cela démontrait que les murailles du monolithisme idéologique, autour du catholicisme, se lézardaient de toute part et, que le processus était irréversible[3].

---

2 Les commentaires de L. De Saint Moulin (*Œuvre complète du cardinal Malula*, Vol. 6, Kinshasa, FCK, 1997, p. 298-301) ont le mérite de compléter l'étude d'A. Van Ostade sur le rôle incontournable joué par Joseph-Albert Malula (« Le manifeste de conscience africaine : les origines et les implications immédiates », *Recueil d'études Congo 1955-1960*, Bruxelles, Arsom, 1992, p. 525-555).

3 Voir J.B. Mukanya Kanyinda Muana, *Eglise catholique et pouvoir en RDC Enjeux, options et négociations du changement social à Kinshasa 1945-1995*, Genève, thèse de doctorat ès lettres (histoire), 2007, p. 25-57.

Du coup, le militantisme catholique ne pouvait s'autoriser de demeurer inactif. Des stratégies nouvelles furent élaborées et mises en œuvre pour tenter de contrer l'offensive idéologique. La mobilisation de la presse missionnaire, l'implantation dès 1946 d'une section de CSCB, la *Confédération des Syndicats Chrétiens de Belgique*, au Congo (qui devint la confédération des syndicats chrétiens du Congo), la multiplication des « paroisses » dans les cités de Kinshasa[4], le transfert du centre universitaire Lovanium, de Kisantu à Kimwenza, tant d'initiatives nouvelles s'efforcèrent de relever le défit.

C'est dans ce cadre que se situa le projet de l'abbé Joseph Malula d'organiser des *Conférences sociales et philosophiques*. Les exposés qui y étaient présentés avaient pour objectif de suppléer à la carence de la formation politique et idéologique des élites catholiques, notamment par l'initiation à la doctrine sociale de l'Eglise. Joseph Malula[5], à la base de ses initiatives, était viscéralement opposé aux idées de Buisseret et ne dissimulait pas son aversion à son égard, bien que celui-ci fût, à en croire Luc Gillon, un « homme de bonne volonté qui n'avait pas grand-chose du fanatique que l'on a trop souvent décrit». C'est ainsi que, posant le 26 décembre 1954, la première pierre du bâtiment de la faculté des sciences de l'université Lovanium, il proclama sa bonne foi en annonçant qu'il venait sur ce site… « *porteur d'un message de paix et de tolérance* ![6] ». Contre ce discours, il y eut une réaction de l'abbé Malula. Dans son message de Noël (1954), il proclama qu'il fallait se méfier du « faux pacifisme ! ». Il alla même plus loin, en précisant : « *Le ministre des colonies et ses collaborateurs nous arrivent et se disent porteur de messages de paix. (...) Mais quelle paix nous apportent-ils ? Des discours... oui, des discours*

---

4 Furent créées, entre autres, les paroisses suivantes : *sainte Thérèse* à Ndjili (1954), *saint Alphonse* à Matete (1955), *saint Michel* à Bandalungwa (1955), *saint Gabriel* à Yolo (1955) *saint Pie X* à Ngiri-ngiri (1956). A la même époque, huit nouvelles congrégations missionnaires s'installèrent à Kinshasa. Il s'agissait, pour les congrégations masculines, des *Dominicains*, des *Pères du Très Saint Sacrément* et de la *Société de Saint Paul* et, pour les congrégations féminines, des *Sœurs de la Foi*, des *Dames Bernardines*, des *Filles de Saint Paul*, des *Adoratrices de Saint Sacrément* et des *Filles de Marie* (J.B. Mukanya Kanyinda Muana, op. cit., p. 54)

5 Il va sans dire que le futur cardinal Malula a joué un rôle prépondérant dans la confection du manifeste, comme l'ont affirmé Joseph Malula et le père Henri Matota (L. DE Saint Moulin (éd.), op. cit., p. 298-301). Ces déclarations « congolaise » viennent en appui aux conclusions d'A. VAN OSTADE (« Le manifeste de conscience africaine : les origines et les implications immédiates », *Recueil d'études Congo* 1955-1960, Bruxelles, Arsom, 1992, p.547-548) qui ont marqué leur différence par rapport à la conviction de Verhaegen et de Young, suivant laquelle le manifeste était d'inspiration européenne.

6 L. Gillon, L, *Servir en actes et en vérité*, Paris-Gembloux, Duculot, 1988, p. 102 et 106.

enivrants, des promesses fallacieuses qui s'évanouissent avec l'ombre de leurs auteurs. (...) Nous ne sommes pas d'accord avec eux sur l'essentiel de la vie : Dieu.[7] »

Il est donc tout à fait vraisemblable que la motivation première ayant conduit l'initiative de rédaction du manifeste se soit située précisément dans ce contexte, comme l'a révélé Jean Nicaise, ancien professeur de l'université Lovanium à Jef Van Bilsen. Au lendemain du Congrès du dixième anniversaire de la CSCC (Confédération des syndicats chrétiens du Congo), raconte-t-il, il organisa chez lui un dîner avec, entre autres pour invités, Auguste Cool, président de la Confédération des Syndicats Chrétiens de Belgique et l'abbé Joseph Malula. Mais laissons le raconter lui-même la suite :

« *Après le repas, de petits groupes se formèrent ? M. Cool et l'abbé Joseph Malula étaient côte à côte dans un canapé. Je me trouvais en face d'eux. M. Cool d'emblée s'adressa à l'abbé : 'Les libéraux créent partout des cercles libéraux et sont actifs en tant que parti politique, les socialistes ont des amicales socialistes qui présentent le caractère d'un parti politique. Les chrétiens ne feront-ils rien ? » Immédiatement l'abbé répliqua avec une certaine indignation : 'M. Cool, les partis belges, les Congolais n'en veulent pas. Nous ne voulons pas être divisés. Ce qu'il faut c'est un mouvement national, affirmant nos aspirations d'égalité, le rejet d'attitude de domination de la Belgique et dans lequel nous affirmerons notre désir de participer à l'émancipation politique de notre pays.* » Réaction immédiate de M. Cool : « *Faites-le* ! » Quelque peu surpris, l'abbé demanda : « *Comment devrions-nous nous y prendre ?* », tout en ajoutant qu'il y avait autour de lui un bon groupe trouvant son origine dans un cercle d'étude qu'il avait dirigé pendant quelques années et qui était en majorité composé de militants des syndicats chrétiens. Ce cercle étudiait la doctrine sociale de l'Eglise. Il signala également que de ce petit cercle était née une revue, *Conscience africaine.* Peut-être pourrait-on proposer au comité de rédaction de cette revue de préparer un numéro spécial avec une sorte de proclamation exprimant le désir de voir se créer un mouvement national basé sur les véritables aspirations des Congolais.[8]

---

7 Malula J., « Un enfant nous est né, un fils nous est donné : message de Noël 1954 », *Conscience africaine*, 12, déc. 1954, p. 5-6 (L. De Saint Moulin (éd.), *Œuvre complète du Cardinal Malula*, vol. 3, Kinshasa, FCK, 1997, p. 173).

8 A Van Ostade A., op. cit. ; p. 535.

Ce témoignage est d'un intérêt capital. D'abord, il vient confirmer l'état de méfiance, d'intolérance et de compétition qui régnait à l'époque, et la détermination qui était celle de l'Eglise de combattre les idées «nouvelles », sans s'interroger en profondeur, il est vrai, sur les raisons de leurs succès. Ensuite, il précise, à notre attention, que le « manifeste » lui-même, n'avait été conçu, au départ, que comme préambule d'une organisation nationale à créer, un mouvement national censé mettre en échec l'introduction au Congo des partis politiques belges. On y reviendra.

Il est, par ailleurs, important de noter que l'anathème qui frappait les partis politiques n'avait pas ici pour justificatifs, la nécessité d'échapper au piège tribal, comme il en sera question plus tard. On est encore en 1956 : le « tribalisme[9] » n'en est encore qu'à des balbutiements et n'a pas encore dévoilé l'ampleur des dérives auxquelles il pouvait conduire. L'enjeu du moment, surtout aux yeux d'un prêtre, demeurait, comme on peut le noter, la mise en place et la reconnaissance d'une forme d'œcuménisme entre Congolais. D'où cette incise dans le manifeste : « Nous sommes convaincus qu'il est fort possible à des musulmans de s'étendre sur un programme de bien commun qui respecte les principes de la morale naturelle qui sont gravés au cœur de tout homme digne de ce nom. » Pourtant dans les faits, on n'était pas fort éloigné du surgissement de ce fléau de « tribalisme ». Et le groupe *Conscience africaine* n'y échappait pas. N'était-il pas perçu, à tort ou à raison, comme une « officine » des « *gens d'en haut* » et de leur toute puissante association, *Liboke lya Bangala*, en compétition avec les « *gens du bas* » ayant *l'Alliance des Bakongo* (ABAKO) pour fer de lance ? La réaction négative de cette dernière était donc prévisible, à la fois au niveau des identités que celui des idées, en raison de sa longue expérience et son ambition à contrôler la capitale[10]. Le document qu'elle rendit public, le 23 août 1956, auquel l'historiographie congolaise a collé le nom de « *contre-manifeste* », mais qui, officiellement, s'est intitulé, *Etudes et commentaires de l'Abako sur le manifeste Conscience africaine*, fait également date. Il

9 Comme déjà expliqué, nous établissons ici une distinction entre « tribu » et « ethnie ». Dans notre entendement, 'l'ethnie » c'est la « communauté » ancienne, dotée d'un héritage social précis ; la « tribu », c'est cette même communauté instrumentalisée au sein de nouveaux ensembles étatiques issus du « partage de l'Afrique », dans le cadre des pratiques politiques contemporaines. Ce sont ces nouvelles « créations » qui allaient être à la base de l'invention de tant de conflits au cours de l'âge postcolonial.

10 Le « contre-manifeste » a eu pour conséquence d'accentuer le clivage entre « bakongo » et « bangala », et « gens du haut », signataires du manifeste « Conscience africaine » (B. Verhaegen, « Histoire de l'Abako », Recueil d'études Congo 1955…, op. Cit., p. 569).

démontre, à tout le moins, en dépit des efforts de Malula, que les Congolais ne chantaient pas nécessairement à l'unisson et qu'entre eux, des dissensions graves étaient possibles. Mais ce manifeste de l'ABAKO est historique pour une toute autre raison. Pour la première fois on n'y parle de l'indépendance et… de *l'indépendance immédaite*.

Il a fallu attendre 1958 et 1959, pour que les clivages ethniques deviennent opérationnels dans le champ politique, comme effets pervers des élections communales de 1957, 1958, 1959. Les litiges et frustrations, nés de ces élections, achevèrent d'officialiser les conflits, entre Katangais, « authentiques » et « immigrés », ou entre « gens d'en haut » (Bangala) et « gens du bas » (Bakongo) ou encore, entre « Luluwa » et « Luba » au Kasaï[11]. Divisions et solidarités « tribales » allaient peu à peu envahir l'ensemble des espaces politiques disponibles. Même à ce stade et jusqu'au milieu des années soixante, le fait n'en sera encore qu'à ses débuts. A preuve, dans la grande crise politique de 1960, qui a conduit à la chute puis à l'assassinat de Lumumba, la « solidarité tribale » n'a visiblement pas joué un rôle significatif, comme dans les décennies qui ont suivi. Si cela avait été le cas, l'histoire de la décolonisation congolaise aurait totalement abouti à d'autres scénarios, puisque la plupart des leaders antagonistes – Lumumba, Iléo, Lundula, Okito, Mpolo, Bomboko, Kasongo – étaient tous *anamongo* et partant, des « frères ethniques[12] ». Leur possible « entente », au sein de ce conflit, aurait conduit à la mise à l'écart précoce, non pas de Lumumba mais de Kasa-Vubu, en dépit des pressions des pays occidentaux.

En attendant, le « temps des manifestes » situe la naissance d'une certaine vision politique, fondée sur la méfiance à l'égard du multipartisme et sur l'impératif de mobilisation de l'unanimité nationale pour construire la nation. Il est intéressant de voir comment cette grande idée a été mise en pratique et quelles en ont été les évolutions.

---

11 Voir C. Young, *Introduction à la politique congolaise*, p. 71-90, 107-136.

12 Les *Akutshu Anamongo* tiennent leur premier Congrès à Lodja, du 9 au 12 mars 1960. Sur l'évolution de la conscience politique de ce groupe, prendre connaissance de l'étude d'E. Banyaku Luape Epotu, *La pléiade des Anamongo : mythe et réalité. Essai d'une approche socio-ethnique*, Kinshasa, PUK, Cahiers du Ciedos, n°5, 2006.

Contre les partis politiques … pour un Mouvement National

Puisque l'objectif était donc la création d'un « *mouvement national populaire* », évaluons d'abord la trajectoire nationale par rapport à cet objectif. Sur la question, le texte du manifeste était plus que clair, comme le montre cet extrait : « Nous n'avons qu'une chance de faire triompher notre cause : c'est d'être et de rester unis. Unis, nous serons forts ; divisés, nous serons faibles. C'est l'avenir de la nation quoi est en jeu. L'union nationale est nécessaire parce que toute la population du Congo doit prendre avant tout conscience de son caractère national et de son unité. Comment serait-ce possible si le peuple est sollicité par plusieurs partis qui se combattent ? (…) Ce qui nous amène à prendre position à l'égard de l'introduction au Congo des partis politiques belges. Notre position est nette : ces partis politiques sont un mal et ils sont inutiles. Les partis politiques ne répondent à aucune nécessité dans la structure politique et administrative actuelle du Congo, puisque nous n'avons ni Parlement, ni élections. De plus, les divisions politiques n'ont pas de sens au Congo ; elles sont nées dans des circonstances historiques propres à la Belgique. Mais surtout, nous ne voulons pas actuellement de partis, parce que ce qui caractérise les partis, c'est la lutte ; tandis que ce que nous voulons, c'est l'union. Si nous nous laissons diviser, nous ne réaliserons jamais l'idéal d'une grande nation ».

Ce qui faisait l'objet de rejet n'était pas exclusivement la multiplicité de partis, mais le principe même de parti, avec ses clivages conduisant à la démarcation entre adhérents. Si l'on récuse le fait que les partis politiques soient d'origine belge, on n'affirme nulle part la nécessité de mettre en place des regroupements similaires qui seraient d'origine locale. A la place, l'on recommandait la mise en place d'un « *mouvement national populaire* », qui serait précédé d'un « *vaste mouvement d'opinion et d'idées* », qui pouvait « *créer des sections, affilier des membres, tenir des réunions* » ; il serait doté d'une organisation « *qui se ferait au grand jour, en pleine légalité, en se conformant aux lois et règlements en vigueur*[13] ».

Sur ce point, la critique antinomique de l'Abako était tout autant précise : « *La lutte des partis, quoique dangereuse, est bien nécessaire dans une démocratie. Elle stimule l'émulation : chaque parti voulant prouver à ses électeurs ce qu'il sait faire de plus que l'autre pour améliorer le bien-*

---

13 Voir *Conscience africaine*, 1, numéro spécial, juillet-août 1956, p. 4.

être des habitants ». Donc, l'ABAKO prônait, confirmant précisément par là ce que récusait *Conscience africaine*, que « *les groupes historiquement, ethniquement et linguistiquement unis et apparentés s'organisent pour former autant de partis politiques* ![14] ».

On fait déjà le constat, dans cette déclaration de l'ABAKO, de ce qui constituera à la fois sa force et sa faiblesse, à savoir la conscience de l'importance de son héritage, au point parfois de s'y enfermer et de croire que chaque région congolaise posséderait, comme elle, une culture politique dominante, en droite ligne d'un ancien royaume, comme celui du Kongo[15]. En réalité, le cas du Bas-Congo, bâti sur une mémoire alimentée par une importante littérature sur l'ancien royaume côtier était plutôt une exception. La plupart des régions ne connaissaient pas de situations similaires. C'est cette vision particulière, excentrique par sa revendication d'une autonomie provinciale, qui allait isoler le mouvement de Kasa-Vubu et mettre en veilleuse son combat pour l'indépendance. En attendant, la question posée ne pouvait plus être occultée : fallait-il réaliser un Congo unitaire ou un Congo des communautés ? Les deux visions antagonistes ont fini par s'inscrire dans la longue durée postcoloniale, d'autant qu'elles faisaient déjà objet de débat pendant la période coloniale, sans être tranché pour autant[16].

Conscience africaine s'avéra incapable d'organiser le « mouvement » dont elle avait esquissé les contours. Les quelques réunions d'informations que le groupe organisa ne dépassèrent pas le niveau de la simple sensibilisation. Il n'y eut pas un acte constitutif élaboré, ni d'adhésion de membres, ni de structure hiérarchique mise en place. Les réactions controversées que suscita la publication du manifeste en auraient sans doute été la cause, de même que l'absence d'un leader véritable, en dehors de l'abbé Malula lui-même, qui ne pouvait se permettre, de manière ostensible, de se mettre à l'avant plan, dans une démarche politique aussi visible. N'empêche qu'une vision politique s'était élaborée et qu'elle était disponible. Il fallait donc donner un contenu structurel à l'unanimité nationale. Un signifiant avait même été adopté pour exprimer ce signifié : il

---

14 CRISP, Congo 1959 : Documents belges et africains, Bruxelles, 2è éd., 1961, p. 17 et p. 19.

15 Pour une vue complète de l'Abako en cette période, se référer à B. Verhaegen, *L'ABAKO et l'indépendance du Congo belge. Dix ans de nationalisme Kongo*, Tervuren-Paris, Musée royal d'Afrique centrale-L'Harmattan, 2003.

16 J.-L. Vellut (*Guide de l'étudiant en histoire de Zaïre*, Lubumbashi, éd. du Mont Noir, 1974, p, 112-115) rappelle que le régime colonial, de la période léopoldienne à 1960, a toujours oscillé entre les régimes « centralisés » et « décentralisés ».

s'agissait de « *mouvement* », qui se voulait distinct de « *parti* » et d'« *association* ».

Dans la suite, cette intuition connut deux formes de continuité : celle de consacrer la concertation comme stratégie politique et comme mode de prévention de conflit, celle de poursuivre la quête d'une structure ayant la prétention d'incarner toute la nation. A défaut d'un mouvement unique, on pourrait, comme on va le voir, se contenter d'un « mouvement de masse », au service du peuple et mobilisant la majorité de la population.

L'unité par la pratique de la concertation fut expérimentée dès avant 1960. Elle le fut entre autres, par la mobilisation des associations et groupements politiques en vue de la rédaction d'un mémorandum à présenter au ministre Pétillon, dans le cadre du « passage » du *Groupe de Travail* constitué par le gouvernement belge. Le rapport du groupe de travail devait en principe être rendu public sous la forme d'une *déclaration gouvernementale*. Les événements du 4 janvier 1959 allaient imposer ici une accélération de l'histoire, puisqu'une déclaration royale a dû finalement précéder cette déclaration gouvernementale, la rendant du coup quelque peu caduque[17]. Pour rédiger ce mémorandum, un groupe de seize personnalités congolaises[18], issues des milieux professionnels, ethniques et idéologiques différents, fut constitué ; il remit, le 26 août, le fruit de son travail commun. Mais le mémorandum n'obtint pas l'écho souhaité auprès du ministre. Déçues, les associations firent savoir au gouvernement belge, dans une déclaration commune, qu'elles rejetaient d'avance les conclusions de ce groupe de travail et les décisions qui en découleraient[19].

Au moins, l'exercice avait été tenté avec succès. Il fut réédité lors de la Table Ronde Politique de Bruxelles, par la constitution d'un *front commun*, une structure de concertation permanente entre Congolais, instituée avec le soutien des « Amis de Présence africaine » et le concours des étudiants congolais en Belgique. Elle se réunissait avant les séances publiques, pour arrêter la position congolaise commune, à défendre par tous, lors de la négociation avec la partie belge. C'est ainsi que, dès les premiers jours de cette Conférence, la date de l'indépendance fut arrachée de la partie

---

17 Stengers, J., *Congo. Mythes et réalités*, Paris-Louvain-la-Neuve, Duculot, 1989, p. 243-248.

18 Il s'agit de Patrice Lumumba, Arthur Pinzi, Gaston Diomi, Joseph Ngalula, Albert Nkuli, Joseph Iléo, Cyrille Adoula, Alphonse Nguvulu, Antoine Ngwenza, Pierre Tona Masesa, Maximilien Liongo, Makuta, Gabriel Makosso, Joseph Mbungu, Laurent Bariko, Jean Motingia.

19 Pour plus de précisions, se référer Congo 1959…, op. cit., p. 27..

belge sans trop de difficultés. C'est le succès de la cohésion qui fut immortalisé dans la chanson *Indépendance chacha !* de Joseph Kabasele : « *Assoreco et l'Abako/Se sont entendus comme un seul homme/La Conakat et le Cartel se sont appréciés au sein du front commun/De même que Bolikango, Kasa-Vubu/Et Lumumba avec Kalonji/Bolya, Tshombe, Kamitatu/Essandja et le vieux Kanza* »[20] !

Le souvenir du « front commun » ne s'est apparemment pas émoussé, même sur le plan sémantique. En 1964, s'était constitué un Front commun national pour contrer l'avance de la Convention nationale congolaise (CONACO) de Moïse Tshombe. Au lendemain de la « démocratisation » de Mobutu en 1990, l'un des trois partis admis à fonctionner, en plus du MPR et de l'UDPS, s'est réclamé d'être le « Front commun des nationalistes ». C'était le parti de Mandungu Bula Niati et Kamanda wa Kamanda. En 2013, Joseph Kabila a organisé un conclave pour raviver la cohésion nationale. On comprend aussi qu'à la suite de la crise qui éclata au lendemain de la fête de l'indépendance, les rencontres qui s'organisèrent pour mettre un terme à cette crise, furent qualifiées de « tables rondes », de Léopoldville, de Tananarive (Antanarivo) et de Coquilhatville (Mbandaka), comme pour revendiquer une sorte de filiation avec la réunion de Bruxelles qui avait été couronnée de succès.

Avant les sécessions, c'est la crise qui éclata entre Kasa-Vubu et Lumumba qu'on essaya de résoudre grâce à cette thérapie ; une commission dite « compromissoire » fut mise en place, ayant la charge de réconcilier le chef de l'Etat et le chef du gouvernement. On sait que la commission réalisa un travail remarquable de « réconciliation », qui ne fut hélas pas entériné par les « parrains » extérieurs, la Belgique et les USA, décidés à leur niveau à en découdre avec Lumumba. N'eût été à cette conjoncture particulière, une collaboration renégociée entre les deux leaders aurait été possible et cette page douloureuse d'histoire du Congo aurait sans doute conduit à d'autres dénouements.

Une préoccupation similaire réapparut après la mort de Lumumba. Pour débloquer la machine politique et renouer avec une forme de légitimation de l'action gouvernementale et sortir du climat de contestations

---

20 « Assoreko na Abako, bayokani moto moko ; na Conakat na cartel, balingani na Front commun ; mpe Lumumba na Kalonji ; Bolya, Tshombe, Kamitatu, O Essadja, mbuta kanza ! » (A. Kabembe et P. Salmon, « Chansons congolaises à la Table ronde », *Recueil d'études Congo 1955*..., op. cit., p. 276-277).

réciproques, on tint à nouveau le langage de la « réconciliation » à l'occasion du Conclave de Lovanium, en juillet-août 1961. Bien que de courte durée, la réussite fut au rendez-vous. L'exercice sera réédité, quelques décennies plus tard, en bien plus grand format, sous le signe de la Conférence nationale souveraine, puis celui du Dialogue intercongolais à San City en Afrique du Sud et qui a fini par remettre en marche un Congo totalement « en panne[21] ».

Construction d'un mouvement national : la longue marche

Pendant ce temps, le projet d'un mouvement national continua lui aussi à évoluer. La première avancée significative fut constatée en 1958, à Bruxelles, à l'occasion de l'Exposition universelle du Heysel. Des évolués provenant des provinces différentes, tous invités du gouvernement, des « missions » et des sociétés privées, purent enfin se rencontrer et se fréquenter pendant les six mois de l'activité foraine, d'avril à octobre.

Pendant que Malula continuait à affirmer la nécessité de l'indépendance du Congo, de préférence « *un quart d'heure trop tôt que trop tard*[22] », quelques personnalités congolaises se décidèrent ensemble de rendre publique, à leur retour de Bruxelles, la création d'un « *Mouvement pour le progrès national congolais* » (MNPC). La nouvelle initiative démontrait que le projet du groupe *Conscience africaine* s'était popularisé dans les milieux des évolués, puisqu'il faisait l'objet d'une autre appropriation, de la part d'un nouveau groupe[23], formé sur le tas, sur base d'une grande diversité régionale. Mais le projet fut pris de court.

C'est une autre dynamique, autour de Patrice Lumumba, revenu plus tôt de l'Exposition Universelle, qui conduisit enfin à la concrétisation du « mouvement » en gestation depuis deux bonnes années, de surcroit dans les milieux congolais différents. Six semaines après le mémorandum à l'adresse du Groupe de travail, en octobre, dix des seize signataires du document se

---

21 L'histoire de cette longue négociation est rapportée par P. Bouvier (Le dialogue inter congolais … , 2004).

22 Le 28 mai, il fit cette déclaration dans sa conférence : « *l'âme noire face à l'occident chrétien* » au Congrès de l'Humanisme chrétien (*Afrikakring*, 1ère année, 1958, n°4, p. 217-233).

23 Les promoteurs connus étaient les suivants : Boniface Matekete, Jacques Massa, Honoré Mongayi, Jean Bolikango, Georges Grenfell, Michel Bamala, Raymond Ukumu, Jason Sendwe et Dominique Iloo (J.-M. Mutamba Makombo, op. cit., p. 320).

regroupèrent pour créer le *Mouvement national congolais*, optant pour une formulation plus brève et marquant ainsi sa spécificité par rapport au projet précédent. On retrouve, parmi ces fondateurs, les figures les plus marquantes de *Conscience africaine* : Joseph Iléo, Joseph Ngalula, Albert Nkuli, Antoine Ngwenza.

C'est dans son discours au retour de la Conférence du Rassemblement des Peuples Africains à Accra, le 28 décembre 1958 que Patrice Lumumba précisa le contenu politique de ce mouvement, capitalisant en l'amplifiant, la conscience née du manifeste : « *Nous adressons un vibrant appel à tous les patriotes congolais, à toutes les associations et groupements organisés de s'unir autour du Mouvement national congolais, lequel s'adresse à tous les Congolais sans distinction de tribu, de sexe ou de religion*[24]. » On sait qu'il invita même Kasa-Vubu et son Abako à rejoindre le « mouvement ».

L'irruption de Lumumba, dans le processus de mise en orbite du projet, fut plus que bénéfique. D'abord, elle opéra l'indispensable décléricalisation de cette grande idée, jusque-là cantonnée sur le champ de la spéculation, la gratifiant enfin d'une ambition politique plus précise, de par son expérience de lutte anticoloniale. Elle dota le mouvement d'un leader charismatique, et apporta du coup au projet, jusque-là essentiellement kinois, la promesse et la caution d'ouverture vers des membres potentiels de l'arrière-pays[25]. En même temps, elle lui fit acquérir une dimension panafricaine, par les liens que Lumumba parvint à nouer, à Accra, avec des leaders prestigieux, comme Kwamé Nkrumah du Ghana et Sékou Touré de la Guinée[26].

Mais assez rapidement, le succès du jeune leader fut ressenti au sein du groupe des fondateurs, comme encombrant ; sa grande capacité d'adaptation et de captation de ressources et de nouvelles idées, faisait

---

24 Congo 1959, op. cit., p. 32.

25 Ce qui fut concrétisé fort rapidement par l'adhésion des leaders régionaux, comme A. Kalonji, C. Mukeba, V. Mbuti et D. Manono.

26 Dès le 25 août 1960, malgré la tempête politique, Lumumba organisa à Kinshasa une conférence panafricaine. Dans son allocution d'ouverture (J. VAN LIERDE, L pensée politique de patrice Lumumba, p. 317-324), il « internationalisa » la lutte congolaise : « Notre sort commun se joue pour le moment au Congo. C'est ici que se joue un nouvel acte de l'émancipation et de la réhabilitation de l'Afrique !»

problème[27]. Aussi, un an après, le mouvement enregistra-t-il sa première grande crise. L'offensive provint du noyau dur des « kinois » (Iléo, Ngalula, Adoula), qui mit à l'avant-plan, Albert Kalonji, alors partisan de la réconciliation entre les deux tendances. A peine sorti des geôles coloniales, le futur Mulopwe avait l'avantage d'avoir un parcours similaire à celui de Lumumba. De plus, il était kasaïen comme lui. En dressant Kalonji contre Lumumba, on appliqua ici une stratégie politique qui continuera à faire recette dans le Congo postcolonial, celle d'opposer des anciens amis, comme plus tard, Moïse Tshombe et Evariste Kimba, et qui sera d'application systématique dans les remaniements ministériels, au cours des décennies du mobutisme.

La consécration de la scission de MNC en deux ailes distinctes eut une autre conséquence grave, particulièrement dans le cadre des préparatifs de la Table Ronde Politique. Par nécessité stratégique de lutte contre son concurrent, le MNC/Lumumba, le MNC/Kalonji devint l'allié objectif de l'Abako. Il participa au congrès de Kisantu organisé par l'Abako, et accorda son adhésion au projet de la mise en place d'un Congo fédéral, en dépit de la forte présence en son sein des anciens de Conscience africaine[28]. Du coup, le courant du nationalisme unitaire passa définitivement de la gauche cléricale, à la gauche laïque ; il devint quasi exclusivement « lumumbiste », parce qu'incarné exclusivement par le MNC/L et son cartel. D'où la naissance du concept de *nationalisme lumumbiste*.

Après la mise à l'écart puis la mort de Lumumba, Antoine Gizenga, à son tour, se sentit investi de la mission redoutable de poursuivre la construction institutionnelle de l'unité politique des forces « progressistes ». Dans son « témoignage » (écrit en 1977), l'ancien vice-premier ministre du gouvernement Lumumba commença par expliquer (pour confirmer l'héritage du manifeste !) qu'à la fin des années cinquante, « le peuple congolais voulait mettre fin à la colonisation en étant ensemble et uni dans un seul et même mouvement de revendication » ; mais le gouvernement belge créa des antagonismes parmi les leaders « en incitant ceux-ci à multiplier les partis

27 Martin Ngwete m'a raconté que leur groupe était souvent surpris par l'importance des moyens financiers que Lumumba arrivait à mobiliser. Cela leur paraissait suspect ! (Communication personnelle).

28 Le Congrès de Kisantu (24-2è décembre 1959) a eu au moins le mérite de décréter l'abandon du projet séparatiste de l'Abako d'un « république du Kongo » au profit d'une conception réellement fédérale de l'ensemble de l'ancien Congo belge qui deviendrait « l'URAC » (l'Union de Républiques d'Afrique centrale) dotée de six fédérés (B. Verhaegen, L'ABAKO…, op. cit., p. 381).

politiques jusqu'aux régionaux et tribaux ». A défaut d'un groupement de tous, les stratèges du lumumbisme rêvèrent alors du rassemblement de toutes les forces nationalistes. Ainsi, au lendemain de l'indépendance, « pour contrer cette montée du fascisme », les quatre partis nationalistes progressistes (MNC/L, PSA, Balubakat, CEREA), qui formaient l'ossature du gouvernement Lumumba, décidèrent de se fusionner en un seul parti ». Un protocole aurait même été rédigé dans ce sens. Mais l'arrestation de Lumumba et son propre exil retardèrent l'opération. Une autre tentative fut alors entreprise loin de Kinshasa, à partir de Kisangani, au moment où il était aux commandes de la République libre du Congo. Une fois de plus, l'initiative tourna court. Elle aurait été torpillée, nous dit Gizenga, par Christophe Gbenye[29] qui, entre-temps, avait pris la succession de Lumumba à la tête du MNC/L.

L'ancien vice-premier ministre de Patrice Lumumba ne se découragea pas pour autant. Après sa libération de la prison politique de Bulabemba, il remit l'ouvrage sur le métier. Au lieu de redynamiser le PSA, son parti d'origine, il préféra créer, le 22 août 1964, le parti lumumbiste unifié (PALU), avec pour ambition de sonner le rassemblement général autour de lui de tous les nationalistes-lumumbistes éparpillés dans une multiplicité de partis[30]. Il n'eut pas plus de succès, d'autant qu'à l'époque, les mêmes nationalistes-lumumbistes avaient d'autres préoccupations, engagés qu'ils étaient dans la lutte armée. La perspective du combat de la démocratie était à leurs yeux dépassée depuis la dissolution des Chambres par le président Kasa-Vubu[31]. Comme l'avait déclaré Pierre Mulele, « *le temps des motions de méfiance était révolu* ![32] ».

Le projet de mise en place d'un *mouvement national* réapparut avec Mobutu, presque dans les termes de son élaboration première en 1956, sous le signe d'un « *Mouvement Populaire de la Révolution* » (MPR). En un premier temps, le futur maréchal-président reprit à son compte une bonne

---

29 Par parodie, Gbenye aime affirmer que le sigle PALU de Gizenga n'a rien à voir avec Lumumba puisqu'il signifierait plutôt « *Apana Lumumba* » (Pas Lumumba).

30 Gizenga A., *Mon témoignage : la crise congolaise politico-économique sera-t-elle résolue, quand et comment ? Les origines de la crise politique congolaise*, Kinshasa, édition Maïsha, 1992, p. 72-73.

31 Sur cette mise ne congé du Parlement, le 29 septembre 1963, se rapporter à Congo 1963, Bruxelles-Kinshasa, CRISP-INEP, 1964, p. 171-179.

32 Verhaegen, B., (avec la collaboration de. J. Omasombo, E. Simons et F. Verhaegen) est venue compléter notre information sur ce personnage (*Mulele et la révolution populaire au Kwilu (RDC)*, Tervuren-Paris, MRAC -L'Harmattan, 2006).

partie des résolutions du troisième Congrès de *l'Union Générale des Etudiants Congolais* (UGEC) qui s'était tenu à Kinshasa en octobre 1966. Celle-ci avait préconisé, toujours dans la même logique, la mise en place « d'un parti de masse », l'abolition de « toutes les associations estudiantines » et leur remplacement par des « sous-sections de l'UGEC ». Le régime, issu du coup d'état le 24 Novembre 1965, inaugura, le 20 mars 1967, la création du MPR, en reprenant à son compte l'ambition initiale du « manifeste », confirmée par l'opinion de l'association des étudiants. De même, toutes les associations estudiantines furent abolies et remplacées, non pas, comme souhaité, par des sections de l'UGEC, mais celle de la JMPR (jeunesse du mouvement populaire de la révolution). Sans cet arrière-fond historique, il était difficile de comprendre la nuance sémantique qui a prévalu à l'époque et qui échappait même à ceux s'en réclamaient : « le MPR n'est pas un parti mais un mouvement ![33] »

Mobutu lui-même s'est expliqué à ce sujet à Dakar, le 14 février 1971, à la tribune du congrès de l'Union progressiste sénégalaise (UPS) ; sans citer une seule fois le manifeste *Conscience africaine*, par ignorance, par méprise ou par déficit d'humilité : « Nous avons créé un parti national ; ce parti, nous ne l'avons pas appelé parti, mais mouvement, parce qu'il était destiné à entretenir le mouvement, parce qu'il était destiné à entretenir le mouvement des idées-forces de notre démarche en vue d'une action permanente[34] ».

Une autre preuve que d'avoir puisé dans le même tronc commun mémorial nous est donné par l'autre version de l'histoire des origines du MPR qui veut que cette appellation soit un plagiat du projet de Pierre Mulele. Léonie Abo, la compagne au maquis du guérillero congolais rapporte que celui-ci avait terminé dans le maquis la rédaction des statuts d'un « parti de masses » dont la création devait être envisagée lors de la jonction des deux « fronts » de rébellion, celui de l'Est et de l'Ouest. « *Quand nous rencontrons les combattants de l'Est, nous formerons ensemble un Mouvement Populaire de la Révolution*[35] ». Ce manuscrit, Mulele l'aurait perdu, avec ses autres documents, lors d'une fuite à la suite d'une attaque des soldats de l'armée nationale congolaise. Il s'inquiétait que

---

33 Lubabu, M.M.N., « Histoire du MPR », in Sakombi Inongo (éd), *Mélange pour une révolution*, Kinshasa, éd. Lokole, 1987, p. 60.

34 Mobutu S.S., *Discours, allocutions et messages* 1965-1975, t. 2, Paris, éd. Jeune Afrique, 1975, p. 106.

35 L. Martens, L., *Une femme du Congo*, Bruxelles, EPO, 1991, p. 202-203.

les militaires ne puissent s'en emparer. Il n'est pas invraisemblable que Mobutu, qui ait repris à son compte tant de recettes des rébellions, ses symboles comme la toque de léopard, ses institution et sa terminologie, comme le Bureau politique et les Commissaires politiques, ait choisi de s'approprier de ce sigle de MPR pour désigner son « mouvement ». Histoire d'étouffer à la base toute autre possibilité d'émergence de cette structure. Effectivement, à la création du MPR, les combattants, au Kwilu, étaient déroutés, se demandant si cette initiative n'était pas une forme de reconnaissance du mulélisme. Le doute était d'autant plus pertinent que, pour certains, MPR signifiait également, Mulele Pierre Révolutionnaire (MPR), et que cette coïncidence était un « non dit », parfaitement lisible pour les mulélistes. Pierre Mulele a dû mettre en garde ses partisans contre cet appel du pied.

Presque à la même époque, la fécondité du projet de création d'un parti de masse semble avoir inspiré également Laurent-Désiré Kabila. Dans son autocritique de l'échec des rébellions, parmi les « sept erreurs » retenues, figurait une, bien symptomatique : « *Nous menions la guerre sans existence d'un parti national* ! (Tulifanya vita pasipo Chama cha Mapinduzi [36])». Pour suppléer cette carence, il décida à son tour de créer un « parti de la révolution populaire » (PRP). L'on s'est demandé si MPR et PRP ne provenait du même archétype muléliste, tant ils présentaient des similitudes.

La longue marche pour la création d'un mouvement serait-il achevé, à présent que le multipartisme a conquis son droit de cité dans l'espace national ? Rien ne permet de l'affirmer. Comme dans les années soixante, le principe de multiplication des partis a toujours souffert d'un certain discrédit, de l'ère Mobutu à celle des Kabila en passant par celle de la Conférence Nationale Souveraine. Bien avant la dénonciation par l'opposition, au cours des années quatre-vingt-dix, des effets pervers du multipartisme sous le signe du « multimobutisme », de « partis alimentaires » et de « vagabondages politiques[37] », c'est Mobutu lui-même qui discrédita les partis politiques dès 1965 : « *Pendant cinq ans, on ne fera plus de politique de partis dans ce pays ; les politiciens ont fait trop de tort*

---

36 Lumuna Sando, C.K., Zaïre. *Quel changement pour quelles structures ? Misère de l'opposition et faillite de l'Etat*, Bruxelles, A.F.R.I.C.A., 1980, p. 142.

37 Le « *vagabondage politique* » désigne la « transhumance » politique.

pour qu'on puisse leur permettre de nuire encore.[38] » A l'interne, le monopartisme mobutien se voulait un coup de barre à l'endroit des dérives de la multiplicité des partis. A cause de la permanence de cette méfiance, la réalité de parti politique, tout au long de la trajectoire postcoloniale, n'a joui que d'une crédibilité mitigée, puisqu'elle a toujours souffert de méprise et de marginalisation. Dans la pratique nationale, les partis ne s'élaboraient et ne s'organiseraient que la veille des échéances électorales ; ils étaient aussitôt abandonnés, après que le pouvoir n'était plus à conquérir ou à partager à brève échéance.

Du nationalisme au nationalisme

S'il est un élément qui jouit d'une certaine pérennité, c'est l'idéologie « affirmée » et « proclamée » qui sous-tend ces créations conjoncturelles. Il s'agit du « *nationalisme* ». De l'ère coloniale à nos jours, tous les partis politiques – MNC/L (Mouvement national congolais/Lumumba), MNC/K (Mouvement national congolais/Kalonji) et ABAKO (Alliance des Bakongo), MPR (Mouvement populaire de la révolution) et UDPS (Union pout la démocratie et le progrès social), AMP (Alliance de la majorité présidentielle) et UN (Union pour la Nation) –, malgré leurs différences et leurs oppositions, aurait ensemble un élément commun, celui de se réclamer du « nationalisme », une idée-force qui se donnerait pour idéologie de base de la vie politique au Congo. Les autres concepts – de libéraux, communistes, socialistes, verts voire socio-chrétiens – n'ont qu'une signification nominale et ne sont opérationnels que dans la recherche des partenariats extérieurs, sans correspondre pour autant à des convictions réellement partagées à l'interne.

Ce « nationalisme » serait compris ici dans son sens noble, celui de se confondre avec le « patriotisme », ayant à la fois pour objet, le Congo et l'Afrique, sans que soit envisagée à priori une possible dérive de ce sentiment dans la gestion politique. Dans l'entendement du manifeste, tout patriote congolais était appelé à être « nationaliste ». Mais à la suite du débat sur la forme de l'Etat, un clivage s'est instauré, on l'a vu, entre partis, « unitaristes » et « fédéralistes ». Raison pour laquelle, le concept de

[38] Discours-programme prononcé le 12 décembre 1965 au stade Roi Baudouin (S.S. MOBUTU, *Discours, allocutions et messages* 1965-1975, t. 1, Paris, éd. Jeune Afrique, 1975, p. 26).

« nationalistes » en vint à ne désigner, dans la suite, que le premier groupe, en situation d'opposition avec les autres. Dans ce conteste précis, limité dans le temps, les acteurs politiques de la mouvance du Groupe de Binza n'auraient pas été des « nationalistes ».

Cette distinction, qui avait cours pendant les années soixante, fut mise en veilleuse dans le Zaïre de Mobutu où tout habitant devint membre du MPR, habité en principe par le « nationalisme » ; l'authenticité dont on se réclamait n'était en réalité qu'une expression particulière de ce même nationalisme. Ainsi, à partir des années soixante-dix, les guerres civiles qui intervinrent – « guerre du Shaba ou guerres de « libération et d'agression » – , ont en principe opposé des nationalistes congolais entre eux. Le nationalisme « mobutiste » fut tour à tour aux prises avec le nationalisme du FLNC, du PRP, de l'AFDL et, ce dernier, avec celui du RCD et du MLC ainsi qu'avec les milices que ces mouvements armés auraient produites.

Dans cette « *guerre de trente ans* » congolaise – fait absolument remarquable – aucune faction, contrôlant une partie du territoire national, ne se laissa tenter par le démon de la sécession. Chaque camp affichait en effet l'ambition d'élargir sa zone d'influence et de l'étendre à l'ensemble du pays. Même à ce niveau, l'héritage de *Conscience africaine* été correctement assumé.

Pour conclure

Malgré la dispersion apparente tant des acteurs que des choix politiques au cours de la trajectoire postcoloniale, les Congolais semblent avoir pu conserver une mémoire politique, celle du « nationalisme », avec pour socle, l'impératif de l'unité qui serait à sauvegarder envers et contre tout. Dans cette trajectoire, on l'a vu, le manifeste *conscience africaine* est incontestablement la première formulation officielle de cet engagement. Temps fort dans un processus mémoriel et de prise de parole, il n'en constitue pas, pour autant, l'espace originel. Les années vingt avaient déjà produit, on le sait, les premiers hérauts de ce nationalisme, dans le rang desquels figuraient non seulement Simon Kimbangu, mais aussi Paul Panda

Farnana[39] et Stephano Kaoze, le premier prêtre congolais. Précédé immédiatement du discours d'un Paul Lomami-Tshibanda[40], le message de *Conscience africaine* a, à son tour, été suivi et enrichi d'autres apports, particulièrement ceux de Lumumba, de Mobutu et de Laurent-Désiré Kabila. C'est cet héritage qui, au vécu, constituerait le fondement de la conscience historique congolaise.

39 Bontinck, F., « Mfumu Paul Panda Farnana, 1888-1930. Premier (?) nationaliste congolais », in V. Y. Mudimbe (éd), *La dépendance de l'Afrique et les moyens d'y remédier*, Paris, Berger-Levrault, 1980, p. 591-610.

40 Lomami-Tshibanda, P., « Quelle sera notre place dans le monde de demain ? », *La Voix du Congolais*, 1945, 2, p. 47-51.

Chapitre IX

La *Loi Fondamentale* : transition sans héritage et héritage sans transition (1960-1964)

L'histoire de la décolonisation de l'ancien Congo belge est généralement associée à celle du dispositif constitutionnel qui fut mis en place peu de temps avant l'indépendance[1]. Il s'agit de la Loi Fondamentale relative aux structures du Congo promulguée le 19 mai et le 17 juin 1960, qui a régi les cinquante-deux premiers mois de la postcolonie congolaise, du 30 juin 1960 au 1er août 1964. Cette Constitution passe aussi pour avoir été l'une des principales causes des convulsions que le Congo a connues à cette époque. En plus d'avoir facilité la double sécession, du Katanga (11 juillet 1960) et du Sud-Kasaï (8 août 1960), elle aurait été à la base du duel qui s'est déclaré entre le Président Kasa-Vubu et le Premier Ministre Lumumba, duel qui a abouti à l'épisode rocambolesque de leur révocation réciproque, suivi de la mise en congé des Chambres.

Comme bilan, trois mois après l'indépendance, le Congo de la Loi Fondamentale avait donc enregistré, en plus des sécessions, un coup d'Etat (celui du colonel Mobutu, le 5 septembre 1960), l'avènement dans la capitale de deux gouvernement parallèles (de Patrice-Emery Lumumba et de Joseph Ileo) se disputant la légitimité[2] et l'émergence de deux républiques se réclamant du même territoire, la « république du Congo-Léopoldville » (Kinshasa) et la « république libre du Congo » de Stanleyville (Kisangani). Un long feuilleton de crise bien inscrit dans la mémoire collective[3] !

---

1 *Bulletin de séance de l'Académie Royale des Sciences d'Outre-Mer*, 55, 2009, 4, pp. 457-475.

2 Cf. J. Gérard-Libois & B. Verhaegen, *Congo 1960*, Bruxelles, CRISP, 1961, 2 vol.

3 Il est reconnu comme étant les épisodes dits de la « crise congolaise » (I. Ndaywel è Nziem, *Nouvelle histoire du Congo* pp. 459-513).

Cette Loi Fondamentale cumulait effectivement, à elle seule, plusieurs raisons d'être critiquée. D'abord elle était le produit du parlement belge, et non du parlement congolais. De là à imaginer qu'elle aurait été porteuse d'agendas cachés, il n'y avait qu'un pas habituellement vite franchi[4]. Ensuite, confectionnée à la hâte, elle passait pour un travail bâclé, résultant de la politique du « lâcher-tout » que la Belgique s'était imposée, depuis la première manifestation indépendantiste du 13 janvier 1959 jusqu'à la proclamation d'indépendance dix-sept mois plus tard. Point culminant du « pari congolais », ce texte constitutionnel aurait été l'expression de la démission de la métropole, dans la mesure où cette dernière se serait contentée d'assurer le transfert au Congo indépendant des équations non résolues à son niveau, comme la régionalisation administrative, l'intégration des travailleurs immigrés, particulièrement du Ruanda-Urundi, le déficit de la formation des élites locales, etc.

Plus de cinq décennies après l'indépendance, il nous a paru intéressant de revisiter ce texte à la lumière de l'évolution postcoloniale et de la soumettre à un questionnement sur les enjeux du moment. Cette nouvelle lecture a été faite à partir de trois documents majeurs : d'abord, les « *Annales parlementaires belges* », restituant l'ensemble des débats ayant conduit à l'adoption de cet ensemble de texte[5] ; ensuite, les conclusions de la Table Ronde Politique telles que rapportées par son historiographe officiel[6], l'historien belge Georges-Henri Dumont[7] ; enfin, le parcours constitutionnel postcolonial, de la Constitution de Luluabourg (1964) à la Constitution de la RDC (2006), qui a formé notre troisième corpus lequel nous avons tenté de déceler les empreintes de ce dispositif[8] On verra combien ce texte bouc

4 L'intervention des troupes métropolitaines, quelques jours après l'indépendance, sans accord préalable du gouvernement congolais, fut ressentie comme une « agression », à la base de la rupture des relations diplomatiques le 14 juillet 1960 (Cf. J. van Lierde, *La pensée politique de Patrice Lumumba*, Paris, Présence Africaine, 1963, pp. 211-212).

5 Cf. *Annales parlementaires* – Chambre des Représentants et Sénat : Compte rendu analytique (du 30 mars au 18 mai 1960). Je remercie le sénateur Pierre Galand de m'avoir facilité la consultation de ces documents, ainsi que sa secrétaire, Mme Christine Massemin, qui m'a apporté toute l'assistance nécessaire.

6 G.-H Dumont, *La table ronde belgo-congolaise* (Paris, Editions Universitaires, 1961).

7 Dans un texte autobiographique ; il explique comment son compte rendu de la conférence, parce que trop volumineux et trop peu formel, n'a pas été accepté par le ministère du Congo belge et du Ruanda-Urundi. On lui demanda de le publier comme livre, sous sa propre responsabilité (G.-H. Dumont, *1958-1960. De la paix scolaire à la tourmente congolaise*, Bruxelles, Le Cri, 1995, p. 199).

8 Cf. F. Vundwawe te Pemako, *Traité du droit administratif* (Bruxelles-Kinshasa, Larcier-Afrique éditions, 2007) ; I. Ndaywel è Nziem (éd.), *La Constitution de la IIIè République du Congo-Zaïre adoptée par la CNS* (Kinshasa, L'Harmattan, 2002, 2 vols).

émissaire est en réalité une œuvre élaborée avec toute la rigueur d'usage et dont les principes ont résisté à l'usure du temps. Sa vulnérabilité aurait été liée à l'ambiguïté et à la complexité de son statut, de même qu'au déficit de vulgarisation dont il a été l'objet auprès de la population congolaise. Paradoxalement, la « crise congolaise » semble avoir été le produit à la fois de sa mise en œuvre et de sa mise à l'écart. C'est après les événements de la crise de l'indépendance que le prescrit de la Loi Fondamentale fera l'objet d'une plus grande appropriation congolaise dès lors qu'il sera soumis à d'autres modes de retranscription, sous la forme des Constitutions subséquentes.

Trois questions nous préoccuperont donc ici. D'abord, l'histoire de la production de ce texte constitutionnel ; ensuite, celle de sa mise en œuvre présumée ; enfin celle de son influence éventuelle sur l'ensemble de l'évolution postcoloniale du Congo.

Aux origines de la Loi Fondamentale

Le projet d'élaboration d'un dispositif constitutionnel est né à la Table Ronde politique de Bruxelles, cette conférence qui a réuni les délégations des partis politiques congolais et des chefs coutumiers, avec les représentants du Gouvernement et du Parlement belge[9]. Il a commencé à germer dans les esprits au lendemain du 28 janvier, quand la date de l'indépendance a été fixée au 30 juin. Il ne restait plus que cinq mois pour le préparer.

Une première revendication congolaise, conséquente à cette décision, a été celle de l'abrogation de la loi du 18 octobre 1908 dite la « Charte Coloniale »[10]. La gestion coloniale du Congo avait, en effet, toujours reposé sur des dispositions constitutionnelles distinctes de la métropole. La Charte Coloniale ne consacrait-elle pas, dès son article premier, cette démarcation ? « Le Congo belge a une personnalité distincte de celle de la métropole. Il est régi par des lois particulières. L'actif et le

---

9 Organisée à Bruxelles, du 20 janvier au 20 février 1960, la conférence dite de la Table Ronde politique a réuni le 27 parlementaires belges (10 du parti socio-chrétien, 7 du parti libéral et 10 du parti socialiste) et 81 délégués congolais (dont 11 chefs coutumiers, 62 représentants de 48 partis politiques).

10 Cf. M. Halewyck, *La Charte coloniale. Commentaire de la Loi du 18 octobre 1908 sur le gouvernement du Congo belge* (Bruxelles, tome 1, 1910 ; tome 2, 1914 ; tome 3, 1919).

passif de la Belgique et de la colonie demeurent exclusivement à la charge de la colonie, à moins qu'une loi n'en décide autrement »[11]. On comprend donc que, même dans la perspective de la mise en place d'une Constitution provisoire, œuvre une fois de plus de la métropole, il ait été question d'abrogation de la constitution coloniale existante[12] , et non de sa simple adaptation, comme elle l'avait été par la loi du 8 mars 1960 instituant les « collèges Exécutifs, général et provinciaux »[13].

La production d'une nouvelle Constitution signifiait en principe l'invention de nouveaux scénarios institutionnels à mettre en place dans la perspective de l'indépendance. Il fallait s'y mettre. On aurait pu imaginer, à ce niveau, que le problème ne concernait plus la métropole. Il n'en était rien. Le 29 janvier, à cette Conférence de la Table Ronde de Bruxelles, c'est le ministre du Congo belge et du Ruanda-Urundi lui-même, le socio-chrétien Auguste de Schryver, qui esquissa, dans un discours introductif, les premières propositions d'organisation du nouvel Etat indépendant. On retrouve dans ce propos la première esquisse de la Loi Fondamentale. Pourtant, à ce niveau, on aurait pu s'inspirer des Constitutions des deux pays subsahariens récemment indépendants – le Ghana et la Guinée – ou des politiques de décolonisation, en matière constitutionnelle, des anciens pays de l'Afrique occidentale et équatoriale française. Il n'en fut pas question. Colonie modèle jusqu'au bout, le Congo belge devait poursuivre sa carrière coloniale en solo.

Le ministre préconisa une configuration de l'exécutif et du parlement, similaire non pas à celle d'autres pays africains indépendants mais à celle qui prévalait en Belgique. Ce qui était logique. Mais, au niveau

---

11 Id. Ibid, tome 1, p.1. L'application de ce dispositif, au cours de l'évolution coloniale, ne fut pas sans ambiguïtés. Comme l'a démontré G. Vanthemshe (*La Belgique et le Congo…*, 2007), la colonie a souvent volé au secours des finances de la métropole.

12 L'Art. 257 de la Loi Fondamentale précisa que cette abrogation prenait cours… à la date du 30 juin. Entre le 19 mai et le 30 juin, le Congo était encore régi en principe par la *Charte Coloniale.*

13 Il s'agit de la loi instituant des *Collègues exécutifs, Général et Provinciaux*, au niveau central et provincial. Au crépuscule de l'âge colonial, d'autres innovations se constatèrent au niveau de la gestion gouvernementale du « dossier Congo» : l'ancien poste de « *ministre des Colonies* » (dont le dernier titulaire fut Léon Pétillon) avait disparu au profit de trois autres, au cours du gouvernement Gaston Eyskens III (du 6 novembre 1958 au 3 septembre 1960) qui géra la décolonisation du Congo. Il eut simultanément un « *ministre du Congo et du Ruanda-Urundi* » (qui devint, le 23 juin 1960, *ministre des Affaires africaines*), un « *ministre sans portefeuille chargé des Affaires économiques et financières* du Congo belge et Ruanda-Urundi » à partir du 17 novembre 1959, puis, du 16 mai au 20 juillet 1960, un *« ministre sans portefeuille chargé des affaires générales en Afrique* » appelé plus couramment « *ministre-résidant au Congo* ». Par souci de réciprocité, Lumumba nommera également dans son gouvernement un « *ministre-résidant en Belgique* » en la personne de Delvaux (Mafuta Kizola).

provincial, il introduisit une innovation de taille : les provinces deviendraient des entités politiques décentralisées, dotées chacune d'un gouvernement et d'un parlement. L'armée, les finances, la diplomatie, feraient l'objet de dispositions particulières. Les Chambres, dès qu'elles seraient mises en place, auraient une double tâche : exercer le pouvoir législatif mais aussi siéger en assemblée constituante pour élaborer la Constitution congolaise.

A partir de ces éléments, s'amorça le débat congolo-congolais. Le plus poignant est celui qui opposa les « fédéralistes » aux « unitaristes » ; le premier groupe, majoritaire, étant formé surtout des délégations de la Conakat (Convention nationale katangaise) de Moïse Tshombe et de l'Abako (Alliance des bakongo) de Joseph Kasa-Vubu ; et le second, par le Cartel de Patrice Lumumba, farouchement opposé à ce projet. Dans son congrès provincial, en avril 1960, le parti de Lumumba, le MNC /L, avait déclaré : « Le fédéralisme se traduit par un dangereux séparatisme ethnique et des guerres tribales (…) par son truchement, certains veulent instaurer un néo-colonialisme, frère de celui, réactionnaire, qui vient d'être enterré »[14].

Malgré tout, la Table Ronde politique finit par aboutir à l'adoption de seize résolutions. La plupart d'entre elles étaient de nature à inspirer la rédaction de la nouvelle disposition constitutionnelle, notamment celles relatives à l'organisation de l'Etat (résolution 2), à la mise en place du pouvoir exécutif (résolutions 3, 4, 5), à l'organisation du parlement (résolution 6) et des institutions provinciales (résolution 10), à la répartition des compétences entre le pouvoir central et le pouvoir provincial (résolution 9). Fut également retenu le principe d'une période transitoire brève, régie par la Loi Fondamentale, pour rendre possible la rédaction d'une Constitution par cette première législature des Chambres. Cette période ne pouvait « *être inférieure à trois ans ni supérieure à quatre* », précisa-t-on.

L'éventualité de proposer au roi Baudouin d'être le chef d'Etat du Congo, au cours de cette période, ne fut pas retenue au niveau de la Commission ayant discuté des « structures » (dans laquelle siégeaient côté belge, en plus du ministre, le libéral A. Buisseret et le socialiste H. Rolin). Ce rapport précisa : « *du point de vue psychologique, l'opinion congolaise pourrait continuer à douter de la réalité de l'indépendance, tant qu'elle*

---

14 J. Gérard-Libois & B. Verhaegen, op. cit., p. 176.

demeurerait sous l'autorité du roi des Belges »[15]. Même les accords qui inévitablement devraient intervenir entre la Belgique et le Congo risqueraient d'être suspects de ne pas avoir été négociés du côté congolais en toute liberté, si d'un côté comme de l'autre, les plénipotentiaires qui les concluaient avaient été désignés par le même souverain »[16]. N'empêche que la Loi Fondamentale ne fait nullement mention de « République » ou de « Président de la république», mais uniquement d'« Etat » sans doute dans un secret espoir que les choses pouvaient changer.

Dès la fin de la table ronde politique, fut instituée, au sein du ministère d'Auguste de Schryver, une Commission politique congolaise, avec pour objectif de participer à l'élaboration de l'avant-projet de la loi constitutionnelle. Ce travail fut réalisé en moins de six semaines. Crawford Young note que ce groupe de travail eut à sa disposition les Constitutions suisse, nigériane et ghanéenne, mais on n'en tira pas grand-chose[17]. On n'accorda à la démarche qu'une importance relative. En somme, les options de base avaient déjà été arrêtées : de plus, le caractère « provisoire » du dispositif à mettre en place ne présageait pas qu'il pouvait devenir « provisoirement définitif» pendant quatre longues années remplies d'épreuves.

La Loi Fondamentale : « une œuvre de bonne volonté et de bonne foi » !

L'expression est du socialiste Henri Rolin, qui qualifia de la sorte, à la tribune du sénat, le 18 mai 1960, ce projet constitutionnel comportant huit

---

15 Cette hypothèse aurait nécessité, au vu de l'art. 62, l'assentiment des deux Chambres belges donné aux deux tiers des voix. Au nom des mêmes principes, le même parlement avait donné son accord en 1885 pour que Léopold II soit également le souverain du Congo.

16 A la plénière, bien qu'il n'y ait pas eu de vote, la plupart des délégations congolaises se prononcèrent en faveur de cette formule. Mais on préféra, vu l'importance de la question, de laisser le soin aux futures Chambres congolaises d'en décider. Finalement les Chambres ne traitèrent pas la question (J. Gérard-Libois & J. Heinen, *Belgique-Congo 1960*, Bruxelles, CRISP, 1989, pp. 74-75). Un chef d'Etat congolais fut élu le 24 juin 1960.

17 Young, C., *Introduction à la politique congolaise*, p. 306.

titres et deux cent cinquante-neuf articles[18]. A la Chambre des Représentants, la Loi Fondamentale a fait l'objet de débats du 31 mars au 5 mai et, au Sénat, du 10 au 18 mai. A chaque Chambre successive, où siégeaient, suivant la configuration politique du moment, Néerlandophones et Francophones, majorité gouvernementale (socio-chrétiens) et opposition (socialistes, libéraux et communistes), ce projet de loi a été examiné suivant les procédures habituelles : d'abord débat et mise au point du projet à la commission ad hoc (« Commission du Congo belge et Ruanda-Urundi » à la Chambre basse, « Commissions réunies de la Justice et du Congo belge et Ruanda-Urundi » à la Chambre haute) ; ensuite, débat général en plénière, suivi de l'examen et de l'adoption article par article : enfin, adoption globale du projet, avant d'être soumis pour promulgation par le roi.

L'exposé introductif du ministre Auguste de Schryver à la Chambre des Représentants, le 30 mars, qui tint lieu d'exposé des motifs, apporta les précisions préliminaires : la Loi Fondamentale abrogeait le 30 juin 1960 la Charte Coloniale du 18 octobre 1908. Toutefois, elle entrerait en vigueur avant cette date, puisqu'elle s'appliquait à la fois à la période antérieure et postérieure au 30 Juin. Aussi devait-elle se référer simultanément à des notions et organes de droit public belge d'une part, de droit public congolais d'autre part.

Cette loi créait un Etat unique, constitué de six provinces dotées d'une large autonomie. Le régime adopté s'inspirait plutôt des principes du système fédéral que de la décentralisation administrative. La fonction du chef de l'Etat était pour l'essentiel, le même qu'en Belgique. L'organisation et le fonctionnement du pouvoir exécutif central étaient inspirés du système belge. Quant au premier gouvernement congolais, il devait impérativement[19] être constitué avant le 30 juin, avec mission de conclure avec la Belgique un traité général d'amitié, d'assistance et de coopération, et de négocier les conventions particulières qui s'imposaient avec les autres partenaires, notamment le Ruanda-Urundi[20].

---

18 Loi du 19 mai 1960, *Moniteur Belge – Belgish Staatsblad*, n° 127-128, 27-28 mai 1960, pp. 3988-4012.

19 L'Art. 225, portant sur des dispositions transitoires, a toutefois prévu des procédures particulières au cas où le gouvernement central et/ou le gouvernement provincial ne seraient pas constitués au 30 juin 1960.

20 Chambre des Représentants, Compte rendu analytique, 489 (1959-1960), n°3, pp. 2-3.

Au sénat, le rapport introductif des commissions préparatoires qui fut présenté le 17 mai 1960 par le sénateur K. Van Cauwelaert, rapporteur desdites commissions, se focalisa sur la légitimation de la démarche. Le projet de loi découlant des résolutions de la Table Ronde belgo-congolaise, souligna-t-il, aurait déjà obtenu l'approbation de la Commission politique instituée auprès du ministère du Congo belge et du Ruanda-Urundi (dans laquelle siégeaient des Congolais), avant son dépôt sur le bureau de la Chambre des Représentants. En d'autres termes, la marge de manœuvre parlementaire était plutôt étroite. L'objectif poursuivi consistait à : doter l'Etat congolais d'une constitution provisoire permettant à ce pays de franchir l'étape qui le sépare de la date de la mise en œuvre de la constitution définitive, qu'il devra se donner lui-même.

En assumant ainsi la tâche de doter le Congo d'une Constitution provisoire, les Chambres législatives belges accomplissaient une mission où se rejoignaient à la fois le devoir de la Belgique de régler l'accession du Congo belge à l'indépendance et à la souveraineté nationale dans l'ordre politique et juridique et, le devoir du peuple congolais de s'assurer cet ordre politique et juridique durant la période intermédiaire qui séparera la date de la proclamation officielle de l'indépendance, de celle à laquelle le Congo aura eu le temps matériel et la possibilité politique de se doter lui-même d'une constitution définitive (...). L'œuvre législative que tend à réaliser le présent projet de loi, concluait le rapport, a donc une valeur juridique indiscutable, eu égard aux droits et aux devoirs de la Belgique, eu égard aux exigences primordiales de la vie de la population congolaise qui ne peut s'accommoder de l'absence du droit et eu égard aux devoirs du peuple belge et du peuple congolais vis- à-vis de la société internationale des nations (.. .)[21].

Bien que le Parlement belge n'ait pas touché au fond de la structure de l'Etat congolais proposée par le gouvernement, en application des fameuses résolutions de la Table Ronde belgo-congolaise, il n'empêche que quelques observations de fond ont été formulées.

La question de la validité de la démarche fut une préoccupation qui s'est exprimée à plusieurs reprises. Déjà, la Chambre des Représentants s'était interrogée si, par cette loi, la Belgique ne s'engageait pas dans des responsabilités qui incombaient aux Congolais seuls et si une simple loi-

---

21 *Senat de Belgique*, 527 (1959-1960), séance du 17 mai 1960, n°3, pp. 2-4.

cadre n'aurait pas suffi pour gérer la période intermédiaire, en entendant que les intéressés n'élaborent la Constitution de leur choix. La même préoccupation réapparut au sénat mais sur la question de l'identité de l'autorité arbitrale à laquelle recourir en cas de conflit d'interprétation de la loi. Les articles 253 et 254 confièrent cette tâche provisoirement au Conseil d'Etat et à la Cour des Comptes de Belgique, en attendant la mise en place de la Cour constitutionnelle et de la Cour des Comptes du Congo. Autrement dit, en cas de conflit avec la Belgique, celle-ci serait à la fois juge et partie !

Logique jusqu'au bout, on se demanda aussi si cet ensemble de disposition ne devaient pas faire l'objet d'une certaine forme d'adoption formelle de la part des Chambres congolaises. Cette option fut retenue. Le ministre reconnut qu'une telle confirmation, au lendemain de la mise en place du Parlement congolais, serait un acte politique de la plus haute importance[22]. Mais il n'eut pas lieu dans les faits[23].

Visiblement, le Parlement belge a éprouvé quelque gêne dans cette démarche constitutionnelle inédite dans l'histoire des indépendances africaines. Non seulement une loi métropolitaine organisait l'Etat postcolonial, mais ce geste faisait de l'indépendance un acte juridique, alors qu'il était d'abord un acte politique. Ce particularisme, le sénateur Rolin l'a affirmé d'un ton solennel, à la séance du 18 mai[24]:

> « Le Congo sera sujet d'étonnement, de réflexion et d'études pour les professeurs de droit, car c'est une loi belge qui va donner sa structure à un Etat étranger, dans ma mesure où elle ne sera d'application qu'après le 30 juin. Le premier Etat Indépendant du Congo avait été créé par un acte international, seul exemple d'une création semblable[25]. Et voici que le nouvel Etat indépendant va

22 Nous savons qu'une telle démarche n'a pu avoir lieu. C'est implicitement qu'il faut considérer que la Loi Fondamentale avoir été adoptée par le Parlement congolais.

23 Dans une lettre de protestation au Président Kasa-Vubu au sujet de la convocation qu'il fit du parlement en juillet 1961 à Lovanium, un groupe des parlementaires katangais s'est attaqué, le 19 juin, à cette décision, parce que… « la Loi Fondamentale s'est révélée inapplicable et caduque » ; la déclaration a énoncé le fait qu'elle « aurait dû être ratifiée par le Parlement congolais » (B. Verhaegen, *Congo 1961*, Bruxelles, CRISP, 1962, pp. 292-293).

24 Senat, séance du 18 mai, Compte rendu analytique, pp. 520-521.

25 Un juriste belge, Jean Salmon, a étudié ce « cas » (« La nature juridique de l'Etat Indépendant du Congo et des entités qui l'ont précédé », in *Le Centenaire*

être doté d'une indépendance qui n'est pas octroyée par nous[26]. Le Congo ne sera pas, en effet, une création du législateur belge. La présente loi est avant tout la reconnaissance d'un fait social (...). La structure du Congo sera toute différente de celle de la Belgique. Je vous en propose plusieurs exemples. En premier lieu, la structure du Congo belge sera fédérale. En second lieu, nous avons voulu faire une place, à tous les échelons, aux éléments coutumiers. Il était indispensable, en effet, de ne pas couper le Congo de ses institutions traditionnelles. En troisième lieu, nous avons tenu compte du besoin des Congolais d'être protégés contre l'instabilité de l'exécutif ».

D'autres objections portèrent précisément sur le contenu de ces nouvelles structures. On dénonça leur inutile complexité et leur coût onéreux, surtout que, quelques semaines plus tard, le 17 juin, le Parlement belge allait voter la loi autorisant les sociétés belges fonctionnant sous le droit congolais d'opter pour le droit belge, si elles le souhaitaient. Cet euphémisme pour légaliser le transfert de fonds, du Congo à la Belgique, fut une véritable catastrophe pour l'économie du Congo indépendant. Le processus de fédéralisation du Congo était déclenché au moment où les caisses étaient étrangement vides.

Une autre inquiétude fut exprimée sur la qualité des animateurs qui allaient assumer la bonne marche de ces institutions nouvelles et qui n'avaient pas été formés jusque-là. Ici les réponses du ministre ne furent pas plus convaincantes. D'abord, il reconnut que la gestion de la colonie fut peu onéreuse, en comparaison du coût de fonctionnement des nouvelles institutions. Ensuite, il insista sur le fait que ces institutions avaient été exigées par la majorité des délégués de la Table Ronde, sans toutefois rappeler que c'était lui-même qui les avait proposées en premier lieu.

Enfin s'agissant de la formation de nouveaux animateurs de ces institutions, il laissa entrevoir la possibilité d'organisation de stages de formation et rappela le fait que les fonctionnaires belges allaient demeurer

---

de l'Etat Indépendant du Congo, Bruxelles, ARSOM, 1988, pp. 147-182). Jean Stengers, pour sa part (Congo, mythes et réalités, 1989, pp. 92-116), a décelé cinq éléments de spécificité de cet Etat : l'organisation politique, les principes d'organisation économique, le système d'exploitation des produits domaniaux, la mise à disposition de ses ressources publiques au service d'un pays européen.

26 Cette précision aurait été réelle si le Parlement congolais avait procédé, comme prévu, à l'adoption de la Loi Fondamentale avant le 30 juin. Tel ne fut pas le cas ni avant ni après le 30 juin.

sur place pour assister sur le plan technique les nouveaux responsables congolais[27]. Cette perspective était évidemment irréaliste ; elle ne prenait pas en compte la brièveté de délai, puisque l'échéance du 30 juin intervenait moins d'un mois plus tard. De plus, les techniciens belges étaient eux-mêmes sans expérience dans la mise en œuvre d'u régime fédéral qui n'avait pas existé à l'âge colonial et que la Belgique elle-même n'avait pas encore adopté.

En réalité, ces idées théoriques, dans l'air du temps en métropole[28] comme dans les états-majors politiques congolais, n'avaient jamais été expérimentées au moment de la stabilité coloniale. La décolonisation, qui s'est amorcée de manière brutale et précipitée, allait s'accompagner d'une réforme administrative profonde et inédite, cumulant fédéralisme et régime parlementaire. L'indépendance du Congo belge fut donc un réel pari. Sans transition, le pays de Lumumba prenait possession d'un héritage qui s'est construit sans sa participation, en même temps qu'il entrait dans une ère de transition totalement dépourvue d'un héritage spécifique.

A l'épreuve de la « crise congolaise »

En un premier temps, la Loi Fondamentale fut respectée ; elle rendit possible la mise en place de l'organisation politique complexe qui avait été retenue. Après les élections, les assemblées provinciales procédèrent à la mise en place de leurs bureaux. Il en fut de même au niveau central, à la Chambre des Représentants et au Sénat. La mise en place des Exécutifs fut plus laborieuse. Une première entorse avait été jugée nécessaire au Katanga pour permettre au gouvernement provincial de Moïse Tshombe d'obtenir son investiture[29]. La nomination de Lumumba comme formateur, après l'échec

---

27 Chambre des Représentants, Compte rendu analytique, 489 (1959-1960), n°3, pp. 6-8.

28 Cf. J. Van Bilsen, *Vers l'indépendance du Congo et du Ruand-Urundi* (Tournai, Casterman, 1958, p.6) ; A. Doucy, « Sociologie coloniale et réformes de structure au Congo belge », in *Revue de l'Université Libre de Bruxelles*, 2-3 (1957) : 212-229 ; P. Coppens, *Anticipations congolaises* , Bruxelles, Editions techniques et scientifiques, 1956). Voir aussi, dans le même sens, J. Sepulchre, *Propos sur le Congo politique de demain : autonomie et fédéralisme*, Elisabethville, Editions de l'Essor du Congo, 1958.

29 Le parti Balubakat refusa de siéger lors de la constitution du gouvernement du Katanga. Sans la présence de ce parti, le quorum de l'assemblée ne pouvait légalement être atteint. Il fut unilatéralement réduit à la moitié des membres pour pouvoir siéger (C. Kabuya Lumuna Sando, *Nord Katanga 1960- 1964*). De la sécession à la guerre civile, Paris L'Harmattan, 1992, pp. 97-99).

de Kasa-Vubu de former un gouvernement[30], conduisit à l'investiture de son gouvernement, le 23 juin 1960, suivant les prescrits des articles 47 et 48. Le Chef de l'Etat fut élu peu après en conformité de l'article 12. La veille du 30 juin, le Traité d'Amitié et de Coopération avec le royaume de Belgique, exigé par l'article 49, fut signé.

On peut conclure que la Loi Fondamentale a fait preuve, jusque-là, de son efficacité. Deux lacunes, cependant ! Premièrement, elle n'a pu faire l'objet d'une ratification formelle de la part des Chambres congolaises. Deuxièmement, la constituante, qui aurait dû être formée avant le 30 juin, ne l'a pas été non plus, ce qui contribua à remettre à plus tard ce qui avait été épinglé comme une urgence absolue. Cette double situation pérennisa jusqu'au bout l'ambigüité de la Loi belge organisant l'Etat congolais.

Après le 30 juin, cet outil constitutionnel fut mis à rude épreuve à la suite des événements malheureux qui ont succédé à cette célébration. La crise démarra avec la révolte de l'armée, la Force Publique, le 5 juillet, non pas exclusivement à cause des excentricités du général Janssens, Commandant en chef de la Force Publique, mais aussi parce que la population congolaise, à aucun moment, ne fut informée qu'après l'indépendance les fonctionnaires blancs allaient demeurer en place. Dans le cadre de l'armée, cette disposition était tragique, puisque tous les officiers étaient belges. Le fait, pour eux, de continuer à exercer le commandement était « légal ». Une légalité quelque peu contraire à l'opinion que le militaire, comme l'homme de la rue, se faisait de l'indépendance et que l'officier blanc se chargea lui-même d'annoncer à la troupe[31]. L'intervention des troupes métropolitaines, sans autorisation du gouvernement congolais, entraîna la violation du Traité d'amitié et de Coopération inscrit en toutes lettres dans cette Constitution provisoire et la rupture, le 14 juillet, des relations diplomatiques. Entre-temps, depuis le 11 juillet, le Katanga avait fait sécession ; il sera suivi, le 8 août, par le sud-Kasaï. La Loi Fondamentale fut complètement dépassée[32].

---

30 Le feuilleton de formation de gouvernement se présente comme suit : le 13 juin, Lumumba fut nommé informateur pour la formation du gouvernement, mais échoua dans sa mission : Kasa-Vubu, nommé formateur le 17, n'y parvient pas non plus. Le 22, Lumumba est nommé formateur et parvient à former un gouvernement qui obtient l'investiture des Chambres.

31 Janssens (op.cit, 189-191) accuse Lumumba de n'avoir jamais osé faire cette déclaration, malgré son instance, le 23 avril et surtout le 23 juin.

32 Le 5 août, la Constitution du Katanga indépendant (rédigée par le professeur Clemens, de l'Université de Liège) est promulguée ; le 22 septembre, la katangaise devint l'hymne national du

Elle le fut encore davantage le mois suivant. C'est en effet le 5 septembre que, de manière inattendue, le président Kasa-Vubu procéda à la révocation de Lumumba et à la nomination du président du sénat, Joseph Ileo comme Premier ministre. On connaît la suite. Les 7 et 8 septembre, les deux Chambres qui se réunirent successivement, renouvelèrent leur confiance au gouvernement Lumumba, pendant qu'Ileo continua à former le sien ; sa composition fut rendue publique dans la nuit du 11 au 12, sans sollicitation au préalable de l'investiture des Chambres. Le 13, les Chambres lancèrent un appel à la réconciliation, mais le 14, le Président prit une ordonnance ajournant les Chambres pour un mois. Le soir de la même journée, le colonel Mobutu annonça la neutralisation de Lumumba et de Kasa-Vubu et la création d'un « Collège des Commissaires généraux », chargés d'assurer la marche de l'Etat[33].

La Loi Fondamentale se trouva dans une situation de suspension de fait, le pays évoluant désormais dans la voie para-constitutionnelle. Malgré tout, le Gouvernement, dans le communiqué de Conseil des ministres, démontra l'illégalité de cette décision au regard de la Loi Fondamentale. Le Chef de l'Etat n'exerçait en principe ses pouvoirs, notamment ceux repris aux articles 16, 22 et 32, que dans des conditions prévues aux articles 17, 19 et 20[34]. Mais cette interprétation, de sa part, n'était pas de nature à dénouer la crise. Puisqu'il s'agissait d'un conflit des compétences au plus haut niveau de la hiérarchie politique, il n'y avait en principe qu'une seule porte de sortie : le recours au Conseil d'Etat. Or celui-ci était celui du royaume de Belgique, avec lequel les relations diplomatiques avaient été rompues et le Traité d'amitié et de coopération dénoncé. Le Congo indépendant se retrouva dos au mur, sans arrières juridiques pour résoudre pareils conflits.

---

nouvel Etat (M. Mwamba Bilonda, « L'évolution du gouvernement du Katanga, du 16 juin 1960 au 1' juin 1963 », in *Likundoli* (Lubumbashi), XVIII (1-2-2002) : 5-42.

33 Maintenu en résidence forcée chez lui, Lumumba s'en échappa le 27 novembre et fut arrêté par la suite. Le 17 janvier 1961, il sera assassiné au Katanga. Sur « l'affaire Lumumba », prendre connaissance des lectures récentes rendant compte des débats belgo-belges (J. Brassine, & J. Kestergat, *Qui a tué Lumumba*, Louvain-la-Neuve, Duculot, 1991 ; L. De Wille, *L'assassinat de Lumumba*, Paris, Karthala, 2000. L. De Vos et al., *Les secrets de l'affaire Lumumba*, Bruxelles, éd. Racine, 2005).

34 C'est pour corriger cette erreur que l'ordonnance de révocation, non plus de l'ensemble du gouvernement mais du premier ministre et de quelques ministres, fut contresignée par deux ministres, J. Bomboko et A. Delvaux. Même ces deux ministres, qui se rendirent « responsables » de la décision présidentielle, n'en auraient pas été informés préalablement (J-C. Willame, *Patrice Lumumba. La crise revisitée*, Paris, Karthala, 1990, p. 395.

L'autre volet de la crise résultait de la fédéralisation brutale. La perte de la mainmise sur les administrations provinciales fut catastrophique au niveau des finances. Les provinces s'emparèrent de toutes les liquidités disponibles dues aux impôts et aux redevances des sociétés commerciales[35]. Par ailleurs, la pression des événements, particulièrement la situation des immigrants luba chassés à la fois du Sud-Katanga et du Kasaï Occidental, notamment de Luluabourg (Kananga), exigea une révision de la répartition des espaces. Les victimes avaient beau réclamer la création d'une province spécifique, cela ne pouvait leur être concédé ; cette disposition, contraire à l'article 7 de la Loi Fondamentale, exigeait au préalable une révision constitutionnelle. Et celle-ci ne pouvait être envisagée tant que le parlement n'était pas en fonction.

Finalement après la mort de Lumumba, alors que le Congo était partagé entre une pluralité de pouvoirs (deux gouvernements sécessionnistes, deux gouvernements centraux antagonistes installés à Léopoldville et Stanleyville), Kasa-Vubu se décida enfin à convoquer le parlement, mais largement après le délai du seul mois d'ajournement officiel. Avec l'aide et la protection de l'ONU, députés et sénateurs furent rassemblés dans l'enceinte de l'Université Lovanium, du 22 juillet au 3 août 1961. Ce conclave accoucha d'un gouvernement d'union nationale, présidé par le syndicaliste Cyrille Adoula. Les institutions politiques regroupèrent à nouveau les acteurs parlementaires de 1960, à l'exception de ceux du Katanga.

Reprenant enfin du service, le Parlement procéda à la révision de l'article 7 qui posait problème. C'est ainsi que la loi du 27 avril 1962 fixa les conditions de création de nouvelles provinces. La démarche allait conduire à la configuration, en plus de la capitale, de vingt et une provinces, au lieu de six. Les premières provinces nouvelles à être créées furent celles du Nord-Katanga (distincte de celle du Sud-Katanga en sécession), du Sud-Kasaï (refuge des immigrants luba) et celle du Kongo central (le fief du Chef de l'Etat et de l'Abako)[36]. L'ultime crise se noua autour de la nécessité de refermer la parenthèse de la Loi Fondamentale. Au troisième trimestre de

---

35 Albert Kalonji, leader du Sud-Kasaï, explique qu'il avait été poussé à faire sécession par la Minière de Bakwanga (MIBA) qui lui demanda de s'arranger pour qu'elle ne soit pas en situation de payer une seconde fois les redevances qu'elle lui payait (A. Kalonji Ditunga Mulopwe, *Congo 1960. La sécession du Sud-Kasaï. La vérité du Mulopwe*, Paris L'harmattan, 2005, pp. 115-116.

36 I. Ndaywel è Nziem, *Histoire générale…*, pp. 631-636.

1963, la constituante qui aurait dû être en place avant le 30 juin 1960, n'était toujours pas réalisée.

L'urgence devenait des plus absolues au fur et à mesure qu'on approchait du terme de l'échéance fixée par la Loi Fondamentale, à savoir la fin de l'année 1964. Le président Kasa-Vubu crut utile de prendre l'initiative. Par l'ordonnance n° 184 du 26 août 1963, il convoqua les Chambres législatives en assemblée constituante. Le plaidoyer du Gouvernement, ayant conduit à cette décision était explicite :

> « La veille de l'accession du Congo à l'indépendance, la Loi Fondamentale du 19 mai 1960 fut conçue comme instrument provisoire ayant pour objet de tracer des dispositions constitutionnelles pour le Congo, jusqu'à l'adoption d'une Constitution définitive élaborée par les Chambres congolaises. En effet, la première tâche incombant aux Chambres était et demeure l'élaboration de la Constitution, et dans ce but, la Loi Fondamentale investit les Chambres du pouvoir constituant en même temps que du pouvoir législatif, et elle énonce la procédure suivant laquelle la Constitution devrait être élaborée, votée et promulguée. Or trois ans après le Commencement de la législature actuelle, et alors que dix mois seulement nous séparent de l'expiration de la quatrième année pour laquelle la législature se trouve prolongée, le projet de Constitution, se trouvant depuis bien longtemps sur le bureau des Chambres, est loin d'être prêt au vote (…) la présente convocation revêt le caractère d'un appel que fait le Chef de l'Etat, branche du pouvoir constituant, aux deux autres de ce pouvoir, pour que la tâche collective du constituant ne soit pas remise indéfiniment, avec le risque, devenu imminent, de voir la législature des Chambres prendre fin, et le pays continuer à être régi par une Loi Fondamentale provisoire promulguée par une autorité étrangère[37].

Les parlementaires, tout en admettant le caractère extraordinaire de la session convoquée, estimèrent utile de combiner l'activité constituante avec les autres travaux ordinaires. En réalité, la tension entre l'Exécutif et le Législatif ne cessait de monter depuis que les ministres de la tendance lumumbiste avaient été chassés, l'un après l'autre, du Gouvernement et que l'opposition n'avait plus pour tribune que les Chambres. Les conditions défavorables dans lesquelles s'exécutait ce travail incitèrent le Président à prendre une nouvelle initiative, le 29 septembre 1963. Mettant à nouveau les

---

37 J. Beys et al. (éds), *Congo 1963* (Bruxelles-Léopoldville, CRISP-INEP, 1964, pp. 166-167).

Chambres en congé, il créa une *Commission constitutionnelle* à laquelle il confia la tâche de réaliser ce travail. La suite de l'histoire est connue. Pendant que les leaders de l'opposition, après avoir créé le CNL (Conseil National de Libération), traversaient le fleuve (où Alphonse Massamba-Debat avait accédé au pouvoir en août) pour organiser les rébellions, particulièrement sur le front de l'Est, on continua à Léopoldville à se préoccuper de la Constitution.

L'ordonnance 278 du 27 novembre 1963 précisa la composition de la Commission constitutionnelle. Présidée par Joseph Ileo, avec pour secrétaire général, Marcel Lihau, le premier juriste congolais formé à Louvain, la Commission, qui devait siéger à Luluabourg comme préconisé à la Table Ronde de Bruxelles, était constituée des représentants du gouvernement central, des assemblées et gouvernements provinciaux, des syndicats, des employeurs, des collectivités rurales, de la presse, de la jeunesse et des étudiants[38] ainsi que des confessions religieuses. Au total, cent vingt-sept participants, dont quatre-vingt-treize provenant des provinces ou milieux ruraux.

Le travail fut mené jusqu'à son terme. Le projet constitutionnel fut soumis au référendum du 25 juin au 10 juillet 1964[39]. Le 1er août, la Constitution de la République Démocratique du Congo (appelée la « Constitution de Luluabourg ») fut promulguée, abrogeant du même coup la Loi Fondamentale, malgré l'anti-constitutionnalité de la démarche. En effet, la Loi Fondamentale avait institué le chef de l'Etat et les Chambres comme pouvoir constituant. Ces dernières avaient été écartées de l'opération. Elle avait prévu également, au lieu d'un référendum, que la Constitution soit soumise aux parlements provinciaux. Tel ne fut pas le cas. Malgré tout, une page de l'histoire constitutionnelle du Congo fut ainsi tournée. Enfin, une loi constitutionnelle congolaise avait pris la relève de la loi belge.

---

38 L'Union Générale des Étudiants Congolais (UGEC) refusa d'y prendre part.

39 Sur le résultat du référendum, voir J. Gérard-Libois & J. van Lierde (éds), *Congo 1964* (Bruxelles-Léopoldville, CRISP-INEP, 1965, pp. 111-112).

La Loi Fondamentale et le parcours constitutionnel postcolonial

De 1964 à nos jours, la RDC a été régie par cinq Constitutions : la Constitution du 1er août 1964 déjà citée, la Constitution du 24 juin 1967 du régime de Mobutu, l'Acte constitutionnel de la transition du 9 avril 1994, la Constitution de la Transition du 4 avril 2003 et la Constitution de la République Démocratique du Congo du 18 avril 2006. Si l'on exclut, parmi elles, celles ayant résulté des consensus entre états-majors politiques, à savoir celles de 1994 et 2003, il en reste trois qui ont pu faire l'objet d'une adoption formelle de la part du peuple, sous forme de référendum. On s'en tiendra à ces trois textes dans notre parcours constitutionnel postcolonial, bien qu'ils aient été appliqués de manière forte inégale.

Les dispositifs de 1964 ont connu une existence éphémère à cause du coup d'Etat de 1965 qui leur a imposé des correctifs précoces. Ce qui a abouti au texte constitutionnel de 1967. Ce dernier, en principe d'application pendant plus de trois décennies, a connu une quinzaine de révisions. C'est après la longue période d'interrègne constitutionnel, marquée par les transitions successives[40], que s'est imposée la Constitution actuelle au terme du dernier référendum constitutionnel, les 18 et 119 décembre 2005. Un essai d'histoire constitutionnelle du Congo, au cours de ce demi-siècle, est donc désormais possible[41].

La Constitution de Luluabourg, la première à avoir été produite par les Congolais eux-mêmes, composée de deux cent-quatre articles regroupés en quinze titres, comportait quelque originalité. Elle s'ouvrait sur la description du drapeau et des armoiries, alors que la Loi Fondamentale ne comportait aucune allusion aux emblèmes du nouvel Etat[42]. Elle consacrait, ensuite, une section à la définition de la nationalité (art. 6 et 7) ; innovation qui s'est imposée après les premiers conflits identitaires éclatés à Goma lors de la constitution des provinces du Kivu en 1963-64, particulièrement celle

---

40 I. Ndaywel è Nziem, Nouvelle histoire …, p. 577).

41 Notre étude sur la Constitution produite par la Conférence nationale souveraine (*La Constitution de la IIIè République du Congo…*) contient, dans ses annexes, les textes de la Constitution de 1964, de 1967 et de 1994). Voir aussi F. Vundwawe te Pemako, op. cit, pp. 194-209.

42 C'est le Collège Exécutif Général qui adopta la modification du drapeau : celui hérité de l'AIA fut orné de six petites étoiles d'or s'alignant en bordure de la hampe.

du Nord-Kivu central[43]. Pour le reste, cette Constitution passait pour la confirmation de la prise en charge de l'héritage de la Loi Fondamentale. En effet, on y retrouvait la même structure de l'Etat, le même fédéralisme sans la lettre avec un nombre plus important de provinces (vingt-et-un au lieu de six), le même régime parlementaire, la même organisation provinciale composée de vingt-et-un gouvernements et assemblées provinciaux, les gouvernements étant toutefois dirigés par les gouverneurs et non par des présidents provinciaux.

Cette organisation fort éclatée de l'Etat, ne convenait pas à Mobutu devenu Chef de l'Etat, le 24 novembre 1965. Dès 1967, il préconisa la mise en place d'une nouvelle Constitution, qui s'émancipa de cette tradition d'origine belge. Avec ses soixante-quinze articles regroupés sous neuf titres, cette « Constitution de la IIè République », promulguée le 24 juin 1967 après le référendum du 4 juin de la même année, instaura un régime présidentiel : le chef de l'Etat est élu au suffrage universel direct pour sept ans ; il est le responsable de ses actes ; le multipartisme intégral est aboli au profit d'un bipartisme ; le Parlement est composé d'une Chambre unique, l'Assemblée nationale ; les provinces sont de simples entités administratives.

Quant à la nouvelle Constitution de la République Démocratique du Congo (2006), elle est composée de deux cent vingt-neuf articles et de onze titres. Se présentant comme une synthèse des dispositions antérieures, elle s'offre sous une forme hybride, à la manière de l'œuvre de la Conférence nationale souveraine (CNS), reprenant à la fois des éléments de la Loi Fondamentale et de la Constitution de la IIè République. De cette dernière, elle a repris entre autres le principe du régime semi-présidentiel, puisque le Chef de l'Etat est élu au suffrage universel direct, pour cinq ans et non sept ; il nomme le Premier ministre « au sein de la majorité parlementaire après consultation de celle-ci » et préside le Conseil des ministres. En revanche, en guise d'héritage de la Loi Fondamentale, il existe deux Chambres ; les provinces, au nombre de vingt-cinq (auxquelles s'ajoute la ville-province de la capitale), sont dotées de leurs instances, centrale et provinciale.

On aurait pu tenter ici un inventaire des innovations constitutionnelles spécifiquement congolaises de 1960 à nos jours, évaluer

43 Il s'agit des révoltes dites « Kanyarwanda » (littéralement, « fils du Rwanda ») (J.-C. Willame, *Banyarwanda et Banyamulenge : violences ethniques et gestion de l'identitaire au Kivu,* Bruxelles-paris, Institut africain CEDAF-L'Harmattan, 1997, p. 49).

l'effort de prise en charge des équations qui ont émergé au cours de ce demi-siècle de postcolonie, les solutions constitutionnelles trouvées pour se prémunir de ces crises du passé. Un tel exercice reste à faire. Notre propos ne se limitera ici qu'à un aspect : celui d'évaluer le degré de résistance des innovations de la Loi Fondamentale sur les Constitutions subséquentes, celle de 1964, de 1967 et de 2006. Pour rappel, le sénateur Rolin, en son temps, les avait résumées en trois points : l'introduction de la structure fédérale, l'insertion du pouvoir coutumier dans la gestion de l'Etat, la protection contre l'instabilité de l'exécutif par l'instauration du régime parlementaire.

Le fédéralisme d'abord ! Préconisé par la Loi Fondamentale, celui-ci s'est maintenu dans la trajectoire constitutionnelle nationale en conservant la forme et le fond originels, conscient de la nécessité de se prémunir contre des excès pouvant libérer des forces centrifuges. Ainsi, comme dans la Loi Fondamentale, les entités fédérées dans la Constitution de 1964 sont des « provinces » et non des « Etats ». Cette Constitution avait prévu, dans son article 178, le changement terminologique à partir de la troisième législature, pour passer du « Congo démocratique » au « Congo fédéral ». Autrement dit, si ses dispositions avaient continué d'être d'application, les institutions fédérales en place depuis le 1er août 1964 se seraient revêtues de la terminologie appropriée, au sein d'une « République fédérale du Congo »[44] à partir de 1975 !

L'innovation mobutiste, à la base de la Constitution de 1967, a précisément eu pour objet principal de contester ces dispositions et de ramener le Congo dans le giron du centralisme politique. Au-delà de la domination des logiques autoritaires, le législateur de 2006 est visiblement proche de celui de 1964. L'un et l'autre ont repris à leur compte la distinction rigoureuse entre les attributions du « pouvoir central » et celles des « pouvoirs provinciaux ». Entre les deux instances, les deux Constitutions semblent chaque fois avoir aménagé des espaces de dialogue, représentés par l'institutionnalisation d'un « Commissaire d'Etat » (Loi Fondamentale) ou d'une Conférence des gouverneurs présidée par le chef de l'Etat (Constitutions de 1964 et de 2006).

L'insertion dans les rouages politiques du pouvoir coutumier est visiblement une autre innovation émanant de la politique coloniale de

---

44 Repris en son temps par la Conférence Nationale Souveraine (novembre 1992), le projet d'une « République Fédérale du Congo » n'a plus jamais été évoqué lors des multiples conférences de Sun City et de Pretoria (2002), pour reconstituer l'unité politique de la RDC.

l'administration indirecte. Cette préoccupation est demeurée quasi permanente dans les dispositifs du Congo postcolonial, de 1960 à nos jours. Déjà à la Table Ronde politique, siégeait une délégation de « chefs coutumiers ». C'est la Loi Fondamentale qui, la première, instaura le principe de la cooptation des chefs coutumiers comme conseillers provinciaux (entendez députés provinciaux) mais aussi comme sénateurs[45]. Les mêmes dispositions furent conservées dans la Constitution de Luluabourg. Le régime de Mobutu n'a pas conservé cette clause, bien qu'elle ait été d'application de manière informelle[46]. Pour sa part, la loi de 2006 a prévu une disposition particulière pour « l'autorité coutumière » (art. 207). Ces « chefs » peuvent faire l'objet de cooptation comme membres des Assemblées provinciales.

Plus complexe a été l'évolution de la situation initiale du régime politique. La tropicalisation du système de gouvernance belge – formé d'un roi irresponsable et d'un premier ministre responsable politiquement – avait conduit à un conflit historique qui a laissé bien des traumatismes, surtout que le phénomène a connu un rebondissement en 1964, entre Kasa-Vubu et Tshombe, ouvrant la porte au coup d'Etat. Aussi, chefs de l'Etat et premiers ministres sont-ils toujours suspectés d'être en état de conflit ! Les correctifs constitutionnels qui ont suivi, ont eu pour objectif de renforcer la position présidentielle et tenter de lui octroyer une base plus solide.

Sur ce point, la Constitution de Luluabourg, pourtant nettement de tendance parlementaire, avait innové par rapport à la Loi Fondamentale. Au lieu d'être élu uniquement par le parlement réuni en congrès, elle avait préconisé son élargissement aux membres des assemblées provinciales. La Constitution de 1967 a rompu avec cette tradition en inaugurant la tradition de l'élection présidentielle au suffrage universel direct, en même temps qu'elle optait pour un exécutif unique. Et, pour une fois, la Constitution de 2006 s'est alignée sur la tradition de 1967 : elle a repris à son compte le principe des élections présidentielles au suffrage universel direct et non celle de 1964.

---

45 Son article 75 stipule : « L'un des six sénateurs représentant chaque province est un chef coutumier ou un notable élu en cette qualité ».

46 Dans le Comité central du MPR, siégeaient également des « chefs coutumiers» comme le roi Kuba et le Mwant Yav lunda.

Pour conclure

Jean Stengers a justifié la stabilité institutionnelle de la colonie belge par la permanence des idées véhiculées par la Charte coloniale, cet outil constitutionnel qui fut mis au point pendant deux ans, de 1906 à 1908[47]. On peut considérer que la Loi Fondamentale, bien que produite en un temps beaucoup plus bref, s'est imposée également par la permanence des idées qui la sous-tendaient Ces idées étaient fondées sur le principe, inventé à la table ronde politique de 1960, d'un « *Congo uni mais largement décentralisé* ». Cette expression est encore et toujours d'usage, en lieu et place du terme sensible de « Congo fédéral ». Cette position médiane justifie l'existence de la contradiction apparente qui caractérise le système constitutionnel congolais ; il s'agit en réalité d'un garde-fou permettant d'avance de se prémunir contre les effets pervers des dispositifs adoptés. Ainsi, les « provinces », par peur de réveiller les démons de la balkanisation, sont arrêtées dans leur élan de s'assumer pleinement comme « Etats fédérés »[48].

On est donc porté à croire que c'est cette option de décentralisation qui s'est inscrite dans la mémoire constitutionnelle de l'ancien Congo belge, même si, en définitive, elle n'a jamais été réellement d'application à cause des trois décennies du régime de Mobutu qui ont occupé, avec la longue transition, pratiquement tout l'âge postcolonial.

Voilà pourquoi la mise en œuvre du régime des provinces gérées politiquement, comme préconisé à nouveau dans la présente Constitution de 2006, est malgré l'antériorité de l'idée, un saut dans l'inconnu. C'est le régime centralisé qui a toujours été d'application. Le « retour » au modèle d'organisation décentralisé se présente comme la mise en expérimentation d'un système préconisé dès la Table Ronde politique, qui fut coulé sous forme de loi, sans jamais avoir été mis en œuvre. Le Congo serait donc à nouveau au seuil d'une évolution inédite, à moins que ce tournant ne soit le début d'une trajectoire qui conduira à de nouvelles révisions, comme dans le passé. Dans ce cas de figure, on serait dans un processus de changement

---

47 J. Stengers op. cit., pp. 180-183.

48 Dans la Constitution de 2006, voir le chapitre 2 consacré aux « provinces » (pp.63-71) Cf. « Constitution de la République Démocratique du Congo », *Journal officiel de la RDC* (n° spécial), Kinshasa, 2006.

dans la continuité, où la décentralisation demeurerait de l'ordre de la rhétorique et la centralisation, de celui de la pratique concrète.

L'héritage de la Loi Fondamentale s'est donc fort bien véhiculé, y compris dans son échec d'instaurer le fédéralisme au Congo et d'y faire prévaloir un régime parlementaire à la belge[49]. En somme, malgré son apparente complexité et le nombre de textes produits, le parcours constitutionnel du Congo se présente jusqu'ici comme un effort de mise en œuvre des prescrits de la Loi Fondamentale ; prescrits soumis à une succession de toilettages au regard des expériences concrètes auxquelles ils ont été confrontés au cours du temps. Et ce processus ne serait pas clos[50].

---

49 Le régime parlementaire congolais aurait la particularité de cohabiter avec le régime semi-présidentiel. Le Président de la République est élu au suffrage universel direct (art.70), mais le gouvernement obtient son investiture à l'Assemblée nationale (art. 90) (« Constitution de la République Démocratique du Congo », op cit.).

50 Léon de Saint Moulin estime que l'actuelle Constitution serait encore trop extravertie et ne prendrait pas suffisamment en compte les réalités nationales (L. de Saint Moulin, « Projet de Constitution de la RDC : dimension sociale », in *Congo-Afrique*, 397 (sept. 2005) : 84-94).

Chapitre X

La fin du deuil colonial belgo-congolais : mythe ou réalité ?

Le discours sur le deuil colonial à « clôturer »[1] renvoie à cette historiographie particulière en gestation autour des revendications de «réparation », de « restitution » et de « réconciliation »[2]. Réparation du passé, restitution des biens confisqués ou « déplacés » et réconciliation au présent à la suite des hostilités d'hier par « dépassement » du souvenir de ces dernières. Trois situations historiques aux conséquences malheureuses[3] seraient à la base de l'effort d'élaboration de ce nouveau discours épistémologique : la traite négrière, le racisme et le colonialisme. La reconnaissance des méfaits de la traite négrière a fini par aboutir à des demandes de pardon, comme ce fut le cas de l'Église catholique et à des condamnations pour « crimes contre l'humanité »[4]. Les oppressions raciales, comme il en va de l'apartheid, de l'antisémitisme chronique ou du génocide, pour avoir produit, elles aussi, de nombreuses victimes, ont conduit à des velléités de vengeance qui ne s'atténuent qu'au vu des condamnations de ces politiques du pire et de la mobilisation de l'opinion internationale, tant pour empêcher la réédition de ces autres crimes que pour en « punir » les auteurs.

Qu'en est-il de la colonisation ? L'opinion est moins unanime pour que la colonisation soit pleinement alignée sur les deux cas précédents,

---

1 Chikhi, B. et Quaghebeur, M., eds, *Les écrivains francophones interprètes de l'Histoire*, Bruxelles, Archives et Musées de la littérature, 2006, p. 325-346.

2 On consultera, avec intérêt, le recueil des textes qui y sont consacrés. Cf. *Cahiers d'Études Africaines* (Réparations, restitutions, réconciliations entre Afriques, Europe et Amériques), XLIV (162), 2004, p. 173-174.

3 Je m'inspire ici de l'excellente analyse de K. A. Appiah, dans ce numéro spécial des Cahiers (« Comprendre les réparations. Une réflexion préliminaire », op. cit., p. 25- 40).

4 Cf. La loi française du 21 mai 2001, adoptée par l'Assemblée nationale et le Sénat, stipulant que: «la traite dans l'océan indien d'une part et l'esclavage d'autre part, perpétrés à partir du XV" siècle, aux Amériques et aux Caraïbes, dans l'océan indien et en Europe, contre les populations africaines, amérindiennes, malgaches et indiennes constituent un crime contre l'humanité».

encore qu'il y ait eu, ces derniers temps[5], une plus grande avancée dans la concordance des jugements. Elle représenterait une des pages les plus sombres de l'histoire contemporaine de l'Afrique et les séquelles en seraient encore perceptibles au quotidien, puisqu'elle a la prétention à s'installer confortablement dans l'imaginaire contemporain sous la forme du néocolonialisme[6]. C'est ce particularisme qui renforcerait son excentricité, son omniprésence et sa pérennisation dans les actualités des pays africains comme dans celles des anciennes puissances coloniales. Ainsi perçue, elle serait même plus nocive, parce que perfide et insidieuse, que sa forme archaïque de traite négrière.

Ce propos se veut précisément un regard sur l'un de ces rapports, celui de Congo/Belgique et sur le discours qui s'est construit, dans l'un et l'autre pays, sur ce cheminement « commun » : il s'agit d'une période de trois-quarts de siècle, organisée politiquement en deux moments distincts, la création du « Congo léopoldien » qui fut consacrée en 1885 par l'Acte général de Berlin et celle du « Congo colonial » inauguré avec la promulgation en 1908 de la: Charte Coloniale. Qualifions globalement ces deux étapes de « Congo belge », même si, officiellement, ce concept n'est réservé qu'à la seconde.

Que l'évocation de ce passé, parce que colonial, soit rapprochée, par analogie, de la pratique du deuil ne constituerait que partiellement une comparaison heureuse. En Afrique centrale, en effet, la pratique du deuil est une sorte de rituel de « passage », l'instant de la douleur intense et de la séparation avec l'être cher. Le deuil lui-même, dans son essence, serait le temps investi à se dépouiller du manteau de la « mort », pour tenter de renouer avec la vie. Il aurait donc des funérailles pour étape préalable. Le deuil qui s'ensuit serait donc une forme de mise en conditionnement de la famille restée en vie. Aussi était-il marqué par le renversement des habitudes. Tant que le corps du disparu n'a pas encore été enterré, la personne en deuil, surtout s'il s'agit de l'épouse, est censée s'imposer une sorte de renoncement volontaire à la vie. Elle s'interdit le bain, la toilette, le peignage des cheveux, souvent coupés pour la circonstance, et le contact physique avec des personnes du sexe opposé. Elle évite de circuler, de serrer la main d'un homme quel qu'il soit ; elle s'impose le silence, dort à même le

---

5 Cf. Marc Ferro (dir.), *Le Livre noir du colonialisme, XVI-XXIe siècle: de l'extermination à la repentance*, Paris, Robert Laffont, 2003.

6 Contre quoi s'insurge, entre autres, Aminata Traoré, Le *Viol de l'imaginaire* (Paris, Fayard, 2002).

sol et ne consomme que des fruits et des légumes crus. Après l'enterrement, ces prescriptions sont allégées mais se prolongent le plus souvent par des restrictions d'ordre social, alimentaire et vestimentaire. Quand arrive enfin le moment de la clôture du deuil - dans la culture congolaise contemporaine, elle intervient sous le signe du « quarantième jour », la cérémonie prend volontiers l'allure d'une célébration festive, au cours de laquelle s'effectue le « dépouillement » du deuil. Les personnes concernées se « séparent » du défunt ; elles portent alors des habits de fête et participent au banquet et à la danse. La « rupture » avec le défunt est alors considérée comme consommée. Celui-ci appartient désormais à l'univers des « vivants d'en bas » et ses contemporains à celui des « vivants d'en haut ».

Là où la comparaison pose problème, c'est que le deuil classique suppose le regret d'un passé qu'on souhaitait voir se poursuivre. Ce qui, historiquement, n'a pas été le cas de la colonisation, puisque l'indépendance, l'instant de son décès, a été partout en Afrique, un événement festif et non un moment de regret. N'empêche, la métaphore a tout de même un sens, puisqu'il y a un état de douleur qui appelle à être rompu, à un moment donné, pour que la vie communautaire, dans laquelle évolueraient colonisateurs et colonisés d'autrefois, puisse être possible dans la mondialisation.

C'est à Bogumil Jewsiewicki qu'est revenu le mérite d'avoir évoqué l'introduction de cette thématique du deuil, comme exorcisme du passé colonial, dans la pratique de la mémoire des acteurs belgo-congolais contemporains. Ainsi donc, sur la base de l'expérience des colloques qu'il a organisés à Lubumbashi sur la clôture du « deuil colonial », l'historien québécois, spécialiste de la région a entrepris d'étendre l'exercice à l'ensemble de l'ancienne « Afrique belge ». Après le Congo, le cas du Burundi[7] a été récemment évoqué. Il ne reste plus qu'à étendre l'expérience au cas du Rwanda, avant d'entamer une synthèse générale de l'ensemble des regards africains sur la fin du deuil colonial belge.

Le thème du deuil colonial est suffisamment fécond pour qu'on s'y attarde un peu ; il se prêterait même à une certaine forme de généralisation, au moment où la réécriture de l'histoire coloniale africaine est à la mode, pour que soient revisitées, à un demi-siècle de distance, les mémoires

---

7 Le numéro double des Cahiers déjà évoqué, comporte un gros dossier sur le «cas » du Burundi, à plusieurs voix, avec interventions du même Bogumil Jewsiewicki (p.419), d'A. Sanzé (p.420-424), de M. Mukuri (p. 425-427), de C. Newbury (p. 428-429). de D. Newbury (p. 430) et de R. Lemarchand (p. 431-414).

coloniales des anciennes métropoles – la France, l'Angleterre, le Portugal, la Belgique et l'Espagne – et celles de leurs anciens « empires » en Afrique.

Puisque la pratique du deuil suppose au préalable « l'enterrement » du passé douloureux, reconnaissons que le Congo postcolonial est confronté, dans son vécu, à l'organisation de trois «funérailles» consécutives, celles du colonialisme, celles du mobutisme et celles de la Première Guerre mondiale africaine ». Des trois deuils qui en découlent, celui qui se donne évidemment pour existentiel n'est ni le premier, ni le deuxième, mais plutôt le troisième. C'est, bien sûr, la mémoire des affrontements avec le Rwanda belliqueux de Paul Kagamé qui « habite » farouchement le présent congolais, au point de l'occuper entièrement. Comme on va le voir; elle semble même avoir réussi à précipiter « l'enterrement » du souvenir macabre des années du mobutisme et à donner l'impression de confirmer l'amnésie congolaise du· passé colonial.

En effet, à cause de l'imbroglio de la gestion postcoloniale et la misère que celui-ci génère au quotidien, l'âge colonial, objet de condamnation généralisée, est de plus en plus perçu aujourd'hui comme une période de « vaches grasses ». Son souvenir est de ce fait idéalisé, au point d'accorder des « hommages » voire des remerciements au colonisateur d'hier. Le philosophe congolais, Albert Tshibangu-wa-Mulumba, s'est fait l'écho de ce discours silencieux, mais bien présent au sein du peuple[8] :

> Hommage à toi, Colonisation. Tu nous léguas des institutions. Sous ton autorité, de nouveaux ensembles se formèrent englobant nos villages [...]. Hommage à toi, Colonisation, qui m'appris à lire et à écrire [...]. Hommage à toi, Colonisation. Tu me créas un continent. Tu m'offris un pays, me le mis en valeur: décloisonner les tribus, ouvrir les ethnies, rassembler frères et sœurs ennemis et les forcer à se supporter, à se connaître, à s'aimer [...].
>
> Je te rends hommage, Colonisation. Tu m'appris de mon pays une histoire différente de celle que me narraient, les soirs, les contes de mes grands-parents, relatant uniquement mon ascendance tribale. Grâce à tes tremplins, je puis désormais de moi-même m'ouvrir à l'infini; Je ne suis pas seulement muluba, repris-je un soir ma grand-mère. Je suis congolais. Mon pays est le Congo belge. C'est aussi ton pays. Tu es une congolaise. Je ne suis pas seulement un congolais, je

---

8 Albert Tshibangu-wa-Mulumba, *Hommage à la colonisation*, Paris, Éditions Okem, 1984, p. 159-161.

suis un africain. Mon continent est l'Afrique. C'est aussi ton continent, Tu es une Africaine [...].

Le corpus Congo-Belgique : deux discours croisés convergents

Mettons d'abord bout à bout les éléments du discours, belge et congolais, sur le colonialisme. Au cours des cinquante dernières années, deux périodes de l'histoire congolaise auront été particulièrement prises en charge par cette littérature « croisée ». Il s'agit de l'ère de la décolonisation, de 1958 à 1978 environ, et de l'ère de la transition, de 1990 à nos jours. Sur la première période, allant de la fin des années 1950 à celle des années 1970, le «corpus » congolais est constitué, à défaut d'un amoncellement d'écrits, d'un éventail de chansons «nationalistes» -le mode d'expression courant dans la société congolaise -, célébrant l'indépendance, fustigeant les ingérences extérieur.es et dénonçant les architectes de la «crise congolaise»[9]. Les pionniers de l'indépendance, pour avoir servi la patrie, devaient être célébrés collectivement et individuellement, comme l'illustre la chanson qui suit en lingala (chant IV) :

> « Aujourd'hui, c'est l'indépendance. Réjouissons-nous. Nous sommes revenus [de la table ronde]. Au Congo, tenons-nous la main dans la main comme les enfants d'une même mère. Acclamons nos autorités : elles se sont battues pour l'indépendance, à Léopoldville, Kisangani, Kindu. À Ndolo aussi: souvenons-nous-en ! Kasa-Vubu, tu as combattu à Léopoldville. Ô Luyeye, Nzeza-Landu et Simon (vous avez fait de même !). Toi Lumumba, tu as lutté à Kisangani et aussi à Jadotville, toi père de l'indépendance. Quant à toi, Kashamura, tu l'as fait à Kindu. L'indépendance s'est faite avec difficultés ».[10]

Une indépendance qui s'inscrit dans la difficulté à la suite d'une colonisation tout aussi difficile ! Cette autre chanson lève un coin de voile sur ce que fut le vrai visage de la colonisation belge, pour ceux qui l'avaient vécue et la

---

9 A. Kabamba et P. Salmon, « Chansons congolaises à la table ronde (20 janvier-20 février 1960 », *Congo 1955-1960 : Recueil d'études*, Bruxelles, ARSOM, 1992, p. 273-292.

10 «Ya lelo indépendance di 0; tosepela di e, tozongie di e. Na Congo tosimbana di e lokola bana ya mama moko. Kumisa bakonzi ba biso babundi die na kimpwanza di e na Leo, Kisangani, Kindu, na Ndolo e die.toyeba. Kasa-Vubu y'omipinzina Leo. O Luyeye, Nzeza-Landu na Simon. 0 Lumumba na kati ya Kisanganimpe Jadot e yo tata ya lipanda, Kashamurana katikati ya~du. Lipanda eeyaki matata » (Ibid., p. 279-280).

portée réelle de la mutation que représentait «l'indépendance» au niveau des attentes.

> « L'heure a sonné, papas et mamans accourez vite et frappez à chaque porte. Et appelez l'ami. L'esclavage est fini. Réjouissez-vous c'est l'indépendance. Hier c'était l'homme noir dans la misère, soumis à tous les travaux, la chicotte derrière, qu'il ose protester: « tu n'as rien à dire, tais-toi, macaque ! » Kasa-Vubu a vu tout cela et a dit «ça suffit ! »[11].

On est bien loin de la candeur, de l'auto-condamnation et du défaitisme de la chanson «patriotique» coloniale, diffusée naguère à partir de l'école, qui se plaisait à magnifier l'œuvre coloniale et ses personnalités emblématiques: le roi, le missionnaire, le soldat, venus délivrer le Noir de sa condition d'esclave et de « fils maudit », La chanson, en *lomongo*, que voici est l'illustration parfaite de ce credo[12]:

> « Réjouis-toi, notre pays le Congo et chante à gorge déployée Réjouis-toi par la bouche et du fond de ton cœur. Avec gratitude, chante, toi son enfant. De l'esclavage, toi maintenant, tu es libéré. De l'esclavage terrible du diable et de mauvaises gens. A tes pleurs, justice a été faite par Dieu et il t'a libéré.
>
> Maudits par notre père Noé, nous voilà tous les Noirs de ce pays Opprimés à cause de la terrible insulte; avec larmes nous avons pleuré sur la terre. Le salut est venu du ciel pour nous. Maintenant la lumière est venue, les ténèbres ont quitté les yeux, et d'en haut par Dieu nous sommes vus.
>
> Quelle grande joie! Un roi fort a été envoyé par Dieu dans ce pays. Et les siens par pitié quittent dans un juste élan l'Europe, ils nous libèrent de l'esclavage avec ardeur et se joignent à nous dans ce combat sur la terre. Remercie-les, toi notre pays le Congo. Remercie-les, toi fils de ce pays ».
>
> « Ô pays élu par Dieu pour libérer tes frères et sœurs, O Belgique, que le ciel te fasse prospère. Par sa bénédiction qu'il bénisse tes hommes, toi qui nous a adoptés comme ses propres enfants ! La Belgique et nous, nous sommes unis. Réjouis-toi, notre pays, notre

---

11 «Ngonga ebeti e batata na bamama bana mpe mikolo e Beta ndako na ndako benga moninga e Boumbu bosili tosepela indépendance, lobi ezalaki e moto moyindo mawa e, bobele mosala e na fimbo sima e, toloba boye ma be o; makaku vanda nye o, Kasa- Vubu atali e, alobi ekosila! » (Ibid., p. 281).

12 Kita K. Masandi P. et M. Depaepe., *La Chanson scolaire au Congo belge*: anthologie, Paris, l'Harmattan, 2004, p. 166-167.

Congo. (Quant à vous, coloniaux) agréez nos remerciements, tous les jours ».[13]

Le ton nouveau, relevé au niveau de la chanson, avait également fait son apparition au niveau de l'écrit, dans une poignée de textes de portée politique, comme les correspondances des revendications des Évolués, les pétitions ou des articles de revues[14]. Se détachent du lot les ouvrages de Thomas Kanza[15], et particulièrement sa prophétie *Tôt au tard !*, qui est en réalité l'écho « rationalisé » du cri du cœur du chanteur, Adou Eyenga. Le texte de la chanson est plus explicite: « Tôt au tard sera renversé le pouvoir blanc, tôt ou tard le monde sera purifié, tôt ou tard le monde va basculer ! » («Ata ndele mondele akobaluka, ata ndele mokili ekosukwama, ata ndele mokili ekobaluka ! »). Le texte de la conférence de Joseph Malula, *L'Âme noire face à l'Occident* à Bruxelles (28 mai 1958), à la tribune du Congrès de L'Humanisme chrétien à Bruxelles, marque également une étape. Le futur cardinal mettait en garde la Belgique : il valait mieux octroyer l'indépendance au Congo un « *quart d'heure trop tôt que trop tard* »[16].

Au lendemain de l'indépendance vint l'époque de la bataille contre l'aliénation mentale. Mabika Kalanda a plaidé d'emblée pour la « *remise en question*» posée comme « *base de la décolonisation mentale* » [17]. Cette décolonisation métaphysique avait déjà été au centre des préoccupations d'un Vincent Mulago[18], le premier universitaire congolais à enseigner à la faculté

---

13 «Salangana, we es'ekiso Nkongo ko embela la jobeleza ngae ! Salangana nd'omwa nd'otema mongo nd'esimelo emba we bon'okae. Nda'kwaIa we aeyoko wikolama. Nda'kwala ngae j'oloki l'ant'abe. Bolel'oke la yeci bokelama la Nzame mpe, end'okosukya we. Batolami la is'ekiso Noé, bal'is'uma baindo b'es'ene. Banyekyami nd'etoc'ea bol'ekande, la mpisoji tolelaki nda nse. Etungwelo eyim'a lola l'iso. Ekek'ene foie-foie eoya,la wijima bolimana nd'aiso, ko ndajiko la Nzame cenama. Bosala ngae ! Bokulaka ya nguya atomama la Nzame nd'es'ene. Batomama bankanako la boya basundola l'elango Mpoto mpe bacikole nd'akwal'a bolo mongo, bacoambele nd'etumb'ene nda nse. Wasim'iyo, we, es'ekiso Nkongo. Wasim'iyo, we, bona w'es'ene. 0 ese mpe, esonama la Nzame te wikole bankana bakawe, 0 Beljia, te lola akofuze. L'okak'okae asakel'ant'ake w'ocoambaki ngol'ana bake mongo. Ko Beljia l'iso tosangana. Salangana, we, es'ekiso, Nkongo, nd'esimelo osime bec'uma! » (Sœurs missionnaires CPS, Njembo nda nkundo, p. 21).

14 Pour plus d'informations, cf. Jean Marie Mutamba Makombo, *Du Congo belge au Congo indépendant 1940-1960. Émergence des «Évolués» et genèse du nationalisme*, Kinshasa, IFEP, 1998, p. 628-630.

15 Thomas Kanza, *Tôt au tard ... Ata Ndele !*, Bruxelles, Le Livre africain, 1959.

16 Texte reproduit dans *L 'Évêque africain aujourd'hui et demain*, Kinshasa, 1979, p. 42-63.

17 A. Mabika Kalanda, *La Remise en question, base de la colonisation mentale*, Bruxelles, Remarques Africaines, 1965.

18 A la suite de sa thèse (*L'Union vitale bantu chez les Bashi, les Banyarwanda et les Barundi face à l'union vitale ecclésiale,* Rome, Thèse doctorat, 1955), Mulago est revenu sur ce credo dans son *Visage africain du christianisme* (Paris, Présence Africaine, 1965). Concernant l'itinéraire de Mulago, on se réfèrera à

de théologie de l'Université Lovanium de Kinshasa, quand il se préoccupait de la mise en valeur de l'héritage ancien, il s'efforçait de déceler, dans cette culture préchrétienne, des racines de l'humanisme, posées comme « pierres d'attente » à l'évangélisation. Une démarche d'anthropologie religieuse qu'Oscar Bimwenyi[19] a, entre autres, complétée, en précisant que ce ne sont pas quelques traits culturels «*pêchés à la ligne* » dans le vivier de la culture locale qui seraient significatifs de l'humanisme pré-chrétien, mais la conception spécifiquement négro-africaine du monde dans sa totalité.

A ce répertoire philosophique, se sont greffés également des écrits politiques. Les plus connus, situés aux antipodes des années 1970, seraient d'une part la *Grande Mystification du Congo/Kinshasa* de Cléophas Kamitatu[20], le premier pamphlet frontal contre le régime de Mobutu et, d'autre part, *Mobutu l'incarnation du mal zaïrois* de Nguz a Karli Bond[21] qui vint dissiper les dernières illusions sur ce régime, comme pout inscrire sur du parchemin les empreintes de la longue résistance du peuple contre l'instauration de la dictature.

On a pu noter que ce premier discours, déjà, ne fait pas tellement de cas des épisodes de la vie coloniale. Quant à la deuxième époque, celle des années 1990, elle a conservé le ton iconoclaste des écrits de la fin des années 1970 sur l'ère du mobutisme. Inauguré par des « confessions publiques» de quelques «magiciens du repentir », suivant une expression heureuse de Pius Ngandu Nkashama[22], des barons du régime qui se sont déclarés «reconvertis» au christianisme après un temps d'errance dans les sectes, ce discours a trouvé sa continuité dans des écrits de « déballage », pour reprendre la terminologie de la conférence nationale souveraine, venus entamer la démarche d'« éventrer le boa »![23] qui allait se généraliser dans la suite.

Nyunda ya Robango *(Les Pratiques discursives du Congo-belge au Congo-Kinshasa: une interprétation sociolinguistique*, Paris, l'Harmattan, 2001, p, 105-110).

19 Oscar Bimwenyi, *Discours théologique negro-africain*, Paris, Présence Africaine, 1981.

20 Cléophas Kamitatu, *La Grande Mystification du Congo/Kinshasa*. Les crimes de Mobutu, Paris, Maspero, 1971.

21 Nguz a Karl i Bond, *Mobutu l'incarnation du mal zaïrois*, Londres, Rex, Collings, 1982.

22 Pius Ngandu Nkashama, *Les Magiciens du repentir. les confessions de Frère; Dominique Sakombi Inongo*, Paris, L'Harmattan, 1995.

23 Expression congolaise, employée lors de la circonstance et consistant en la mise sur la place publique des secrets des propos ou des actes posés dans la plus totale clandestinité.

À partir de cet exorcisme, tout semblait permis. À partir des écrits de dénonciation d'anciens agents des services secrets congolais, Emmanuel Dungia et Pierre Yambuya Lotika Kibesi[24], on a finalement abouti au propos hyper-iconoclaste des « déclarations» de la Conférence nationale souveraine dont le « corpus », disponible audio-visuellement, n'a pas encore hélas fait l'objet d'une publication complète. L'évidence est que la défenestration puis la mort du maréchal ont fini par libérer l'ensemble du discours, y compris celui de ses anciens lieutenants, comme Honoré Ngbanda, Ilunga Shamanga, Félix Wundwawe Te Pemako, Kisukula Abeli Meitho, Valentin Nagifi[25] qui n'ont pas hésité à dénoncer les excès de l'époque. Ce « noyau dur » du mobutisme s'adonne à cet exercice avec d'autant plus de détermination que la démarche est à leurs yeux nécessaire pour se faire dédouaner au niveau de l'opinion publique et tenter de négocier une insertion dans· le microcosme politique de l'après-Mobutu. Même son gendre belge, Pierre Jansen[26] ne s'est pas interdit de prendre des initiatives en ce sens.

Le corpus belge, pour sa .part, a l'avantage d'être moins dispersé, tout en étant bien mieux pourvu. Sur la « décolonisation», la plupart des témoins belges, voire des acteurs – entre autres, le général Janssens (1961) – ont très tôt rompu le silence, tentant de défendre «l'indéfendable », comme dans le cas de l'intervention des troupes métropolitaines en juillet 1960, ou de décrire le « gâchis » que comportait le transfert du pouvoir aux leaders congolais « inconscients » et «inexpérimentés»[27]. Curieusement, les plus loquaces d'entre eux semblent avoir été les « gestionnaires» de l'ancienne sécession katangaise (G. Weber; F. Vandewalle, Brassine), sans doute pour justifier, eux aussi, le sens de leur engagement. Le genre biographique et autobiographique a également été utilisé pour mettre à l'honneur « l'ami » ou le personnage congolais dont on se réclamait, histoire d'éviter sans doute

---

24 Emmanuel Dungia, *Mobutu et l'argent du Zaïre*, Paris, L'Harmattan, 1992. ; Pierre Yambuya Lotika Kibesi, *Zaïre l'abattoir. Un pilote de Mobutu parle, Bruxelles, EPO, 1991. Et, Autopsie d'une armée sans cœur ni âme*, Kinshasa, Éditions Zazeta, 1998.

25 Honoré Ngbanda Nzambo Ko Atumba, *Ainsi sonne le glas* ! *Les derniers jours du maréchal Mobutu*, Paris, Éditions Gideppe, 1998 ; llunga Shamanga, *La Chute de Mobutu lit l'effondrement de son armée*, Bruxelles, 1998 (version imprimée en Afrique du Sud).; Félix Wundwawe te Pemako, *À l'ombre du léopard: vérités sur le régime de Mobutu Sese Seko*, Bruxelles, Éditions Zaïre libre, 2000.; Kisukula Abeli Mejtho, *La Désintégration de l'armée congolaise de Mobutu à Kabila,* Paris, L'Harmattan, 2001. ; Valentin Nagifi, *Les Derniers Jours de Mobutu à Gbado-Lite (Congo-Zaïre),* Paris, L'Harmattan, 2003.

26 Pierre Janssen, *À la cour de Mobutu*, Paris, Michel Lafon, 1997.

27 W. Ganshof' van der Meerch, *Fin de la souveraineté belge au Congo. Documents et réflexions*, La Haye, Nijhoff (IRRl), 1963 ; L.F. Vanderstraeten, *De la Force publique à l'ANC. Histoire d'une mutinerie*, juillet 1960, Gembloux-Paris-Bruxelles, Duculot-Académie royale de Belgique, 1960.

qu'il soit confondu avec les « autres ». Ainsi, après le plaidoyer de Jules Chomé en faveur de Simon Kimbangu[28], une poignée de textes biographiques ont été produits, notamment celui de Charles Gilis sur Joseph Kasa- Vubu, de Pierre Devos et de Jan Van Lierde sur Lumumba, de Francis Monheim sur Joseph-Désiré Mobutu, de Ludo Martens sur Pierre Mulele, et enfin, d'Émile Lejeune et à nouveau Ludo Martens sur Laurent-Désiré Kabila[29].

C'est bien plus tard qu'on a assisté à l'émergence d'une littérature belge beaucoup plus critique à l'égard de la Belgique, une critique qui n'a pas épargné la famille royale. L'épisode ciblé n'est pas tant celui de la décolonisation[30] que celui de la gestion « léopoldienne »[31], sans doute en écho au « scandale » que cette histoire avait suscité dans le monde, y compris de nos jours après la relance faite par-Adam Hochschild[32], comme si le colonialisme belge avait constitué un cas à part, tellement différent des colonialismes anglais, portugais et français. D'autres modes d'expression tentent aussi d'occuper ce terrain désormais en friche, démontrant l'intérêt de la jeunesse belge désireuse de questionner l'épisode colonial de leur histoire nationale. En témoigne le spectacle de Virginie Jortay, *Bruxelles ville d'Afrique* (2000)[33] qui s'est efforcé de «théâtraliser» l'histoire léopoldienne de spoliation du Congo en vue de la modernisation architecturale de la ville de Bruxelles ou l'étude de Lucas Catherine sur l'origine coloniale des grandes architectures de la Belgique[34].

Loquace sur la période léopoldienne, le discours belge est quasiment muet sur l'histoire de la transition. Pourtant, celle-ci ne cesse de l'interpeller

---

28 Jules Chomé, *La Passion de Simon Kimbangu*, Bruxelles, Remarques Africaines, 1959.

29 Charles Gilis, *Kasa- Vubu au cœur du drame congolais*, Bruxelles, Europe-Afrique, 1964; Pierre Devos, *Vie et mort de Lumumba*, Paris, Calmann-Lévy, 1961. ; Jan Van Lierde, «*Témoignage: Patrice Lumumba, leader et ami* », dans Présence Africaine, n° 36, 1961. ; Francis Monheirn, *Mobutu l'homme seul*, Bruxelles, Éditions Actuelles, 1962.; Ludo Martens, *Pierre Mulele ou la seconde mort de Lumumba*, Bruxelles, RPO, 1985. ; Émile Lejeune et Ludo Martens, *Kabila et la Révolution congolaise*, t. I, Bruxelles; EPO, 2003.

30 Jean Van den Bosch, Pré-Zaïre, *Le cordon mal coupé*, Bruxelles, Le Cri, 1986.

31 Michel Massoz, *Le Congo de Léopold II (1878-1908)*, Liège, Michel Massoz Éditeur, 1989; Daniel Vangroenweghe, *Du sang sur les lianes, Léopold II et son Congo*, Bruxelles, Didier-Hatier, 1986; Catherine Lucas, *Léopold Ii: la folie des grandeurs*, Bruxelles, Luc Pire, 2004.

32 Adam Hochschild, *Les Fantômes du roi Léopold: un holocauste oublié*, Paris, Belfond, 1998.

33 Spectacle créé au Théâtre du Zoo à Kinshasa (20 février 2000), présenté au «Festival des Météores» à l'Hippodrome de Douai, puis au Centre Wallonie-Bruxelles à Paris.

34 Catherine, L., *Léopold II : la folie des grandeurs*, Bruxelles, Luc Pire, 2004.

dans certains dossiers sensibles, comme celui de la remise en cause du tracé frontalier entre le Rwanda et le Kivu et la revendication d'un prétendu «grand Rwanda» que la Belgique aurait détruit en rattachant une partie de son territoire au Congo belge. Il est regrettable que l'africanisme belge joue la carte de la discrétion coupable, celle qui pèche par omission, n'osant pas affirmer les faits historiques dont il a connaissance. Pourtant la clarification du débat est indispensable de la part de ceux-là même qui ont géré l'espace des Grands Lacs, si l'on veut éviter que ces pays frères s'installent confortablement dans des conflits intercommunautaires[35].

Visiblement, les intelligences belges se désintéressent de l'Afrique centrale. Ainsi, en dehors des travaux de l'Institut africain CEDAF[36], ce champ heuristique semble concédé entièrement aux journalistes : François Ryckmans, Anne Martinow-Remiche d'heureuse mémoire, François Bastin, mais surtout Colette Braeckman[37]. À elle seule, cette journaliste couvre l'ensemble de l'espace historiographique de cette époque, complété par les récits épiques des « voyages » littéraires de Lieve Joris dans le pays des Grands Lacs[38]. Quant à Thierry Michel, il s'est attaché à donner à voir des images de la transition difficile amorcée avec la fin du mobutisme. Ses deux réalisations, le *Cycle du serpent* (1992) et *Mobutu roi du Zaïre* (1999) constituent les deux parties d'un même tableau. .

À consulter simultanément ces deux «corpus » de textes, congolais et belge, on ne peut s'empêcher d'être frappé par la même évolution des

---

35 En réaction aux revendications territoriales du Rwanda contemporain, fondées sur des écrits erronés de l'abbé Alexis Kagamé, Jan Vansina est sans doute le seul à avoir été revisité tous les recoins de l'histoire ancienne du Rwanda (*Le Rwanda ancien : le royaume nyiginya*, Paris, Karthala, 2001). Sa conclusion est implacable: le « royaume du Rwanda comme État centralisé est une création coloniale», sa frontière ne s'est jamais étendue sur la rive gauche du lac Kivu de nos jours « congolaise, en dépit des campagnes militaires de Rwabugiri ».

36 Trois ouvrages de cet Institut présentent, fort heureusement, la synthèse de l'événementiel politique et militaire du Congo-Zaïre, II s'agit de : Gauthier de Villers et Jean Omasombo, *Zaïre la transition manquée: 1990-1997*, Tervuren-Paris, 1997 ; Gauthier de Villers, Jean-Claude Willame et Jean Omasombo, *République Démocratique du Congo chronique politique d'un entre-deux-guerres (1996-1998)*, Tervuren-Paris, 1998; Gauthier de Villers, Jean Omasombo et Eric Kennès, *République démocratique du Congo. Les trente derniers mois de Laurent-Désiré Kabila (août 1998-janvier 2001)*, Tervuren-Paris, 2001.

37 Colette Braeckman, *Le Dinosaure: le Zaïre de Mobutu*, Paris, Fayard, 1992; *L'Enjeu congolais: l'Afrique centrale après Mobutu*, Paris Fayard, 1999 ; *Les Nouveaux Prédateurs: Politique des puissances en-Afrique centr*ale, Paris, Fayard, 2003.

38 Lieve Joris, après son *Mon oncle du Congo* (Paris, Actes Sud, 1990), a publié toujours chez Actes Sud une série de récits-fictions sur la tragédie des Grands Lacs et ses retombées. Il s'agit notamment de : *Danse du léopard* (2002), *L'heure des rebelles* (2007), *Les Hauts Plateaux* (2009), *Ma cabine téléphonique africaine* (2011), *Sur les ailes du dragon. Voyages entre l'Afrique et la Chine* (2014).

opinions mais en sens inverse. Les Congolais, critiques à l'égard du fait colonial à l'ère de la colonisation, sont finalement rejoints dans ce jugement par une certaine littérature belge récente. À contre-courant de cette opinion, le discours congolais récent, aux allures accommodantes avec le colonialisme belge, semble trouver son écho, du côté belge, dans les propos «conservateurs» des années 1960. Pourquoi cette évolution en sens inverse? L'opinion congolaise, de la colonisation à nos jours, aurait-elle complètement changé?

Tenter de comprendre cette énigme revient d'abord à relever un constat. Le colonial ne semble occuper qu'une place marginale dans l'imaginaire congolais. Le civisme zaïrois, à la suite des slogans indépendantistes du *lumumbisme*, s'est chargé, avec le déboulonnement des monuments coloniaux, d'extirper de l'imaginaire local les séquelles de cette mémoire qui subsistaient encore. De plus, les trois-quarts des témoins de cette époque ont eux aussi disparu. La page serait donc pratiquement tournée. A preuve, en dehors de la peinture naïve, dont la production est destinée pour une large part au public présumé belge qui en fait la commande, les autres genres artistiques n'ont plus pour base d'inspiration la vie coloniale.

En revanche, la situation en Belgique semble quelque peu différente. Bien que marginal, du fait de la communautarisation du patrimoine culturel, le contenu de la « bibliothèque coloniale», de la fin du XIXe siècle à nos jours, semble constituer un domaine d'inspiration plutôt permanent, hier comme aujourd'hui, d'une somme de productions diversifiées; allant des écrits savants à la Paul Salkin, à la littérature enfantine du genre *Tintin au Congo* d'Hergé, en passant par des récits autobiographiques et de fiction, des œuvres érudites et théâtrales, des productions audiovisuelles de toutes sortes. Comme pour confirmer cette option, le Musée Royal d'Afrique Centrale, malgré ses métamorphoses historiques qui l'ont conduit à se défaire de son étiquette de « congolaise », jugée sans doute trop restrictive, ne s'est pas empêché de revenir à ses anciens amours, en organisant en 2005 une importante exposition historique, non pas sur l'Afrique Centrale, mais sur « *La mémoire du Congo: le temps colonial* » !

On comprend pourquoi le Congolais, préoccupé par des questions de gestion postcoloniale, ne soit que peu intéressé par le débat sur la colonisation belge, puisqu'il n'est que peu motivé par ce devoir de réplique, à ses yeux sans dividendes concrètes pour la recherche de solution à ses équations de survie. Finalement, s'il opère de temps en temps un « retour» sur ce dossier, c'est parce qu'il y est invité par son partenaire belge qui, de manière saisonnière, recourt à ce matériau, du grain à moudre indispensable pour faire fonctionner le moulin à conflits belgo-belges ou franco-belges. On sait, par exemple, que le dossier de coopération avec le Congo joue un rôle permanent dans les tensions néerlandophones et francophones. Les premiers sont portés à se désengager des « affaires » de l'ancienne colonie, puisqu'ils ne se reconnaissent pas en elle sur le plan linguistique, tandis que les seconds sont moins indifférents à cette question, où le bilatéral rejoint le multilatéral dans le cadre de la solidarité francophone.

Ainsi, dans la mise en place d'un gouvernement dans cette ancienne métropole, le point le plus sensible, du point de vue congolais, est la nomination du titulaire du portefeuille des affaires étrangères et de la coopération, dont l'identité linguistique passe pour être aussi importante, sinon plus importante, que son identité politique. Pourtant cette position, pour un ressortissant francophone, est en général plus délicate, entre autres, parce que ce dossier « Congo » est, par ailleurs, un champ permanent de conflit avec la France depuis le temps de Stanley et de Savorgnan de Brazza et, dont les éclats apparaissent au grand jour de manière si saisonnière.

Une des manifestations les plus spectaculaires a eu pour champ la gestion des guerres du Katanga de 1977-1978. Rappelons brièvement les faits. En mars 1977, les anciens « gendarmes katangais », l'armée du Katanga sécessionniste[39], déclenchent la guerre dit de « quatre-vingts jours » menée à partir de l'Angola. Le Zaïre de Mobutu se tourne vers la Belgique et la France qui entretiennent une coopération militaire avec lui. Les envahisseurs sont finalement refoulés grâce à une brigade marocaine que les avions français ont amenée sur les lieux.

Pour sa part, la Belgique intervient par un soutien purement logistique. En mai 1978, éclate la «guerre du Shaba» : les assaillants s'emparent de la ville de Kolwezi[40]. Les parachutistes de la *Légion étrangère française* sont largués sur Kolwezi, le 19 mai, avant que n'intervienne une opération aéroportée belge pour «libérer les ressortissants étrangers ». Tout cela s'ajoute au fait qu'en 1975, le Président français, Valéry Giscard

---

39 Pour plus de précisions, se référer à notre *Histoire Générale*..., p. 755-758.

40 Jean-Claude Willame, « La seconde guerre du Shaba», dans *Genève-Afrique*, XVI, 1, 1977-1978, p. 9-26.

d'Estaing, s'était permis d'effectuer une visite officielle au Zaïre. C'en était trop pour la Belgique. Elle ne manqua de reprocher à la France son attitude envahissante, « Nous avons proposé à la France, déclara Renaat Van Elslande, ministre de la Défense, de ne pas nous livrer mutuellement à des surenchères en Afrique. Nous leur avons fait valoir que les Belges ne les importunent pas (*hen niet lastig vallen*) dans les régions où ils sont quelque peu *chez eux* pour des raisons historiques et nous leur avions demandé de se comporter de la même manière à l'égard des Belges ailleurs en Afrique.»[41]

Le « Congo belge» : un thème délaissé ?

Le Congo évoluerait-il réellement vers une forme d'amnésie d'un siècle de son histoire? La situation n'est pas aussi radicale. La mémoire coloniale n'est pas pour autant totalement effacée. Elle se serait simplement laissée débarrasser des considérations anecdotiques, événementielles, pour se centrer sur ce qu'elle considère comme essentiel. Une fois de plus, comme on l'a déjà reconnu, c'est le poids du quotidien, avec son cortège d'équations sociales, politiques et militaires à résoudre, qui l'accule à ne retenir du colonial que ce qui a prise sur le vécu immédiat et futur et qui, finalement, sort du particularisme belge pour se ramener à des questions générales et fondamentales de rapport inégal Nord-Sud. Ainsi les thèmes « coloniaux» les plus évoqués au Congo sont liés au « pillage » du Congo par le grand capital, et à la dénonciation des stratégies de pérennisation de la «colonisation mentale»[42] de ses élites, si sensibles à l'appel des sirènes de l'extraversion.

Contre le fléau du « pillage», l'opinion congolaise reste fort attachée à la problématique du «contentieux belgo-congolais » que la partie belge estime close pour avoir été débattue au moins à deux reprises, mais que les Congolais estiment toujours d'actualité pour n'avoir pas été suffisamment outillés pour y répondre lors des précédentes négociations[43]. Cette exigence semble d'autant plus fondée que, suivant les prescrits de la *Charte coloniale*,

41 Cf. Gauthier de Villers, *De Mobutu à Mobutu, trente ans de relations Belgique-Zaïre*, Bruxelles, De Boeck université, 1995, p. 76 ; sur ce litige franco-belge, p. 71-84.

42 Cette thématique est au centre du cri de Joseph Ki-Zerbo, *À quand l'Afrique* !, Paris, Éditions De l'Aube, 2003.

43 Le document le plus complet sur la question est celui de Francis Kikassa Mwanalessa (« Le contentieux belgo-congolais », *Congo-Afrique*, 1966, n° 7, p. 327-351 ; 1989,- n° 237, p. 271- 395).

la gestion du Congo belge, à la suite de celle de l'État Indépendant du Congo (EIC), avait continué à être indépendante, du moins en principe, de celle de la métropole. On retrouve ici la thématique de l'instrumentalisation de l'Afrique depuis la Renaissance européenne, de la traite négrière à la colonisation, puis à la « globalisation». Une mondialisation qui, comme le décrit Joseph Ki-Zerbo[44], démarque les « *mondialisateurs* » des « *mondialisés* », ces derniers étant voués à servir d'instruments d'épanouissement aux premiers.

Contre le second fléau, l'opinion congolaise est tout autant mobilisée, rejoignant en cela un combat hérité d'Outre-Atlantique et qui est fort bien engagé en Afrique depuis les pères fondateurs de la négritude, et qu'Aminata Traoré a actualisé[45] dans le contexte nouveau de l'Organisation Mondiale du Commerce (OMC) et de la mondialisation. C'est cette même thématique qui n'a jamais cessé de hanter les consciences congolaises depuis l'âge d'or du colonialisme.

Qu'il soit question du cri « *Nsi sa itemuka* !» (le pays va se réveiller !) de Simon Kimbangu[46], de la revendication d'« *une Église congolaise dans un État congolais!* » de Joseph Malula, de la « *remise en question base de la décolonisation mentale*» de Mabika Kalanda, du « *recours à l'authenticité*» de Mobutu, on est en présence de la seule et même intuition, typiquement congolaise, d'exiger «l'inculturation» de l'apport du «dehors» pour qu'il puisse être réellement intériorisé.

Curieusement, cette revendication est en partie une conséquence de la colonisation. Le système colonial belge, pour avoir décrété l'enfermement des colonisés dans leurs cultures d'origine, avait inconsciemment favorisé, par le jeu de l'altérité, l'émergence d'un nouveau souffle au sein de ces dernières, et l'avènement d'une certaine renaissance, confirmée par la production de créations inédites, notamment dans la musique et les arts plastiques. Le patrimoine traditionnel, d'essence rurale, a connu une modernisation à la faveur de l'urbanisation, comme le confirme l'écart qui s'est instauré entre le «village» et la « cité indigène», le «chef traditionnel» et

---

44 Ki-Zerbo, op. cit.

45 Aminata Traoré, op. cit.

46 Pour une information complète et actualisée, consulter : Mbokolo, E. et Sabakinu K., *Simon Kimbangu, le prophète de la libération du monde noir*, Paris, l'Harmattan, 2014, 2 t.

le « chef de cité », les célébrations traditionnelles et celles du «centre extra-coutumier ».

À cela s'ajoutaient d'autres considérations, découlant des conséquences de la variation de la position géopolitique de la métropole et de sa colonie. En effet, la configuration plurilingue particulière de la Belgique, le gigantisme de son Congo, les conditions particulières de cette colonisation tournée dès le départ vers l'internationalisme, sont sans doute autant d'éléments qui ont renforcé cette tendance. Ayant démarré, pendant vingt-trois ans comme une «colonie sans métropole», avant de devenir belge, le Congo ne s'est jamais détaché totalement de son statut «international», au point d'être quelque peu à l'abandon, à l'âge postcolonial, où il ne fait réellement partie d'aucun «pré carré».

Tiraillé entre l'univers « francophone» et «anglophone », le Congo, dans cette hybridité, se retrouve surtout pratiquement seul face à la toute-puissante Amérique. Cette Amérique qui avait été présente à la Conférence de Berlin, qui a été l'une des premières Puissances à reconnaître l'EIC et dont le modèle économique, social et politique, a hanté les esprits des premiers gestionnaires de l'État léopoldien, y compris Léopold II lui-même.

Acculé par ses richesses à passer pour une grande puissance potentielle, le Congo est traité comme tel, obligé à se réaliser du jour au lendemain comme puissance militaire et économique, ou, à défaut, de continuer à accepter le diktat du partenaire, tel un concurrent potentiel dont il faut, au nom du statu quo, favoriser le maintien dans une situation où il est obligé de courber l'échine.

Il n'y aurait pas d'alternative à l'exigence de ce choix. Car la perspective de se positionner comme puissance satellite, qui semble avoir été le fondement de la stratégie de Mobutu, chargé en son temps de jouer le gendarme de l'Afrique centrale, est justement battue en brèche, à la fois à cause des velléités indépendantistes du discours politique congolais (Laurent-Désiré Kabila), mais surtout à cause de l'émergence d'autres candidats à la satellisation régionale, comme l'Afrique du Sud, l'Angola, l'Ouganda, le Rwanda, le Gabon. Depuis la chute du mur de Berlin, tout le monde se bouscule au portillon de l'impérialisme américain, et se dispute la relève du Zaïre mobutien. La conscience politique congolaise post- mobutu, en mettant une sourdine au débat colonial avec la Belgique, semble donc conforme à cette conscience historique qui a une vision plus large de l'origine de ses malheurs. Elle s'efforce de déceler, au-delà de la Belgique, l'identité des véritables «prédateurs» qui le tiennent en otage[47].

À première vue, le regard belge serait à plus courte vue, du moins si on en juge par la récurrence du « débat colonial », invitant le partenaire congolais à faire le point des amourettes belgo-congolaises. Gauthier de Villers[48] s'est efforcé de retracer sur trente ans l'histoire de ce « flirt», fait de hauts et de bas, comme cela se doit dans ce type de rapports, cousus d'instants d'euphorie, entrecoupés de bouderies réciproques. Cette étude a surtout le mérite de démontrer que toute l'histoire du Congo contemporain, surtout celle de la longue période mobutienne, peut être périodisée à partir de la succession des coalitions belges au pouvoir. Faut-il y lire un attachement de la Belgique à son ancienne colonie? Pas nécessairement. L'opinion congolaise qui y croirait, souffrirait de cécité, en ne se rendant pas compte à suffisance de la méprise que cette attitude connote, puisque les « *anciens du Congo*» constituent une espèce en voie de disparition. En réalité, en Belgique, le «dossier Congo» est un matériau disponible, à la portée des états-majors politiques, bruxellois, flamands et wallons, pour se livrer bataille. Ce qui passe pour des élans d'amitié à l'égard du Congo, auxquels succèdent souvent, des rejets brutaux, ne seraient que des retombées de ces corps-à-corps politiques.

« *L'affaire Lumumba*» est probablement l'ingrédient qui a été le plus utilisé dans les règlements de comptes entre Belges, Ces derniers temps, elle a même conduit au plus grand développement jamais noté dans l'histoire des relations internationales postcoloniales, entre une ancienne métropole et sa colonie. Un fait sans précédent: quarante ans après l'assassinat de Lumumba, l'événement a fait l'objet d'une Commission d'enquête du Parlement belge et, au vu des conclusions de cette enquête, le gouvernement de l'ex-métropole, par la voix de son vice-premier ministre et ministre des affaires étrangères, M. Louis Michel, a présenté des excuses au peuple congolais, en vertu du principe de la continuité de l'autorité de l'État. Pourtant, bien qu'elle constitue une grande première dans l'histoire de la décolonisation, cette enquête qui, de manière indéniable, a fait avancer l'état de nos connaissances sur les circonstances de la mort du tout Premier ministre congolais, aurait

47 Colette Braeckman, op. cit., 2003.

48 Gauthier de Villers, op. cit., 1995.

été, pour l'essentiel, une affaire belgo-belge. C'est Gauthier de Villers[49] qui le dit. Non content de l'affirmer, il l'a démontré avec force détails.

Tout serait parti de l'ouvrage de Ludo de Witte, militant d'extrême gauche, qui a démontré que le gouvernement belge de l'époque (présidé par le social-chrétien Gaston Eyskens! avait été directement responsable de l'assassinat de Lumumba[50]. Il entendait ainsi donner la réplique aux écrits de Jacques Brassine. Cet ancien de la Mission d'Assistance technique belge au Katanga, en charge à l'époque de conforter la sécession de Moïse Tshombe, et qui a été anobli pour le « rôle joué au Congo» (son identité complète serait celle de Chevalier Jean Brassine de la Buissière !), s'est curieusement passionné pour l'histoire de Lumumba ... au Katanga. Une manière de voiler les faits en s'empressant de proposer leur mode d'emploi ?

Déjà en 1966, il avait publié (sous le pseudonyme de H. Donnay), avec Jules Gérard-Libois (Heinz, en pseudonyme !), le premier témoignage sur la mort de Lumumba, sous le titre de ses *Cinquante derniers jours* ! En février 1991, il soutint une thèse de doctorat en sciences politiques, toujours sur les lectures des circonstances de cet assassinat. La synthèse de cette thèse est publiée sous forme d'ouvrage, avec Jean Kestergat, sous le titre attractif de: « *Qui a tué Patrice Lumumba ?* » Il conclut à une « responsabilité diffuse» de ce crime, mettant en cause à la fois les pouvoirs de Léopoldville, d'Élisabethville et de Bruxelles. Un zèle de mauvais goût pour « noyer le poisson! ».

Lorsque la polémique éclate, à la suite de l'ouvrage de Ludo de Witte, le *Vlaams Blok* (parti nationaliste flamand d'extrême droite, opposé à la royauté !) est le premier à en donner une expression politique. Le parti libéral de Louis Michel (opposé aux sociaux-chrétiens!) y adhère avec d'autant plus d'empressement qu'il s'agit de prouver la gestion lamentable d'un adversaire politique, le parti social-chrétien. L'opération réussit. Le rapport conclut à la responsabilité du gouvernement belge. Beau prince, Louis Michel déclara assumer la responsabilité de la faute, au nom de la Belgique. N'empêche qu'à l'interne, ce *mea culpa* belge avait une couleur politique précise : le parti adverse, au pouvoir en 1960, en sortait discrédité. Le vrai but étant atteint, le reste n'avait plus qu'une importance secondaire,

---

49 Gauthier de Villers, «Histoire, justice et politique: propos de la commission d'enquête sur l'assassinat de Patrice Lumumba, instituée par la Chambre belge des représentants», *Cahiers d'études africaines*, XLIV (1-2), p. 193-220.

50 Ludo de Witte, *L'Assassinat de Lumumba*, Paris, Karthala, 2000, p. 14.

comme la création de la *Fondation Patrice Lumumba* (avec un capital de plus de trois millions d'euros !), annoncée avec pompe en signe de « réparation » mais jamais réalisée.

Déjà en 1960, lors de la cérémonie de l'indépendance, Lumumba avait été également l'objet de manipulation, dans un autre conflit belgo-belge. L'histoire de son célèbre discours du 30 juin 1960 est à faire. Les premiers indices révèlent combien ce qui passe pour un incident prétendument provoqué par Lumumba, n'avait été que la résultante du conflit entre la « droite» et la « gauche» belges, la première s'efforçant de marginaliser Lumumba dans les manifestations d'indépendance, la seconde luttant contre cette position unilatérale. La première tendance était représentée par les «officiels» belges, le ministre des Colonies Deschrijver, le ministre des Affaires africaines Ganshof van der Meersch et le gouverneur Cornelis; la seconde regroupait les « amis » belges du Premier ministre, Jan Van Lierde en tête, militant tier-mondiste, et les membres belges du cabinet du Premier ministre, Pierre Duvivier, Henri Ancelot, et/ou Daniel Gaspard (du cabinet du ministre Kashamura).

Sur l'insistance de Deschrijver, Kasa-Vubu se précipita à inviter le roi Baudouin aux manifestations du 30 juin, sans en discuter avec le Chef du gouvernement qui, lui, aurait souhaité, à cause de l'éventualité de l'éclatement des troubles, que le souverain belge ne fasse pas encore le déplacement du Congo, mais qu'il soit le premier chef d'état à y effectuer une visite officielle, après la proclamation d'indépendance. Lumumba aurait souhaité, suivant le vœu du *Collège Exécutif Général*, qu'à cette occasion, il y ait une mesure de grâce générale en faveur des prisonniers, Ganshof Van der Meersch et Cornelis s'y opposèrent, privant Lumumba du seul geste concret qu'il voulait poser en faveur du peuple.

Le plus grave est que non seulement Lumumba n'avait aucun rôle particulier à jouer dans le cérémonial d'indépendance prévu, mais il ne fut même pas tenu informé du contenu des allocutions qui allaient y être prononcées, alors que les deux parties, belge et congolaise, avaient procédé à cet échange. C'est Jan Van Lierde qui lui montra les deux textes. Le propos de Van Lierde mérite d'être reproduit ici[51]: « J'ai obtenu le texte des discours (du roi et du président) qui se trouvait au bureau du commissariat à l'information. Réginald Hemeleers ou un de ses adjoints, je ne m'en rappelle

---

51 Communication personnelle.

plus, me les avait remis. Après avoir lu les textes, j'ai dit à Lumumba: « on ne peut tout de même pas laisser passer cela, tu dois réagir. » Lumumba était hésitant parce qu'il n'était pas prévu qu'il parle le 30 juin. J'ai insisté: « Le micro sera à deux mètres de toi, personne n'osera marcher sur tes pieds. Sitôt que les deux orateurs auront fini, tu pourras t'en emparer.»

Jean-Claude Willame[52] qui rapporte également cette confidence - que Van Lierde a d'ailleurs confirmée dans son exposé du 22 juin 1985 au colloque organisé par le Parti ouvrier socialiste (section belge de la IVe Internationale[53])-, précise : « Il est probable que, dans la journée du 29, Lumumba ait demandé à ses conseillers belges de lui préparer la première mouture du discours à prononcer le lendemain. Une première version de l'allocution pourrait avoir été prête le 29 en fin d'après-midi. Le journaliste J. Burlion rapporte avoir vu Réginald Hemeleers, mettre discrètement dans sa poche un texte que lui apportait un émissaire du Premier ministre ».

Jean-Marie Mutamba, qui a travaillé sur les mémoires de Kashamura, apporte une autre information. « Diallo Telli, l'Envoyé et Représentant du Président guinéen Sekou Touré aux festivités de l'indépendance, aurait fait la première mouture de ce discours, avec l'assistance de Tibou Tounkama, Ambassadeur de Guinée à Léopoldville[54]. » Mais quelques années plus tôt, le même Kashamura avait déclaré que Lumumba avait chargé Duvivier de le rédiger[55] ! Quoiqu'il en soit, le fait que le Premier ministre apportait des correctifs à son discours, même quelques temps avant de le prononcer, confirme l'hypothèse selon laquelle il n'aurait pas assuré lui-même la pré-rédaction de ce texte et que celui-ci serait passé entre plusieurs mains de ses conseillers, blancs et noirs[56].

---

52 Willame J.C., *Patrice Lumumba. La crise congolaise revisitée*, Paris. Karthala, 1990, p. 104.

53 Cf Jan Van Lierde, *Patrice Lumumba, la dimension d'un tribun*, Bruxelles, Éditions du MIR-IRG, 2000.

54 Mutamba Makombo, J.M., « Les discours du 30 juin au Congo-Kinshasa : mythes et réalités », *Congo-Afrique*, 2013, 479, p. 377.

55 Kashamura, A., *De Lumumba aux colonels*, Paris, Buchet-Chastel, 1966, p. 76. D'après Thomas Kanza, Duvivier aurait plutôt « inspiré» le discours (*Conflict in the Congo*, Pengui African Library, 1972, p. 153 ; deux journalistes belges estimaient reconnaître la plume de Daniel Gaspard, l'attaché de presse de Kashamura.

56 D'après Thomas Kanza, Duvivier aurait « inspiré » ce discours (*Conflict in the Congo*, Pengui African Library, 1972, p. 153). Deux journalistes belges estimaient reconnaître la plume de Daniel Gaspard, l'Attaché de presse de Kashamura.

Mobutu n'aurait pas toujours été l'initiateur des excentricités de sa politique. Certains concepteurs et inspirateurs auraient été belges. La meilleure illustration est sans doute l'histoire des origines de la mésaventure qui a conduit en 1974 à la décision de la *zaïrianisation*, cette politique de nationalisation qui déposséda les ressortissants non zaïrois de leurs entreprises du domaine foncier pour les confier aux nationaux. D'après Colette Braeckman, ce sont des experts belges qui expliquèrent à Mobutu qu'il n'y aurait pas de développement possible du Congo sans l'avènement d'une bourgeoisie nationale. « La Belgique, lui a-t-on expliqué, a réussi son industrialisation grâce à l'existence de trois cents grandes familles qui ont créé la Société Générale, colonisé le Congo, développé le Charbonnage et la sidérurgie de la Wallonie»[57]. On lui a parlé de la « nationalisation» et, à l'époque, l'idée était à la mode dans les milieux progressistes.

Visiblement, la question a dû hanter les nuits du général-président, puisqu'il décida de créer brutalement et artificiellement cette «bourgeoisie nationale» qui faisait défaut. Il est entendu que si cette première nationalisation avait réussi, l'expérience aurait été suivie de quelques autres. Mais puisqu'elle a conduit à l'échec, on dénonça des excès du mobutisme, en taisant les noms de ceux qui avaient initié cette politique.

S'il existe un champ de manipulation du discours congolais pour des impératifs belgo-belges, l'inverse est aussi vrai. L'effet de l'impérialisme de l'opinion belge et, plus globalement européenne, étouffe trop souvent le point de vue spécifiquement congolais, quand il ne le «déforme» pas, en lui donnant une résonance qu'il n'a pas en réalité. La vérité « d'en bas » est bien souvent différente de la vérité «d'en haut», fabriquée pour être offerte en consommation « au-dehors ». Dans l'Afrique contemporaine, toute vie n'est-elle pas la résultante de plusieurs vies ? Ainsi s'explique ce qui passe pour des volte-face politiques qui irritent, voire déroutent, les partenaires étrangers, comme le long régime de Mobutu l'a donné à voir.

Quand un de ses lieutenants en disgrâce produisait un livre «incendiaire » à l'étranger, il s'efforçait en réalité de tenir le discours «politiquement correct », attendu de lui par ses partenaires étrangers, afin de récolter quelques dividendes immédiats, notamment la reconnaissance de son statut de réfugié politique. Mais, dans son for intérieur, le soi-disant opposant ne perdait pas de vue son véritable objectif qui, le plus souvent, se

---

57 Colette Braeckman, op, cit. 1991, p. 157.

limitait à un simple chantage auprès du prince, pour négocier un repositionnement politique et éviter de disparaître définitivement de la «classe» des fonctionnaires politiques. Il était alors normal, lorsque le maréchal-président faisait à nouveau appel à lui, qu'il rentre «aux affaires », sans tambour ni trompette, déroutant et scandalisant ceux qui l'avaient pris au mot et avaient perçu en lui un réfugié politique professionnel. Le cas le plus spectaculaire a été celui de Nguz a Karl i Bond, l'auteur de *Mobutu l'incarnation du mal zaïrois* (1982) et non moins l'un des plus fidèles compagnons du même Mobutu[58].

De même, on peut noter que la propension de la littérature des années 90 à dénoncer les excès de mobutisme est une production sur mesure, pour conforter « l'opinion politiquement correcte» des Occidentaux. Elle n'est pas nécessairement révélatrice de ce que pensent réellement les Congolais, en général plus indulgents à l'égard de Mobutu que ce que donnent à croire les productions déjà citées d'un Thierry Michel. Le discours congolais d'idéalisation du régime colonial est une adresse non pas au peuple belge, mais à l'élite politique congolaise. Une manière de souligner son échec et de tourner en dérision ses slogans anticolonialistes.

«Je te hais ... moi non plus! »

Tout porte à croire qu'il y aurait intérêt à faire perdurer le deuil colonial, puisque ce deuil a un rôle à tenir dans la praxis politique contemporaine, en Belgique comme au Congo. Plus correctement, il faudrait plutôt conclure que le deuil colonial, pour autant que cela puisse l'être, a déjà été dépassé de part et d'autre, mais que c'est sa mémoire instrumentalisée qui subsiste. L'histoire du rapport Congo/Belgique apparaît en définitive comme l'expérience de décolonisation la plus avancée d'Afrique subsaharienne, celle de deux pays qui, reconnaissant ne plus rien avoir en commun, en dehors de quelques litiges à résoudre, peuvent se permettre de se livrer à un certain jeu, celui du «*je t'aime ... moi non plus*! » ou, plus correctement, puisqu'il s'agit d'un ancien colonisateur et d'un ancien colonisé, celui de «*je te hais ... moi non plus* ! »

---

58 Cf., Mabi Mulumba et Mutamba Makombo, *Cadres et dirigeants au Zaïre qui sont-ils ?*, Kinshasa, CRP, 1986, pp. 398-399.

Que Belges et Congolais se soient affranchis très tôt des effets de la *situation coloniale* énoncée naguère par Georges Balandier, plusieurs facteurs le justifient. De tous les systèmes coloniaux appliqués en Afrique, le belge a été le plus vulnérable, par son inexpérience (sa mise en œuvre au Congo n'a été précédée d'aucune expérimentation ailleurs !) et par son caractère inédit (celle-ci a été à la fois le « brouillon » et le « définitif »). De plus, sa politique de décolonisation, dominée par l'option de « tout lâcher !» a conduit à des résultats inattendus. Au lieu de produire, comme souhaité, le besoin et l'envie de « se retrouver » entre colonisateur et colonisé, elle a plutôt abouti au renforcement de l'éloignement de l'un et de l'autre.

En quatre décennies de décolonisation, cette situation a non seulement facilité et accentué l'éloignement de la Belgique de son ancienne «Afrique» (Congo, Rwanda, Burundi), mais aussi l'écartèlement de ces trois pays entre eux. Aucun instrument « néocolonialiste» n'avait été mis en place pour assurer la survie des liens coloniaux. Pas même, le lien virtuel d'une chaîne radiophonique, comme dans le cas des émissions « africaines» de la BBC, de RFI ou de la « voix de l'Amérique»[59]. De même, il n'a pas existé ici un essai de sauvegarde de l'empire colonial sous la forme d'une « communauté» particulière, du genre du Commonwealth (Grande-Bretagne et ses anciennes colonies), de la Communauté des pays africains de langue portugaise (PALOP) ou de la Francophonie du moins dans sa version initiale d'Organisation Commune, Africaine et Malgache (OCAM). Plus dramatique encore, la métropole belge, depuis les Accords de Saint Michel, vit une sorte d'implosion, puisqu'elle a cessé d'être unifiée pour devenir un État fédéral, doté de « régions» et de « communautés» distinctes.

En réalité, pour que la sauvegarde de la communauté de la Belgique et des pays de l'Afrique belge soit possible, il aurait fallu que le Congo - et non la Belgique - arrive à se positionner comme premier de cordée, sur le modèle du Brésil au sein de la CPLP (Communauté des Pays de Langue Portugaise), communauté portugaise incluant l'ancienne métropole portugaise. Un tel « Commonwealth» à la belge aurait sans doute conduit à une tout autre histoire du présent: en Belgique, Flamands et Wallons auraient sans doute continué à se prévaloir du principe de « *l'union fait la force !* » et, dans les Grands Lacs, le génocide rwandais ne se serait sans doute pas

59 Des essais réalisés naguère dans le cadre de la RTB (Radio-Télévision Belge) ont vite été abandonnés dans le cadre de la régionalisation et de la communautarisation de la vie politique belge.

produit, du moins dans les mêmes formes, puisque les vagues successives de réfugiés, provenant du Rwanda (tutsi) et du Burundi (hutu), auraient été absorbées dans le reste du territoire de la « communauté ».

Pourtant la « table rase » produite par l'écartèlement Belgique/Afrique belge, prise au sérieux, aurait pu contribuer à la production d'une conscience historique particulière, avant-gardiste par son réalisme et son caractère inédit, dans le vécu des relations entre colonisés et colonisateurs d'hier. Ensemble, le Congo et la Belgique auraient pu préfigurer une nouvelle manière de vivre la relation Afrique/Europe.

TABLE DES MATIERES

République démocratique du Congo aux éditions L'Harmattan

Dernières parutions

LES BALUBA
Histoire, cosmologie et sémiologie d'un peuple bantu
Lwa Malale Lukanda ; Préface de Banza Mukalay Nsungu ; Avant-texte de Manda Tchebwa ; Postscriptum de Joseph Ibongo
Avec force images et autres illustrations, cet ouvrage présente les «traits marquants» du peuple «muluba» : son identité ethnique, son histoire, sa cosmologie, sa sémiologie et ses créations culturelles majeures. Les «Baluba», dont l'auteur révèle l'existence au-delà du deuxième millénaire avant Jésus-Christ, forment un peuple à la fois un, dans l'unité géographique et démographique, et multiple, dans la diversité des nations qui se revendiquent de sa descendance et de sa parenté culturelle : de l'Afrique centrale à l'Afrique du Sud, de l'Océan atlantique à l'Océan indien.
(Coédition CICIBA, Harmattan RDC, 26.00 euros, 232 p.)
ISBN : 978-2-343-06036-1, ISBN EBOOK : 978-2-336-38163-3

L'UNIVERSITÉ DE KINSHASA EN QUÊTE DE REPÈRES
Mawanzi Manzenza Thomas
Cet ouvrage aborde la question de la crise du renouvellement du personnel académique au sein de l'université de Kinshasa, une institution qui a connu, au cours de son évolution, à la fois le phénomène colonial, l'africanisation de ses structures et les enjeux de la mondialisation. Cette étude nous montre comment l'université s'est laissé gouverner par des pratiques de racisme et de discrimination pour le contrôle du monopole de l'autorité scientifique.
(Coll. Études africaines, 29.00 euros, 288 p.)
ISBN : 978-2-343-05092-8, ISBN EBOOK : 978-2-336-38084-1

GUERRE ET VIOL
Deux faces de fléaux traumatiques en République Démocratique du Congo
Otita Likongo Marcel
Cet ouvrage présente le contexte de survenue du traumatisme psychique, le concept de stress post-traumatique, les développements psycho-traumatiques et leurs modalités expressives. Une série d'événements traumatiques, où la population victime est toujours abandonnée par manque des structures étatiques d'encadrement et non-reconnaissance du poste de psychologue en RDC, y sont répertoriés : guerres, violences sexuelles, accidents de circulation, crash d'avion, naufrage, etc.
(Coll. Études africaines, 21.00 euros, 216 p.)
ISBN : 978-2-343-06270-9, ISBN EBOOK : 978-2-336-38098-8

RD CONGO, LE 30 JUIN 2005
Ça passe ou ça casse ? – Retour sur un épisode crucial de l'histoire congolaise
Mukalay Nsungu Banza - Préface de Camille Sesep N'Sial
«Ce texte a été publié pour la 1ère fois en juin 2005, dans un contexte de grande tension sociale et politique en RDC. Une tension liée à l'interprétation de l'article 196 de la «Constitution de la transition», portant sur la date du 30 juin 2005, censée mettre fin à la période de la «transition

politique». Au moment où nous rééditons ce texte, pour la richesse de sa teneur historique, le contexte politique congolais est une fois de plus dominé par le débat constitutionnel, avec en perspective les nébulosités de l'horizon 2016...» Eddie Tambwe Kitenge
(Coll. Comptes Rendus, 14.00 euros, 129 p.)
ISBN : 978-2-343-06354-6, ISBN EBOOK : 978-2-336-37971-5

DROIT CONGOLAIS DU TRAVAIL
Masanga Phoba Mvioki Jacqueline
Préface de Célestin Nguya-Ndila Malengana
Ce manuel expose l'état de la législation et de la réglementation, de la doctrine et de la jurisprudence en matière du travail en RDC. Le regard porte sur les rapports individuels (la conclusion, l'exécution, la cessation du contrat de travail, le règlement des litiges individuels de travail) et sur les rapports collectifs (les organisations professionnelles des travailleurs et d'employeurs, les conventions collectives, le règlement des litiges collectifs de travail).
(Harmattan RDC, 31.00 euros, 302 p.)
ISBN : 978-2-343-06372-0, ISBN EBOOK : 978-2-336-38099-5

JULIEN KILANGA MUSINDE
Une parole en itinérance
Réflexions et témoignages sur un parcours intellectuel
Textes réunis par Jean-Marie Dikanga Kazadi et Emmanuel M. Banywesize
Les textes réunis dans ce collectif tentent d'objectiver l'œuvre diversifiée de Julien Kilanga Musinde. Venus des quatre coins du monde, des intellectuels et des chercheurs de divers horizons rendent hommage à cet amabassadeur de l'université et des lettres congolaises en francophonie. Par son écriture, Julien Kilanga Musinde n'a, en effet, cessé de se raconter, d'accompagner l'Université dans sa marche et de contribuer ainsi à l'humanité du monde.
(Harmattan RDC, 26.00 euros, 252 p.)
ISBN : 978-2-343-06458-1, ISBN EBOOK : 978-2-336-38153-4

CONJONCTURES CONGOLAISES 2014
Politiques, territoires et ressources naturelles : changements et continuités
Sous la direction de Stefaan Marysse et Jean Omasombo Tshonda
La toile de fond de ce volume est la question de la profondeur ou de la superficialité du changement qui se manifeste en RDC depuis plus d'une décennie. Certaines ruptures avec le passé sont manifestes mais l'enracinement profond des comportements clientélistes dans le domaine politique est de nature à fragiliser les avancées. C'est surtout dans le champ économique que les changements sont réels. Mais cet essor économique est-il durable et signifie-t-il une rupture permanente avec le passé ?
(Coll. Cahiers Africains, 32.50 euros, 316 p.)
ISBN : 978-2-343-05981-5, ISBN EBOOK : 978-2-336-37469-7

POUR UNE RDC NOUVELLE
De l'horreur à l'aurore
Mazola Ayinepa Joseph
Plus de six millions de morts tombés dans une guerre d'invasion et de prédation en RDC. Faut-il vraiment répandre sans merci le sang des Congolais, pour exploiter leurs nombreuses ressources minières ? Doit-on continuer à rester insensibles, à multiplier discours et négociations, alors que l'ennemi gagne du terrain ? Où est allée l'élite congolaise ? Inquiet de la situation exécrable que vit le peuple, l'auteur milite pour une évolution positive de la RDC.
(Coll. Politique et dynamiques religieuses en Afrique, 24.00 euros, 242 p.)
ISBN : 978-2-343-05219-9, ISBN EBOOK : 978-2-336-36595-4

RAPPORT SUR LA THÉMATIQUE POLITIQUE
Ateliers du cinquantenaire du Parti lumumbiste unifié (PALU)
Au-delà de la forme, qui permet de dire que la RDC est un État souverain et une République, le PALU (Parti lumumbiste unifié) veut aller au fond des choses, en réfléchissant sur les attributs de

la souveraineté de l'État que sont notamment la défense, la diplomatie et la monnaie. En outre, il y a lieu d'apprécier les régimes politiques connus en RDC, au regard des critères fondateurs d'une République : - la source de légitimité des pouvoirs constituants - le mode d'accès des dirigeants au pouvoir - l'équilibre des pouvoirs entre les différentes institutions.
(Coll. Dossiers, Études et Documents, 10.00 euros, 58 p.)
ISBN : 978-2-343-06195-5, ISBN EBOOK : 978-2-336-37539-7

LA SORCELLERIE CHEZ LES DING DE LA RDC
Nkumisongo Vavi Fabiyo François-Xavier
La sorcellerie constitue une force surhumaine, une croyance et une pratique ambiguë, notamment chez les Ding de RDC. L'accent a été mis sur le rôle, le pouvoir et la position du sorcier ainsi que sur les voies d'accès et celle de sa transmission. D'autres phénomènes sont analysés tels que l'incarnation, la réincarnation, l'antisorcellerie, la science et la recherche scientifique. Sans oublier le génie créatif ou inventif propres à chaque peuple. Également liée à la religion, elle est à ce titre l'opium du peuple Ding. Elle bloque par l'envoûtement, il faut chercher à la débloquer par des mécanismes d'antisorcellerie.
(Coll. Géopolitique mondiale, 12.00 euros, 106 p.)
ISBN : 978-2-343-04505-4, ISBN EBOOK : 978-2-336-37078-1

CONVICTIONS ET ESPÉRANCES POUR LA RÉPUBLIQUE DÉMOCRATIQUE DU CONGO
Verbatim (2008-2014)
Mukalay Nsungu Banza
Préface de Manda Tchebwa
Ce livre restitue la vision de l'homme politique pour son pays au travers des «écrits et des dits». Le lecteur découvre les idées-forces du politique qui accompagne le développement d'un secteur socioculturel de la RD Congo. Banza Mukalay Nsungu a été élu quatre fois député de Lubumbashi et ministre dans plusieurs gouvernements. Il est depuis 2012 ministre de la Culture et des Arts de la RD Congo.
(Coll. Comptes Rendus, 21.00 euros, 210 p.)
ISBN : 978-2-343-05743-9, ISBN EBOOK : 978-2-336-37101-6

MA VÉRITÉ SUR LE MARÉCHAL MOBUTU ET SUR LA TRANSITION DÉMOCRATIQUE AU ZAÏRE (1990-1997)
Mukalay Nsungu Banza
Préface de Camille Sesep N'sial
La «transition démocratique» en République démocratique du Congo aura été l'une des plus troubles, complexes et longues de tout le continent africain (1990-2006). Acteur et témoin privilégié de l'histoire politique de ces dernières décennies, l'auteur pose un regard critique sur ces années de tumulte, en interpellant la responsabilité de l'acteur politique congolais. En évoquant ses rapports privilégiés avec le maréchal Mobutu, qui lui confiera la direction de son parti, l'auteur pose aussi son jugement global sur le déroulement de la transition.
(Coll. Comptes Rendus, 16.50 euros, 162 p.)
ISBN : 978-2-343-05741-5, ISBN EBOOK : 978-2-336-37097-2

LES MOTS RÉCURRENTS DE LA TRANSITION POLITIQUE AU ZAÏRE (1990-1997)
Mukalay Nsungu Banza
Rompant avec la tradition qui confine l'étude du vocabulaire et du discours politique dans les sphères des chercheurs spécialisés, l'auteur s'intéresse ici aux mots récurrents de la période politique de la Transition (1990-1997) au Zaïre (actuelle RDC). Une période politique qui va du discours historique de la démocratisation, prononcé par le président Mobutu le 24 avril 1990, à l'avènement du président Laurent-Désiré Kabila, le 17 mai 1997. L'ouvrage constitue également une contribution à l'étude du français d'Afrique subsaharienne et spécialement de la RDC.
(Coll. Comptes Rendus, 9.00 euros, 56 p.)
ISBN : 978-2-343-05742-2, ISBN EBOOK : 978-2-336-37092-7

L'U.D.P.S. DANS L'ŒIL DU CYCLONE
La violence politique au Zaïre sous Mobutu (octobre 1985)
Mutamba Makombo Jean-Marie
Cet ouvrage relate la traque et la répression d'un mouvement d'opposition clandestin au Zaïre (R.D. Congo) sous la Deuxième République : l'Union pour la Démocratie et le Progrès Social (UDPS). L'auteur s'appuie sur les rapports d'information établis en octobre 1985 par le Corps des Activistes pour la Défense de la Révolution (CADER), qui témoignent des tribulations du petit peuple qui a souffert pour le triomphe du multipartisme et de la démocratie. Ils révèlent aussi les luttes d'influences, la lutte d'intérêts et de clans au sein du Parti unique.
(12.00 euros, 104 p.)
ISBN : 978-2-343-05729-3, ISBN EBOOK : 978-2-336-37252-5

VALORISER L'EXPÉRIENCE DANS L'ENSEIGNEMENT ADMINISTRATIF
Manuel de psychologie et des sciences de l'éducation en République du Congo
Tabezi Pene-Magu Bernard-Gustave
La notion d'expérience est devenue une référence majeure, aussi bien en éducation que dans tous les métiers où des personnes agissent sur l'activité d'autres personnes (orientation, conseil, management, soins). Elle est de plus en plus valorisée au sein de l'enseignement scolaire comme le montre la promotion des pratiques pédagogiques prônant le recours à l'expérience et à l'expérimentation comme source des apprentissages...
(Coll. Études africaines, 19.00 euros, 192 p.)
ISBN : 978-2-343-05376-9, ISBN EBOOK : 978-2-336-37157-3

DES ÉCOLES PRIMAIRES «EFFICACES»
Étude de leurs déterminants à Kisangani
Kamba Eyanganunga Albert
Dans un environnement scolaire marqué par de forts taux de déperdition et des faibles niveaux d'acquis par les élèves, certaines écoles sortent du lot. Ces écoles primaires efficaces fonctionnent dans un climat scolaire positif, recourent à des pratiques éducatives maximisant le temps d'enseignement et à des pratiques managériales participatives et orientées vers les objectifs.
(Coll. Études africaines, 31.00 euros, 290 p.)
ISBN : 978-2-343-05350-9, ISBN EBOOK : 978-2-336-37239-6

LA BANQUE MONDIALE ET LA RÉFORME DES ENTREPRISES PUBLIQUES CONGOLAISES (RDC)
Une analyse critique des enjeux politiques, économiques et sociaux
Mpoy Kadima Godé
Malgré un cadre macroéconomique en relative amélioration, le redressement des entreprises publiques congolaises (RDC) demeure au coeur des enjeux de la relance de l'économie nationale. Victimes des conjonctures et politiques publiques défavorables à leur expansion, ces entreprises sont, pour la plupart d'entre elles, au bord de la faillite. L'option de la privatisation, préconisée comme solution par le gouvernement congolais, ne peut s'imposer comme l'unique voie de recours. Ce vaste plan de privatisation risque d'entraîner des conséquences néfastes sur les plans économique, social et politique.
(Coll. Comptes Rendus, 18.00 euros, 182 p.)
ISBN : 978-2-343-05927-3, ISBN EBOOK : 978-2-336-37273-0

L'HARMATTAN ITALIA
Via Degli Artisti 15; 10124 Torino
harmattan.italia@gmail.com

L'HARMATTAN HONGRIE
Könyvesbolt ; Kossuth L. u. 14-16
1053 Budapest

L'HARMATTAN KINSHASA
185, avenue Nyangwe
Commune de Lingwala
Kinshasa, R.D. Congo
(00243) 998697603 ou (00243) 999229662

L'HARMATTAN CONGO
67, av. E. P. Lumumba
Bât. – Congo Pharmacie (Bib. Nat.)
BP2874 Brazzaville
harmattan.congo@yahoo.fr

L'HARMATTAN GUINÉE
Almamya Rue KA 028, en face
du restaurant Le Cèdre
OKB agency BP 3470 Conakry
(00224) 657 20 85 08 / 664 28 91 96
harmattanguinee@yahoo.fr

L'HARMATTAN MALI
Rue 73, Porte 536, Niamakoro,
Cité Unicef, Bamako
Tél. 00 (223) 20205724 / +(223) 76378082
poudiougopaul@yahoo.fr
pp.harmattan@gmail.com

L'HARMATTAN CAMEROUN
BP 11486
Face à la SNI, immeuble Don Bosco
Yaoundé
(00237) 99 76 61 66
harmattancam@yahoo.fr

L'HARMATTAN CÔTE D'IVOIRE
Résidence Karl / cité des arts
Abidjan-Cocody 03 BP 1588 Abidjan 03
(00225) 05 77 87 31
etien_nda@yahoo.fr

L'HARMATTAN BURKINA
Penou Achille Some
Ouagadougou
(+226) 70 26 88 27

L'HARMATTAN SÉNÉGAL
10 VDN en face Mermoz, après le pont de Fann
BP 45034 Dakar Fann
33 825 98 58 / 33 860 9858
senharmattan@gmail.com / senlibraire@gmail.com
www.harmattansenegal.com

L'HARMATTAN BÉNIN
ISOR-BENIN
01 BP 359 COTONOU-RP
Quartier Gbèdjromèdé,
Rue Agbélenco, Lot 1247 I
Tél : 00 229 21 32 53 79
christian_dablaka123@yahoo.fr

Achevé d'imprimer par Corlet Numérique - 14110 Condé-sur-Noireau
N° d'Imprimeur : 130476 - Dépôt légal : juillet 2016 - *Imprimé en France*